書名：中國歷代卜人傳（四）
系列：心一堂術數古籍珍本叢刊　其他類
作者：〔民國〕袁樹珊撰
主編、責任編輯：陳劍聰
心一堂術數古籍珍本叢刊編校小組：陳劍聰　素聞　梁松盛　鄒偉才　虛白盧主

出版：心一堂有限公司
地址／門市：香港九龍尖沙咀東麼地道六十三號好時中心LG六十一室
電話號碼：+852-6715-0840　+852-3466-1112
網址：publish.sunyata.cc
電郵：sunyatabook@gmail.com
網上書店：http://book.sunyata.cc
網上論壇：http://bbs.sunyata.cc/

版次：二零一四年五月初版
平裝：四冊不分售

定價：港幣　四百六十八元正
人民幣　四百六十八元正
新台幣　一千二百元正

國際書號：ISBN 978-988-8266-73-9

香港及海外發行：香港聯合書刊物流有限公司
地址：香港新界大埔汀麗路三十六號中華商務印刷大廈三樓
電話號碼：+852-2150-2100
傳真號碼：+852-2407-3062
電郵：info@suplogistics.com.hk

台灣發行：秀威資訊科技股份有限公司
地址：台灣台北市內湖區瑞光路七十六巷六十五號一樓
電話號碼：+886-2-2796-3638
傳真號碼：+886-2-2796-1377
網路書店：www.govbooks.com.tw
www.bodbooks.com.tw
經銷：易可數位行銷股份有限公司
地址：台灣新北市新店區寶橋路二三五巷六弄三號五樓
電話號碼：+886-2-8911-0825
傳真號碼：+886-2-8911-0801
email：book-info@ecorebooks.com
易可部落格：http://ecorebooks.pixnet.net/blog

中國大陸發行・零售：心一堂書店
深圳地址：中國深圳羅湖立新路六號東門博雅負一層零零八號
電話號碼：+86-755-8222-4934
北京地址：中國北京東城區雍和宮大街四十號
心一店淘寶網：http://sunyatacc.taobao.com

中國歷代卜人傳卷二十九

潤德堂叢書之八

鎮江袁阜樹珊編次

河南省三

637 洛陽縣周之成周．戰國時更曰洛陽．秦滅東周．置三川郡．封呂不韋爲文信侯．食河南洛陽十萬戶．漢高帝卽位．初都洛陽．置雒陽縣．尋西都長安．以縣爲河南郡治．世祖又都之．故城在今河南洛陽縣東北二十里．晉曰洛陽縣．石勒以洛陽爲南都．後魏太和間．亦定都之．隋自故洛城西移十八里．置新都．仍曰洛陽縣．唐徙治金墉城．又移治都內之毓德坊．卽今治．明淸皆爲河南河南府治．隴秦豫海鐵路經之．其地北負邙山．南臨瀍洛．古來有事中原者．皆以此爲樞紐．城垣舊極廣．隋唐時尚周六十九里三百二十步．今城僅八里有奇．今洛陽城．乃隋唐東南一隅也．

周　叔服、周大夫。識相。襄王二十六年乙未、魯文公卽位。王使叔服如魯葬僖公。公孫敖聞其能相人也。見其二子焉。叔服曰、穀也食子。難也收子。穀也豐下。必有後於魯國。後皆如其言。左傳文公元年．雍正河南通志方技

周　王孫說、周大夫。善相。簡王八年癸未、魯成公來朝。簡王八年．魯成十三年也．成公將與周晉伐秦而朝也．使叔孫僑如先聘且告。使僑如先修聘禮．且告周．以成公將朝也．見王孫說、與之語。說言於王曰、魯叔孫之來也。必

有異焉。其享覲之幣薄而言諂。殆請之也。若請之。必欲賜也。魯執政唯強。故不歡焉。而後遣之。（魯執政之人。唯長其強禦。難距其欲。故不歡悅。而後遣之。）且其狀方上而銳下。宜觸冒人。王其勿賜。（國語周語中）

周

衛平、官博士。元王二年丙寅。（史記。元王上有一宋字。）夜半龜來見夢。惕然而悟。乃召衛平而問之。曰、今寡人夢見一丈夫。延頸而長頭。衣玄繡之衣。而乘輜車。來見夢於寡人。曰、我為江使於河。而幕網當吾路。泉陽豫且得我。我不能去。身在患中。莫可告語。王有德義。故來告訴。是何物也。衛平乃援式而起。仰天而視月之光。觀斗所指。定日處鄉。規矩為輔。副以權衡。四維已定。八卦相望。視其吉凶。介蟲先見。乃對元王曰、今昔壬子。（索隱。今昔。猶昨夜也。以今日言之。謂昨夜為今昔。）宿在牽牛。河水大會。鬼神相謀。漢正南北。（正義。天漢。河。）江河固期。南風新至。江使先來。白雲壅漢。萬物盡留。斗柄指日。使者當囚。玄服而來乘車。其名為龜。王急使人問而求之。王曰善。於是王乃使人馳而往。問泉陽令。使吏按籍視圖。上流之廬。名為豫且。乃與使者馳。問豫且。豫且曰、夜半時舉網得龜。今在籠中。使者曰、王知子得龜。故使我求之。豫且卽出龜獻使者。使者載行。出於泉陽之門。正晝無見。風雨晦冥。雲蓋其上。五采青黃。雷雨並起。風將而行。入於端門。見於東箱。身如流水。潤澤有光。望其元王。延頸而前。三步而止。縮頸而却。復其故處。元王見而怪之。問衞平曰、龜見寡人。延頸而前。以何望也。縮頸而復。是何當也。衞平對曰、龜在患中。而終昔囚。王有德義。使人活之。今延頸而前。以當謝也。縮頸而却。欲亟去也。元王曰、善哉。神至此乎。不可久留。趣駕送龜。勿令失期。史記龜策

漢

皇甫嵩眞、常自算其年壽七十三。於綏和元年癸丑、正月二十五日晡時死。書其屋壁以記之。二十四日晡時死。其妻曰、見算時常下一算。欲以告之。慮脫有旨。故不告。今果先一日也。眞又曰、北邙青塚上。孤檟之西四丈所。鑿之入七尺。吾欲葬此地。北邙山。在河南洛陽縣東北。檟。音賈。馬韻。木名。山楸也。木之美者。及眞死。依言往掘。得古時空槨。槨。與椁通。外棺也。卽以葬焉。廣博物志方技引西京雜記

東漢 劉輔、光武帝次子。郭皇后生。封沛獻王。矜嚴有法度。好經書。善說京氏易。孝經。論語傳及圖讖。作五經論。時號之曰沛王通論。在國謹節。終始如一。稱爲賢王。顯宗敬重。數加賞賜。立四十六年薨。永平五年壬戌、京師少雨。顯宗孝明帝。諱莊。光武第四子。母陰皇后。向雲臺自作卦。以周易林占之。其繇曰、蟻封穴戶。大雨將至。明帝以問輔。輔上書曰、蹇艮下坎上。艮爲山。坎爲水。山出雲爲雨。蟻穴居之。雨將至。故以蟻爲興。興。許應切。徑韻。情之感物而發者謂之興。故詩之先言他物以引起所詠之事者曰興。詩六義之一也。○後漢書沛獻王輔傳藝術典卜筮部紀事

後漢 尹軌、字公度。太原人。博學羣書。晚乃學道。尤明天文星氣。河洛讖緯。言天下盛衰。安危吉凶。未嘗不效。常服黃精。年百餘歲。後隱居太和山。太和城北左右深松列植。筠柏交蔭。其隱處也。太平御覽道部　河南府志流寓

後漢 王宗、以賣卜自奉。安帝以博士徵。恥占驗見知。懸綬於縣庭而逃。華陽國志

魏 曹植、字子建。操子、封陳王。十歲善屬文。援筆立成。甚爲操所愛。文帝丕、素忌其才。欲害之。令作詩、限七步。植應聲曰、煑豆燃豆萁。豆在釜中泣。本是同根生。相煎

何太急。既就國。每欲求別見。幸冀試用。終不能得。悵然絕望。遂發疾卒。時年四十一。謚思。世稱爲陳思王。所著賦頌詩銘雜論。凡百餘篇。其相論曰、世固有人身瘠而志立。體小而名高者。於聖則否。是以堯眉八彩。舜目重瞳。禹耳三漏。文王四乳。然則世亦有四乳者。此則駑馬一毛似驥耳。（皐按・此說非有卓識奇才者・不能道・）宋臣有公孫呂者。身長七尺。面長三尺。廣三尺。名震天下。若此之狀蓋遠代而求。非一世之異也。使形殊於外。道合其中。名震天下。不亦宜乎。語云、無憂而戚。憂必及之。無慶而懽。樂必隨之。此心有先動。而神有先知。則色有先見也。故扁鵲見桓公。知其將亡。申叔見巫臣。知其竊妻而逃也。（三國魏志陳思王傳曹子建集）

魏

爰邵、爰邵讀易明理。起至幹吏。位至衞尉長。初鄧艾當伐蜀。夢坐山上而有流水。以問爰邵。時邵官殄虜護軍。（殄・塡上聲・盡也・絕也・）邵曰、按易卦。山上有水曰蹇。蹇繇曰、蹇利西南。不利東北。孔子曰、蹇利西南。往有功也。不利東北。其道窮也。往必克蜀。殆不還乎。艾憮然不樂。後悉如其言。（三國魏志鄧艾傳太平御覽方術部筮上誤作袁紹）

晉　潘滔、官洗馬見王敦而目之曰、處仲。（敦・字處仲・司徒導・從父兄也・）蜂目已露、但豺聲未振、若不噬人、亦當爲人所噬。敦後果懷異志、明帝起兵討之、敦病死、發瘞出屍、焚其衣冠、跽而刑之。（跽・音技・跪也・○晉書王敦傳）

晉　董仲道、洛陽隱者也。王彌、有才幹、博涉書記、少游俠、仲道見而謂之曰、君豺聲豹視、好亂樂禍、若天下騷擾、不作士大夫矣。惠帝末、彌果從妖賊劉伯根、伯根死、聚衆爲羣賊、人號爲飛豹、尋歸劉元海、以戰功進征東大將軍、與劉曜、石勒、破京師、縱兵大掠、城府蕩盡、幽帝於端門、殺太子詮、石勒惡其驍勇、伏兵襲殺之。（晉書王彌傳・太平御覽方術部相上）

唐　張諲、字五弟、王維酬以詩序云、故人張諲、（諲・音因・敬也・）工詩、善易卜、兼能丹青草隸、頃以詩見贈、聊獲酬之、張弟五車書、讀書仍隱居、染翰過草聖、賦詩輕子虛、閉門二室下、隱居十年餘、宛是野人野、時從漁父漁、秋風自蕭索、五柳高且疏、望此去人世、渡水向吾廬、歲晏同攜手、只應君與予。（河南府志人物・王維贈張五弟詩）

唐　胡盧生、善卜筮。寶應年中、員外郎竇庭芝、分司洛邑。常敬事之。每言吉凶。無不必中。如此者往來甚頻。長幼莫不傾蓋。一日淩晨入門。頗甚嗟惋。庭芝問之。良久乃言。君家大禍將成。舉族恐無遺類。卽未在旦夕。所期亦甚不遠。旣而舉家涕泣。請問求生之路。云非遇黃中君、鬼谷子、不能相救。然黃中君、造次難見。但見鬼谷子、當無患矣。且述形貌服飾。仍約浹旬求之。於是竇與兄弟羣從。洎妻子奴僕。曉夕求訪於洛下。時李鄴侯有艱。居于河淸縣。因省覲親友。策蹇驢入洛。至中橋南。遇大尹避道。所乘驢忽驚逸而走。徑入庭芝之所居。與僕者共造其門。値庭芝之車馬羅列將出。忽見鄴侯。皆驚眙而退。（眙・笞去聲・直視也・）俄有人出來云、此是分司竇員外宅。所失驢。收在馬廄。請客入座。員外當修謁。如此者數四。鄴侯不獲已。就其廳事。庭芝旣出。降堦而拜。延接殷勤。遂至信宿。至如妻孥孩稚。咸備家人之禮。數日告去。贈送殊厚。但云貴達之辰。願以一家爲托。鄴侯居於河淸信宿、旁午於道。及朱泚搆逆。庭芝方廉察陝服。車駕出幸奉天。遂陷於賊庭。及鑾輿返正。德宗首命誅之。

鄴侯自南嶽徵迴。至行在。便爲宰相。因第臣僚罪狀。遂請庭芝滅死。聖意不解。云卿以爲寧王懿親乎。以此論之。尤不可。然莫有他事。俾其全活否。卿但言之。於是具以前事上聞。特貸其死。德宗曰、曩言黃中君。蓋指于朕。未知呼卿爲鬼谷子何也。藝術典卜筮部名流列傳

唐　錢知微術士。天寶末、嘗至洛。遂榜天津橋表柱賣卜。一卦帛十匹。歷旬、人皆不詣之。一日有貴公子、意其必異。命取帛如數卜焉。錢命蓍布卦成。曰、予筮可期一生。君何戲焉。其人曰、卜事甚切。先生豈誤乎。錢云、請爲韻語。兩頭點土。中心虛懸。人足踏跋。不肯下錢。其人本意賣天津橋、紿之。其精如此。藝術典卜筮部名流列傳唐段少卿酉陽雜俎

後晉　徐幼文得索紞占夢之法。爲人斷休咎。多奇中。南唐馮僎、嘗夢登崇孝寺幡剎極高處。打方響。詣幼文叩之。幼文曰、雖有聲價。至下地耳。明年僎舉進士。或誚其無驗。幼文曰。後當知之。未數日、主以取士不當。退牓覆試。僎果被黜。河南通志方技

五代　王處訥、洛陽人。少時遇老叟至舍。煑洛河石如麵。令處訥食之。且曰、汝性聰悟。

後當爲人師。處訥因留意星書占候之學。所言多驗。晉末之亂。避地太原。漢祖（劉暠）時領節制。辟置幕府。卽位。擢爲尙書博士。周祖（郭威）嘗與處訥同事漢祖。雅相厚善。及自鄴舉兵入汴。遽命訪求處訥。得之甚喜。因問以劉氏祚短事。對曰、人君未得位。常務寬大。既得位。卽思復讎。漢氏據中土。承正統。以歷數推之。其太祀猶永。第以高祖得位之後。多報讎殺人。及夷人之族。結怨天下。所以運祚不長。周祖蹶然太息。適發兵圍漢大臣蘇逢吉、劉銖等家。待旦、將行拏戮。遽命止之。逢吉已自殺。止誅劉銖。餘悉全活。廣順中。遷司天監。卒年六十八。子熙元、習父業。宋（趙匡胤）開寶中、補司天曆算。景德中、授司天少監。奉詔纂陰陽事十卷。眞宗製序。賜名靈臺祕要。授監正。卒。（宋史方技雍正河南通志方技）

宋

邵雍、字堯夫。其先范陽人。（范陽、卽今河北涿縣。）祖德新、徙衡漳。父古、徙共城。（共城、今河南輝縣。）後徙洛。爲洛陽人。雍少以才自雄。欲樹功當世。於書無所不讀。始爲學。卽堅苦。廬於蘇門之百泉山。時北海李之才、攝共城令。授以易圖。雍彌刻厲自進。冬不爐。夏不扇。夜不就枕席數年遂抉先天之祕探天根躡月窟尤精數學占往知來爲有宋諸儒所不及既復嘆曰昔人尙友千古吾獨未及四方其可已乎于是踰河汾涉淮漢周流齊魯宋鄭之墟久之幡然來歸（幡音翻與翻通變動之貌）曰道在是矣遂定居洛陽蓬蓽環堵不蔽風雨躬爨以養父母時富弼、司馬光、呂公著、諸賢退居洛中雅敬雍恆相從游爲市園宅雍歲時耕稼僅給衣食名其居曰安樂窩春秋佳日乘小車游城中士大夫爭迎致之或留信宿乃去好事者別作屋如其居以候其至名曰行窩程顥每見之退輒太息以爲內聖外王之學遠近學者從問經義精深浩博應對不窮間與深知論天下事雖究心世務者不及也時司馬光兄事雍而二人純德尤鄉里所嚮慕每相戒曰毋爲不善恐司馬端明邵先生知舉遺逸補潁川團練推官不就（詔三下答鄉人不起之意有詩云生平不作皺眉事天下應無切齒人斷送落花安用雨裝添舊物豈須春幸逢堯舜爲眞主且放巢由作外臣六十病夫宜揣分監司無用苦開陳）熙寧十年丁巳卒年六十七贈祕書省著作郎賜謚曰康節所著有皇極經世書觀物內外篇漁樵問對晚尤喜爲詩平易而造於理有伊川擊壤集自爲之序咸淳元年從祀孔子廟庭。子伯溫。字子文。博學通時務。以薦授大名助教。徽宗初。上書數千言。欲復祖制。辨宣仁誣謗。解元祐黨禁。惜不能用也。出知靈寶縣。累遷轉運副使。所著有河南集。見聞錄。及皇極觀物諸解。宋史道學濂洛風雅雍正河南通志理學乾隆洛陽縣志列傳○宋稗類鈔方技云・邵堯夫在洛中・嘗與司馬溫公論易數・推園中牡丹・云某日某時當毀・是日溫公命數客以觀・日向午・花方穠盛・客頗疑之・斯須兩馬相踶・絕銜斷轡・自外突入・馳驟欄上・花果毀焉・嘗言天下不可傳此者・司馬君實・章子厚爾・蓋君實不肯學・子厚不可學也・○清波雜志云・煇嘗過庭・聞祖父奉直・得於陸農卿左丞・歐陽文忠公有一記事冊子・親題丙午年・不入蜀・則入吳・後見洪成季文憲公之孫・言文憲嘗問邵澤民・康節知數・公所聞如何・曰無他語・臨終但云丁未歲・子孫可入蜀・然建炎初・吳地亦不免被兵・獨西蜀全盛・迄今為東南屏蔽・益信斯言・康節先天之數・世可希萬一耶・○宋魏了翁鶴山文集載・跋康節逢春詩云・先生妙極道數・從容於義理之會・雖形諸餘事・無間精粗・莫非實理・秦漢以來諸儒・鮮能及之・此所謂豪傑之士也・陵陽牟君鉉・得其所書逢春詩・嘗以遺臨邛魏某・辭不敢有・仍書而歸之・○宋朱弁曲洧舊聞云・歐陽公在政府・聞康節之名・子棐叔弼之官・道經洛下・曰・汝至洛・可往謁邵先生・叔弼既到門。堯夫倒屣出迎・延入・說話終日・又自道平生所見人・所從學・所行事・已而又問曰・君能記否・棐雖敬聽之・不曉其意・逮元豐間・堯夫卒・有司上其行應諡・而叔弼為太常博士・當作諡議・乃始恍然悟・世以比郭景純之於青衣・雖其事不同・而前知實相類也・

宋　劉煇。字耀卿。洛陽人。進士及第。官至龍圖閣直學士。知河南府。徙河中府。卒。煇初未第。前娶趙尚書晃之長女。早亡。而趙氏當有二妹。皆未適人。既而煇登第。晃已捐館。夫人復欲妻之。使媒婦通意。煇曰。若是武有之德。則不敢為姻。如言禹別之州。則庶可從命。蓋燁不欲七姨爲匹。意欲九姨議姻。故也。夫人詰之曰、諺云。薄餅從上揭。劉郎纔及第。豈得便簡點人家女。燁曰、非敢有擇。但七姨骨相寒薄。非某之對。九姨乃宜匹。遂娶九姨。後生七子。皆至大官。七姨後適關生。竟不第。落泊寒餒。暮年劉氏養之終身。（宋史附瀘叟傳宋吳處厚青箱雜記）

宋　李建中、西京留臺。博雅多藝。其子宗魯、善相人。一年春榜之京師。命擇壻。行次任村逆旅。方就食。有丈夫荷布囊。從驅驢。亦就食於逆旅。宗魯一見。前揖寒溫。延之共案。詢其所自。曰、今春不第。將還洛也。宗魯不復之京師。與之同歸洛中。其父詰之曰、今既得貴壻。可復回矣。此人生不出選調。死封眞王。於是壻之。乃張堯封也。實生溫成皇后。天聖中登進士第。終亳州軍事推官。後封淸河郡王。（宋張舜民畫墁錄）

宋　楊可試、可弼、可輔、兄弟讀書精通易數。明風角鳥占雲祲孤虛之術。於兵書尤邃。宣和間、（徽宗朝）自爇山回。在西京山中遇出世人。語甚款。老人頗相喜。勸楊勿仕。隱去可也。楊問何地可隱。老人曰、欲知之否。乃引楊入山。有大穴焉。扶服以入。郎漸寬。出穴。卽田土。鷄犬陶冶。居民大聚落也。至一家。其人來迎。笑謂老人久不來矣。老人謂曰、此公欲來能相容否。對曰、此中地闊而民居鮮少。常欲人來居。而不可得。敢不容耶。乃以酒相飲。殺鷄爲黍。意極歡。至語楊曰、速來居此。不幸天下亂。以一丸泥封穴。則人何得而至。又曰、子果來。勿擕金珠錦繡等物。在此無用。且起爭端。徒手而來可也。指一家曰、彼來亦未久。有綺穀珠璣之屬。衆共焚之。所享者惟米薪魚肉蔬果。此殊不闕。惟計口授地以耕。以蠶。不可取衣食於他人耳。楊謝而從之。又戒曰、子來或遲。則封穴矣。迫暮與老人同出。楊氏兄弟遂休官以往。乃盡捐囊篋所有。易絲棉布絹。先寄穴中。人可試後。卽幅巾布袍。賫卜二弟築室山中不出。及至天下擾攘。三楊所向。不可得而知也。宋康譽之昨夢錄

明

畢宗義、中丞亨、少子。究心術數。常過新塋。歎曰、此地甚凶。後禍纏綿矣。主人聞之。召地師與相質。師曰、地臥牛形。山水皆合局。何云凶。畢曰、地形誠如所言。奈係牡牛。性好觝觸。何問其驗。曰、去穴若干步下三尺許。應有異物。去此則無事矣。如

其言掘之果得二石卵大如升眾皆歎服。

清

劉恭、洛陽人好易兼通六壬奇門有占問者無不奇驗以上民國洛陽縣志方技

638 陽城縣古陽城邑孟子萬章禹避舜之子於陽城世本夏后居陽城即此漢置縣晉嘗置陽城郡清廢郡五代唐改曰告成後避朱溫父諱更名陽邑唐復曰陽城周省今為告成鎮在河南登封縣東南三十五里

周

王詡、詡音語和也大也普也隱居潁川陽城之鬼谷因以自處廣博物志引錄異記鬼谷先生者古之真仙也云姓黃氏自軒轅之代歷於商周隨老君西化流沙洎周末復還中國居漢濱鬼谷山受道弟子百餘人惟蘇秦張儀不慕神仙好縱橫之術○上古三代文載鬼谷先生不知何許人或云姓留名務滋楚人蘇秦張儀嘗之學縱橫術在世數百年後不知所之著有鬼谷子三卷其遺書責蘇秦張儀曰二君足下功名赫赫但春到秋不得久茂日既將盡時既將老君不見河邊之樹乎僕馭折其枝波浪激其根此木非與天下人有仇怨所居者然也子不見嵩岱松柏華藿之樹上葉凌青雲下根通三泉上有玄狐黑猿下有豹隱龍潛千秋萬歲不逢斧斤之患此木非與天下人有骨血蓋所居者然也今二子好雲路之榮慕長久之功輕喬松之永延貴一夕之浮爵痛哉悲夫二君痛哉悲夫二君元宗

像傳、○浙江通志云、鬼谷嘗游鄴太白山南、滄巖、水簾洞、有鬼谷先生祠、與同奧、地名、○四庫全書提要子部術數類、李虛中命書三卷、惟永樂大典所收、其文尚多完具、卷帙前後、亦頗有次第、並載有虛中自序一篇、稱司馬季主、於壺山之陽、遇鬼谷子、出逸文九篇、論幽微之理、虛中爲掇拾諸家、註釋成集云云、○鬼谷子決篇、故夫決情定疑、萬事之機、以正亂治、決成敗難爲者、故先王乃用蓍龜者、以自決也、注、夫以先王之聖智、無所不通、猶用蓍龜以自決、況自斯以下、而可以專己自信、不博謀於通識者哉、

魏

639 偃師縣（殷西亳地、春秋時爲周尸氏邑、漢置偃師縣、武王伐紂、於此築城、息偃戎師、因以爲名、晉省、隋復置、明清皆屬河南河南府、隴秦豫海鐵路經之、）

王弼、字輔嗣。山陽人。王粲族孫。居偃師。註釋老子。尤精易學。初與鍾會並知名。爲尚書郎。年二十四卒。葬於偃。後封偃師伯。（魏志鍾會傳并注）

唐

640 鞏縣（周鞏伯邑、秦置鞏縣、北齊廢、故城在今河南鞏縣西南三十里、隋復置、移今治、明清皆屬河南河南府、隴秦豫海鐵路經之、）

黃賀、鞏洛人也。唐昭宗時。因避地來涉河遊趙。家於常山。以卜筮爲業。而言吉凶。必效。時趙王鎔、方在幼沖。而燕軍寇北鄙。王方選將拒之。有勇士陳立、劉幹、投刺於軍門。願以五百人嘗寇。必面縛戎首。王壯而許之。翌日二夫率師而出。夜擊燕壘。大振捷音。燕人駭而奔退。立、卒於鋒刃之下。幹、卽凱唱而還。王悅。賜上廐馬數匹。金帛稱是。俄爲閹人所譖。曰、此皆陳立之功。非幹之効。王母何夫人聞之曰、

不必身死爲君。未若全身爲國。卽賜錦衣銀帶。加錢二十萬。擢爲中堅尉。初幹曾詣賀卜。卦成而謂幹曰、是卦也。火水未濟。終有立也。九二之動。曳輪貞吉。以正救難。往有功也。變而之晉。明出地中。奮發光揚。恩澤相接。子今行也。利用禦戎。大獲慶捷。王當有車馬之賜。其間小釁。不足憂之。又有段誨者。任棠城鎭將。曾夜宿郵亭。馬斷韁而逸。數日不知所適。使人詣肆而筮之。賀曰、據卦、睽也。初九動者、應有亡失之事。無乃喪馬乎。勿逐自復。必有繫而送之者也。迴未及舍。已有邊鄙惡少牽而還之。賀所占卜皆此類也。時人謂之易聖公。（唐張鷟耳目記）

明

趙迎、鞏縣人。嘉靖丙戌進士。官南京工部主事。撰有範圍數。嘉靖壬辰自序。其法本之河洛。以干支配合先後天成數。推人祿命。相傳以爲出於陳摶。蓋取甲己子午九。乙庚丑未八之數。爲先天、爲範。天一生水。地六成之之數。爲後天、爲圍。故用易繫辭、範圍天地之義以命名。起於一百一十一數。而極於二千三百五十四數。其起大小運流年。悉如星平家例。蓋又以圖書之學竄入祿命者也。考元貫顯、先有此法。集諸家論說爲書。其文頗繁。今猶存永樂大典中。是書自圖式至流年斷訣。凡十五門。詳其體例。蓋卽約買書以成編耳。四庫提要子部術數類存目二

641 永寧縣 漢澠池縣之西境。後魏置北宜陽縣。改爲熊耳縣。又改永寧。故城在今河南洛寧縣東北。唐移置同軌城。又移置鹿橋。金徙今治。明淸皆屬河南河南府。民國改爲洛寧。

陳 陳周史、永寧生員。研究方術。靈寶未變之前。占天象語所親曰。殺運方行。人皆無首。聞者驚以爲誕。未幾果驗。同治河南府志藝術

642 新安縣 東晉置東垣縣。北周於東垣置新安郡。隋郡廢。省新安縣入東垣。尋改東垣曰新安。故治在河南新安縣東。唐徙今治。隴秦豫海鐵路經之。

宋 錢若水、字澹成。一字長卿。河南新安人。幼聰悟。十歲能屬文。華山陳摶見之。謂子神淸。可以學道。不然。當富貴。但忌太速爾。雍熙中舉進士。累遷諫議大夫同知樞密院事。眞宗時。從幸大名。陳禦敵安邊之策。後拜幷代經略使。卒年四十四。諡宣靖。若水美風神。有器識。能斷大事。事母以孝聞。雅善談論。尤輕財好施。所至推誠待物。委任僚佐。總其綱領。無不稱治。汲引後進。推賢重士。襟度豁如也。精術數。知年壽不永。故懇避權位。其死也。士君子尤惜之。有集二十卷。宋史本傳

清　呂衍高、字顧天。新安庠生。乾隆丁巳舉孝廉方正。早失怙。事母以孝稱。性聰慧。博覽經籍。星卜家言。莫不通曉。終身里居。不忍一日離母膝下。著有藏山集。（河南府志孝義）

643　澠池縣（戰國韓邑。後屬秦。漢置澠池縣。亦作黽池。與澠池水源。南北相對。曹魏移西蠡城。在今洛寧縣西。後魏移於今澠池縣理西十三里故縣洽。隋又移於今縣東二十五里新安驛。復移理大鄔城。唐移於雙橋。卽今治。金置韶州。元仍爲黽池縣。明清皆屬河南河南府。隴秦豫海鐵路經之。○澠。音泯。水名。在河南澠池縣。西入澗水。）

清　李士林、通醫卜。施藥濟人。有嵩縣少年、瞽且病。士林喚至家。調治病愈。教以卜。始遣去。捐修治南穀水橋。里人爲立善橋碑。倡修治東第一橋。暨玉皇三清藥王等廟。享壽八十五。子廉、好善亦如之。（嘉慶澠池縣志孝義）

644　閿鄉縣（秦湖縣地。漢置湖縣。後魏更名湖城縣。隋始改置閿鄉縣。唐作閿鄉。宋史仍作閿鄉。卽今治。清屬河南陝州。其地東接函谷關。西達潼關。爲省西要隘。○閿。無分切。音文。文韻。閿。古閺字。後漢志云。宏農郡。湖有閿鄉。故城在今河南閿鄉縣西四十里。）

清　田秉德、字子懿。品學端方。通周易。識天文。兼精岐黃風水之學。設教有年。多所成就。凡有建置。輒捐貲督工。不辭勞瘁。同治壬戌、粵匪陷邑城。預告鄉人以趨避之方。得活數千人。賊擾害數次。卒未入其鄉。壽七旬有二。（光緒閿鄉縣志人物）

明

645 伊陽縣（古伊川地．漢爲陸渾新城梁縣魯陽四縣地．唐置臨汝縣．五代周廢．明始析汝州．及魯山嵩縣地．置伊陽縣．在伊水之陽．故名．屬河南汝州．淸因之．）

張應斗、字崑北。廩生。家世傳易。尤精於占。有藏金而失其地者、筮之得乾之九四。曰、上不在天。下不在田。中不在人。必牆間隙處也。覓之果然。明末避兵葉縣。授徒村舍中。流賊來去不常。其占皆不爽。期邑人視爲趨避。時有賊梳兵篦之謠。附近居民獨免蹂躪。皆公之力也。（道光伊陽縣志方技）

646 信陽州（春秋楚冥阸地．漢置鄳鍾武二縣．後漢省鍾武．增置平春縣．東晉改平春曰平陽．隋改縣曰義陽．尋復置義陽郡．宋爲義陽軍．改曰信陽軍．并改縣曰信陽．故城在今河南信陽縣南四十里．元升信陽府．降爲州．明省縣入州．又降州爲縣．徙今治．淸復爲信陽州．屬河南汝寧府．民國改州爲縣．地當省南門戶．京漢鐵路通過之．預定之瓜信路線．亦與京漢交點於此．）

明

何弈家、字成大。號石城。生而敏異。十歲能屬文。十四食膠庠。籲試輒首拔。聲動兩河間。顧屢試不捷。因長笑曰、天能奪吾科名。能奪吾老蠹魚乎。乃益肆力於古文詞。以及陰陽醫卜百家之書。著竹如草六卷行於世。（乾隆信陽州志文學）

647 南陽縣（周初申國．春秋楚宛邑．漢置宛縣．後魏分置上陌縣．周改曰上宛．隋始改南陽縣．明爲河南南陽府治．淸因之．縣西南七里．有臥龍岡．諸葛草廬在焉．其地有明碑．辨武侯宅．當在襄陰縣西降中者．字多爲人所毀．）

後漢　李休、字子材。南陽宛人也。少好學。游心典謨。既綜七經。又精羣緯。鉤深極奧。窮覽妙旨。居則玩其辭。動則察其變。雲物不顯。必考其占。故能獨見前識。以先神意。若古今疑義。剖判靡不明晰。凡朝臣優禮請者皆不就。永壽二年丙申卒。年五十。謚玄文。蔡中郎集李子材碑

後漢　朱祐、字仲先。南陽宛人。少孤。歸外家復陽劉氏。往來舂陵。世祖與伯升、皆親愛之。伯升拜大司徒、以祐爲護軍。及世祖爲大司馬。討河北。復以祐爲護軍。常見親信。祐侍讌從容曰、長安政亂。公身長七尺三寸。美須眉大口隆準日角之相。隆。高也。許負云。鼻頭爲準。鄭玄尚書中候。註云。日角。謂中庭骨起。狀如日。此天命也。世祖曰、召刺姦收護。王莽。置左右刺姦使督姦猾。祐乃不敢復言。世祖卽位。拜爲建義大將軍。積功封鬲侯。建武二十四年戊申、卒。祐爲人質直。尚儒學。將兵率衆。多受降。以克定城邑爲本。不存首級之功。又禁制士卒。不得虜掠百姓。軍人樂放縱。多以此怨之。後漢書本傳御覽方術相上

後漢　樊英、字季齊。南陽魯陽人。少受業三輔。習京氏易。兼明五經。又善風角。河洛七

緯。推災異。輒效。隱居於南陽壺山之陽。前後徵辟皆不至。漢順帝備元纁徵之。復固辭。詔責州郡。趣駕上道。至京、復稱疾不起。强與入殿。猶不爲禮。帝怒謂英曰、朕能生君。能殺君。能貴君。能賤君。能富君。能貧君。君何爲慢朕也。英曰、臣受命於天。生盡其命天也。死不得其命亦天也。陛下焉能生臣。焉能殺臣。臣見暴君如仇讎。立其朝猶不肯。況得而貴之乎。布衣環堵之中。宴然自得。雖萬乘不與易。又何得而賤之。臣非義之獲。萬鍾不受。伸其志。簞食豆羹不厭。陛下焉能富臣貧臣哉。帝不能屈。而重其名。高爲設壇席。具几杖。待之以師傅之禮。延問得失。拜五官中郎將。數月、稱疾篤。詔以光祿大夫。賜告歸。朝廷每有災異。詔輒下問變復之效。所言多驗。年七十餘卒於家。（後漢書方術 康熙南陽府志流寓）

金

胡德新、河北士族。寓居南陽。往來宛葉間。嗜酒。落魄不羈。言禍福有奇驗。正大七年庚寅夏、與燕人王鉉。邂逅於葉縣村落中。與鉉初不相識。坐中謬以兵官對。胡曰、此公在吾法中當登科甲。何以謂之兵官。衆愕然。遂以實告。二人相得甚懽。

卽命家人具雞酒以待。酒酣。集大白以相屬曰、君此去事業甚遠。不必置問。某有所見。久不敢對人言。今欲告子。遂邀至田野。密謂之曰、某自去年來、行宛葉道中。見往來者。十且八九有死氣。今春至陳許間。見其人亦有大半當死者。若吾目可用。則時事可知矣。鉉驚問應驗遲速。曰、不過歲月間耳。某亦不能逃此厄。請密誌之。明年、大元兵由金房入取峭石灘渡漢。所過廬舍蕭然。胡亦舉家及難。其精驗如此。金史方技光緒南陽縣志雜記

後漢

648 西鄂縣漢置。南朝宋省。故治在今河南南陽縣南。

張衡、字平子。西鄂人。少善屬文。因入京師、觀太學。遂通五經。貫六藝。雖才高於世。而無驕尙之情。常從容淡靜。不好交接俗人。永元中、舉孝廉不行。連辟公府不就。時天下承平日久。自王侯以下。莫不踰侈。衡乃擬班固兩都、作二京賦。因以諷諫。精思傅會。十年乃成。中有聖人明審律歷。以定吉凶。重之以卜筮。雜之以九宮。經天驗道。本盡於此。或觀星辰逆順。寒燠所宜。或察龜策之占。巫覡之言。其所因

者非一術也云云。大將軍鄧隲、奇其才。累召不應。衡善機巧。尤致思於天文陰陽歷算。常好玄經。謂崔瑗曰。吾觀太玄。方知子雲妙極道數。乃與五經相擬。非徒傳記之屬。使人難論陰陽之事。漢家得天下二百歲之書也。（子雲當哀帝時。著太玄經。自漢初至哀帝。二百歲也。）復二百歲。殆得終乎。（自中興至獻帝。二百八十九年也。）所以作者之數。必顯一世。常然之符也。漢四百歲玄其興矣。安帝雅聞衡善術學。公車特徵拜郎中。再遷爲太史令。遂乃研覈陰陽（覈。音核。驗也。考事得實曰覈。）妙盡璇璣之正。作渾天儀。著靈憲算罔論。言甚詳明。順帝初、再轉復爲太史令。永和初、出爲河間相。視事三年。上書乞骸骨。徵拜尙書。年六十二。永和四年己卯卒。著有周官詁、詩賦銘等。又欲繼孔子易說彖象殘缺者。竟未能就。（後漢書列傳）

649 鄧州（後魏置荊州。隋改曰鄧州。又廢州爲南陽郡。唐仍曰鄧州。又改南陽郡。尋復爲鄧州。宋曰鄧州南陽郡。金亦曰鄧州。治穰縣。即今河南鄧縣外城東南隅。明省穰縣入州。屬河南南陽府。清因之。民國改爲鄧縣。）

漢 蔡少公、（舊志作恭。誤。）光武嘗與兄伯升、及鄧晨、俱之宛。與穰人蔡少公等讌語。少公頗學圖讖。言劉秀當爲天子。或曰、是師國公劉秀乎。光武戲曰、何用知非僕耶。坐者皆大笑。晨心獨喜。（後漢書鄧晨傳　乾隆鄧州志方技）

劉宋

張虛白、鄧州人。通太乙六壬術。留心丹竈。遇異人得祕訣。徽宗聞其名。召管太乙宮。恩賚無虛日。官太虛大夫金門羽客。出入禁中。終日論道。無一言及時事。曰、朝廷事有宰相在。非予所知也。金人尤重之。忽一日語人曰、某年月日吾化期也。已而果然。（雍正河南通志僊釋　宋誤作五代人）

650　棘陽縣（漢置爲侯國。應劭曰、在棘水之陽。故名。後魏置漢廣郡。治南棘陽。兼領西棘陽縣。西魏改郡曰黃岡。以西棘陽省入。而改南棘陽爲百寧縣。北周廢郡又省百寧入新野縣。故城在今河南新野縣東北。西棘陽亦在今新野縣境。）

唐

岑文本字景仁。棘陽人。性沈敏。善文辭。多所貫綜。貞觀中、擢中書舍人。詔告皆所草定。遷侍郎。封江陵縣子。踰年爲中書令。從伐遼東。至幽州病卒。謚憲。馬周、擢拜給事中時、文本曾爲所親曰、馬君論事會文切理。無一言可損益。聽之纚纚。（纚音纚。纚纚、索好貌。）令人忘倦。蘇張終賈正應此耳。然鳶肩火色。騰上必速。恐不能久。俄遷中

書令兼太子右庶子。年四十八卒。蓋預決其不克享大年也。（唐書本傳唐書馬周傳）

651 新野縣（漢置。晉置新野郡。北周郡廢。改縣曰棘陽。隋復曰新野。唐省。宋金爲新野鎮。在今河南新野縣南。元復置縣。徙今治。明清屬河南南陽府。）

隋

庾季才、字叔奕、新野人。幼穎悟。八歲誦尙書。十二通周易。好占元象。居喪以孝聞。梁湘東王繹重其術藝。引授外兵參軍。累遷中書郎。領太史。封宜昌縣伯。季才固辭太史。元帝曰、漢司馬遷歷世尸掌。魏高堂隆、猶領此職。不無前例。卿何憚焉。帝亦頗明星歷。因共仰觀。從容謂季才曰、朕猶慮禍起蕭墻。何方可息。季才曰、頃天象告變。秦將入郢。陛下宜留重臣。作鎭荆陝。整旆還都。以避其患。帝初然之。後與禮部尙書宗懍等議。乃止。俄而江陵陷滅。竟如其言。周文帝一見季才。深加優禮。令參掌太史。每有征討。恒預侍從。初郢都之陷也、季才散所賜財物。購求親故。文帝問其故。季才曰、僕聞魏克襄陽。先昭異度。晉平建業。喜得士衡。伐國求賢。古之道也。今郢都覆敗。君信有罪。縉紳何咎。皆爲賤隸。鄙人羈旅。不敢獻言。誠切哀之。故贖購耳。周文乃悟曰、吾之過也。微君遂失天下之望。因出令免梁爲奴者數千口。及隋開皇元年辛丑、授通直散騎常侍。仁壽三年癸亥卒。年八十八。撰靈臺祕苑。垂象志等書行世。（隋書藝術北史藝術四庫提要術數類雍正湖北通志方技）

隋　庾質、字行修。季才子。少而明敏。早有志向。八歲誦梁世祖玄象言志等十賦。拜童子郎。大業初、授太史令。立言忠鯁。每有災異。必指事面陳。以忤帝意。下獄死。子儉、亦傳父業。兼有學識。仕歷襄武令。元德太子學士。恭帝初、爲太史令。（隋書北史藝術）

652　汝陽縣（周蔡國。漢上蔡縣地。晉爲上蔡之縣瓠城。東晉移汝南郡。治懸瓠。隋改曰汝陽縣。五代後因之。明清皆屬河南汝寧府。今改縣曰汝南。）

後漢　袁良、字周卿。太尉安之祖也。習孟氏易。平帝時。舉明經。爲太子舍人。建武初。舉孝廉。爲成武令。歷官廣陵太守。討賊張路。威鎮徐方。病歸。使者持節安車。請爲國三老。順帝賜宴九龍殿。尋賜錢十萬。雜繒二十端。年八十五。永建六年辛未卒。居無室廬。殯於假館。有行父平仲之風。子光、博平令。次騰、尚書郎。蜀郡太守。次璋、謁者。（後漢書袁安傳康熙汝陽縣志人物）

後漢　袁滿來、太尉公之孫。司徒公之子。逸才淑姿。實天所授。明習易學。從誨如流。百家衆氏。過目能識。事不再舉。問一及三。具始知終。情性周備。夙有奇節。孝智所生。順而不驕。篤友兄弟。和而無忿。氣決泉達。無所凝滯。雖冠帶之中士。校材考行。無以加焉。（蔡中郎集哀滿來墓碑）

明

趙毅、字孟宏。汝陽人。尚書好德子也。博雅多才。凡六經子史天文歷數等書。無不精詣。善屬文。工草書。頗有晉人風度。隱於鶴莊。與處士張一中、金子齡、時相過從。忘情勢利。永樂初、徵爲工科給事中。歷工部左侍郎。太宗嘗召與語。隨問進規。多見采納。一日上召侍弈時盛暑亭午。流汗浹背。卽以手中扇賜之。亡何以內艱歸。起復原官。兼詹事府少詹事。上欲作木牛流馬。問羣臣無應者。毅獨得其法。就便殿製之。能行數步。上曰、昔武侯因蜀道之難作。今四海一統。舟車之便。安用此爲。幷將其法納於內府。八年、奉使交趾。卒於途。（康熙汝陽縣志列傳）

明

方日中、（汝南縣志作日升）郡之諸生。少有操行。父所遺美田園。盡讓諸兄弟。而獨取其薄者。偶得邵康節皇極數一書。潛心推算。遂洞其術。爲人決事輒驗。友人李一儁、歲試畢。從日中占得一蛛落帽之象。斷曰、當有一人居其首。而君次之。後果然。周生基、問病象。見一牛無首。安得生乎。於字爲午。月乎。仲夏基竟死。他如李太守復初之領解。趙方伯壽祖之登第。無不奇中。賓客輻輳。戶外之履常滿。預定其死期。至日端坐而逝。

明　秦潮、汝陽人。蚤脫俗累。隱於汝郎之間。孝弟力田。絕跡城市。壯年妻喪。遂不娶。慕喬松之術。南遊衡嶽匡廬。西抵終南太華。遇異人授以祕訣。兼通太乙奇門諸數。於天地風雲。人生休咎占驗無爽。或爲人卜葬。有所得。輒隨手散給貧兒。太史李本寧、嘗贈以詩。有長謝一郎遊五嶽。手揮白日拂蒼烟。終南匡廬探幽祕。遂有仙人授奇字之句。年九十六。無疾而終。孫鎬、國學生。以詩文名。（以上嘉慶汝寧府志方技）

明　袁永基、字綿祚。漢邵公裔。明以祖勳、世職汝寧千戶。性剛直。才異過人。博奇門。觀象書。偶占多中。城陷。與母拜決。（永基母王。亦死之。）束甲短兵。戰賊城上。手刃賊級。尋以衆寡被害。仲子世允、並殉。（明史。世允作世蔭。）長子世振、清朝戊子拔貢。有文名。考授通判。未仕

卒。明史附忠義劉禋傳 康熙汝陽縣志列傳

清　桂繼攀、字世叔。汝陽人。萬曆己酉舉人。九上公車不第。授山海通判。軍餉發輸得當。經略范志完、奏改軍前贊畫。議多奇中。屢奏捷功。革命後。入順治朝。授宣府同知。遷大同知府。尤多建立。尋陞陝西洮岷兵備副使。晉參政。恬淡自守。飭體寬大。致仕歸里。囊橐蕭然。生平嗜古金石遺文。醫藥星輿諸書。靡不蒐討。年八十一。著作多藏於家。康熙汝陽縣志列傳

653 汝南縣 漢置汝南郡·河南舊汝寧陳州二府·及安徽舊潁州府皆是·治平輿·在今河南汝南縣東南六十里·晉移治懸瓠城·即今汝南縣治·

漢　蔡父、汝南人。善相人術。翟丞相方進、幼孤給事太守府爲小史。號遲鈍。不及事。數爲掾史所詈辱。方進自傷。迺從蔡父相問己能所宜。言從何術藝可以自達·蔡父大奇其形貌。謂曰。小史有封侯骨。當以經術進。努力爲諸生學問。方進既厭爲小史。聞蔡父言。心喜。因病歸家。辭其後母欲西至京師受經。後母憐其幼。隨之長安。織屨以給方進。從博士受春秋。積十餘年。經學明習。徒衆日廣。諸儒稱之。以射策甲科爲郎。

永始中、屢擢丞相。封高陵侯。前漢書列傳嘉慶汝南府志方技

後漢

郭憲、字子橫。汝南人。少師事東海王仲子。明陰陽推步之學。時王莽爲大司馬。召仲子。仲子欲往。憲諫曰、禮有來學。無有往教之義。今君賤道畏貴。竊所不取。仲子曰、王公至重。不敢違之。憲曰、今正臨講業。且當訖事。仲子從之。日晏乃往。莽問君來何遲。仲子具以憲言對。莽陰奇之。及後篡位。拜憲郎中。賜以衣服。憲受衣焚之。逃于東海之濱。莽深忿恚。討逐不知所在。光武卽位。求天下有道之人。乃徵憲、拜博士。建武七年辛卯、再遷爲光祿勳。八年車駕西征隗囂。憲諫曰、天下初定。車駕未可以動。憲乃當車、拔佩刀以斷車靷。靷音引。引軸也。車上駕牛馬之具。在胸曰靷。所以引之前行也。帝不從。遂上隴。其後潁川兵起。乃回駕而還。帝嘆曰、恨不用子橫之言。時匈奴數犯塞。帝患之。乃召百僚廷議。憲以爲天下疲敝。不宜動衆。諫爭不合。乃復地稱眩瞀。不復言。帝令兩郎扶下殿。憲亦不拜。帝曰、常聞關東觥觥郭子橫。竟不虛也。憲遂以病辭退。卒於家。後漢書方術雍正河南通志方技

654 **平輿縣**（漢置縣。北齊縣廢。隋重置。元省。故城在今河南汝南縣東南六十里。）

許楊、字偉君。平輿人。少好術數。王莽召爲郎。遷酒泉都尉。莽篡位。乃變姓名。爲巫醫。逃匿他界。莽敗。方還鄉里。太守鄧晨、欲復鴻郤陂。（陂在今豫州汝南縣東。）聞楊曉水脈。召與議。楊曰、大禹決江疏河。以利天下。明府興立廢業。富國安民。童謠之言。有徵於此。願以死效力。因署楊爲都水掾。使典其事。楊因高下形勢。起塘四百餘里。數年乃立。（塘。堤堰水也。）百姓得其便。累歲大稔。豪右譖受賕賂。晨收楊下獄。而械輒自解。獄吏恐。遽白晨。晨驚。卽夜出楊。遣歸。時天大陰晦。道中若有火光照之。時人異焉。後以病卒。晨於都宮爲楊起廟。圖像百姓。思其功績。皆祭祀之。（後漢書方術。乾隆陳州府志方技。康熙汝陽縣志方技。）

廖扶、字文起。汝南平輿人。習韓詩歐陽尚書。教授常數百人。父爲北地太守。永初中、坐羌沒郡。下獄死。扶感父以法喪身。憚爲吏。及服終而嘆曰、老子有言。名與身孰親。吾豈爲名乎。遂絕志世外。專精經典。尤明天文讖緯風角推步之術。州郡公府辟召。皆不應。就問災異。亦無所對。扶逆知歲荒。聚穀數千斛。悉給宗族姻親。

又斂葬遭疫死亡不能自收者。常居先人冢側。不入城市。人稱北郭先生。卒年八十二。子孟舉、偉舉、並知名。（後漢書方術光緒安徽通志儒林乾隆陳州府志方技民國福建南平縣志方技）

後漢

許曼、汝南平輿人。祖父峻、字季山。善卜占之術。多有顯驗。時人方之前世京房。自云少嘗篤病。三年不愈。乃謁泰山請命。（泰山、主人生死、故請命也。）遇道士張巨君。授以方術。所著易林。至今行於世。曼少傳峻學。桓帝時、隴西太守馮緄。始拜郡。開綬笥。有兩赤蛇。分南北走。曼筮之曰、三年後。當爲邊將。地有東名。復五年、更爲大將軍南征。延熹元年戊戌、緄出爲遼東太守。討鮮卑至五年、拜車騎將軍。擊武陵蠻賊。皆如占。其餘多類此云。（後漢書方術光緒安徽通志乾隆陳州府志康熙汝陽縣志方技）

後漢

許劭、字子將。汝南平輿人。少峻名節。好人倫。多所賞識。嘗云懸絲於牖。望之百日。則其絲久而愈大。又懸五彩絲、望之百日久而顏色愈明。然後可以觀人之形氣。曹操微時、常卑辭厚禮。求爲己目。劭不肯對。操乃伺隙脅劭。劭不得已。曰、君清平之姦賊。亂世之英雄。操大悅而去。劭從祖敬、敬子訓、訓子相、並爲三公。相以能詔事宦官、故自致台司封侯。數遣請劭。劭惡其薄行、終不候之。司空楊彪辟舉方正敦樸。皆不就。或勸劭仕。對曰、方今小人道長。王室將亂。吾欲避地淮海。以全老幼。乃南到廣陵。徐州刺使陶謙、禮之甚厚。劭不自安。告其徒曰、陶恭祖外慕聲名。內非眞正。待吾雖厚。其埶必薄。不如去之。遂復投揚州刺使劉繇於曲阿。其後陶謙果捕諸寓士。及孫策平吳。劭與繇、南奔豫章而卒。時年四十六。兄虔、亦知名。汝南人稱平與淵有二龍焉。後漢書本傳古今類事相兆門上

655 安城縣 漢置爲侯國。後漢作安城。北齊廢。故城在今河南汝南縣東南七十里。

晉

周浚、汝南安城人。性果烈。有人倫鑒識。鄉人史曜、素微賤。衆所未知。浚獨引之爲友。遂以妹妻之。曜竟有名于世。汝南遺事引晉書

656 上蔡縣 故蔡國。叔度所封。漢爲侯國。故城在今河南上蔡縣西。南朝宋徙上蔡縣治懸瓠城。卽今汝南縣治。隋復移上蔡縣於今治。明淸皆屬河南汝寧府。

明

張儒、字中道。上蔡人。家有邵康節皇極數。一覽卽悟。爲人決休咎。無不奇中。領宏治壬子鄉薦。三場題目。皆預書置一函中。戒家人勿泄。及發封悉驗。衆驚異以

爲神。年三十三卒。當未卒時。妻孥環泣。以門戶爲憂。儒張目曰、吾家已有靈芝矣。蓋其猶子惟恕方在孕也。後惟恕官至御史。（嘉慶汝寧府志方技）

657 新蔡縣（秦置。漢爲汝南郡新蔡。晉立新蔡郡。北齊改廣寧。後復曰新蔡。元省。明復置。屬河南汝寧府。清因之。）

晉　干寶、字令升。新蔡人。少勤學。博覽書記。以才器召爲著作郎。平吳敍有功。賜爵關內侯。累遷散騎常侍。著晉紀二十卷。直而能婉。咸稱良史。性好陰陽術數。撰集古今神祇靈異人物變化。名爲搜神記。及周易周官雜文集等、行於世。（晉書本傳）

658 西平縣（春秋時柏國。漢置西平縣。隋廢。故城在今河南西平縣西四十五里。唐復置。徙今治。明清皆屬河南汝寧府。京漢鐵路經之。）

後漢　郅惲、（郅。音質。質韻。姓也。）字君章。西平人。治韓詩嚴氏春秋。明天文歷數。謂人曰、漢必再受命。乃上書王莽曰、漢曆久長。上天垂戒。欲悟陛下以就臣位。天爲陛下嚴父。臣爲陛下孝子。父教不可廢。子諫不可拒。莽大怒。收繫詔獄。會赦得出。建武中、客居江夏。教授。舉孝廉。爲上東城門侯。後坐事左轉芒長。（芒縣。屬沛國。故城在今亳州永城縣北。一名臨睢城。）又免歸。避地教授。著書八篇。以病卒。（後漢書本傳）

659 確山縣（周爲道國・漢置朗陵縣・後魏改置安昌縣・隋改曰朗山・宋改曰確山・明清皆屬河南汝寧府・京漢鐵路經之・）

（民國確山縣志藝術）

清　金景珠、字西園、號雲坡、性嗜古、通醫卜、尙玄虛、好潔成癖、風神瀟灑、其清標高志、如秋水澄澈、不染半點塵埃、工書法、善畫人物山水、雅有李公麟、米元章衣缽、

660 光州（南朝梁置・東魏因之・隋廢・唐復置・宋因之・亦曰光山軍・改爲蔣州・尋復故・治定城・明省定城入州・清直隸河南省・民國改州爲潢川縣・）

清　吳續、字嗣甫、光州人、年十七歲、受業於其師胡明襄、訓以周易、卽能窺其奧旨、其師奇之、凡天官六壬之書、悉令博覽、一日見諸葛武侯木牛流馬式、曰、此不足奇也、倣爲之、木盈寸許、於几案間負硯而行、生動如飛、偶爲其季父占某日應災、屆期無恙、責以妄談、亡何坐客起行、其季父揮扇送之、遂爲客騎踶傷、（踶・音弟・蹋也・）凡占晴雨及休咎、亦百不失一、（光緒光州志方技）

661 光山縣（春秋弦國地・南朝宋・以豫部蠻民置光城縣・隋置光山縣・宋改曰期思・尋復故・後廢・元復置・清屬河南光州・）

明　王相、字夢弼、光山人、正德戊辰進士、官御史、丁丑、巡按山東、鎭守中官黎鑑、假

進貢苛斂。相檄郡縣、毋輒行。鑑怒。誣奏於朝。逮繫詔獄。謫高郵判官。未幾卒。相素善相術。張孚敬、初名璁。字蘿峯。以落第候除。相一見奇之。謂曰、子有異相。他日所就。奚止科第。因厚貽之。勸勿就選。時張久困禮闈。擬謁選於天曹。正德庚辰、張復入試。果登第。嘉靖丁亥、以議禮入相。而相已卒。張乃上疏曰、相以忠耿蒙誣。宜卹。詔贈光祿少卿。諭祭。明史附張文明傳堅瓠五集

清

胡煦、字滄曉。號紫弦。光山人。初以舉人、官安陽教諭。治周易。有所撰述。康熙壬辰成進士、散館授檢討。聖祖聞煦通易理。召對乾清宮。問河洛理數及卦爻中疑義。煦繪圖進講。聖祖賞之曰、眞苦心讀書人也。甲午、命直南書房。上方纂周易折中。大學士李光地爲總裁。命煦分纂。尋命直蒙養齋。與修卜筮精蘊。戊戌、遷洗馬。與修卜筮彙義。轉鴻臚寺少卿。壬寅、遷光祿寺少卿。再遷鴻臚寺卿。雍正癸卯、擢內閣學士。丁未、擢兵部侍郎。兼署戶部。又協理禮部侍郎。庚戌、充明史總裁。乾隆丙辰、煦疾作。卒於京師。煦正直忠厚。所建白、必歸本於敎化。嘗奏請敕州縣歲舉

孝子悌弟。督撫旌其門。免徭役。見長官如諸生。其有慈惠廉節。篤於交友。下逮僕婢。行有可稱。皆得申請奬勸。庶化行俗美。人知自愛。乾隆間、高宗詔求遺書。徵煦著述。時幼子季堂、官江蘇按察使。以煦著周易函書進。甲寅、特命追謚。謚文良。煦又撰卜法詳考四卷。首列周禮尙書之文。次列史記龜策傳。次列古龜經。次列全賜三圖。次列楊時喬龜卜辨。次列龜繇詞。皆參考以求古義。次列玉靈祕本。次列古法彙選。皆近代術士之所傳。旁稽以盡其變。蓋古占法之傳於今。與今占法之不悖於理者。大略已見於此。雖非周官太卜之舊。然較之卜肆鄙俚之本。則具有條理。其駁唐李華、明季本、楊時喬卜用生龜之說。亦極爲明析。存此一家。亦可見古人鑽灼之梗概也。（清史稿本傳四庫提要子部術數類二）

662 固始縣（春秋蓼國地・漢置蓼縣・東魏復曰固始・故治在今河南固始縣東・隋徙今治・清屬河南光州・）

清 吳其泰、字希郭。號橘生。固始人。嘉慶癸酉舉於鄉。庚辰成進士。授編修。咸豐間、任江西儲道。遷江蘇按察使。以母喪歸。詩文咸名家。區其類、爲一帙十七實齋全集。如干卷。又熟於形家言。輯地理纂要等書。母喪。嘗躬行崖壑。詳審卜視。果得吉兆。於閻家大莊而葬焉。其誠求必應類如此。（續碑傳集道光朝監司）

663 新息縣（古息國。漢置新息縣。應劭曰。縣故息國。其後東遷。故加新也。後漢封馬援為新息侯。南朝宋分置南北二新息縣。北新息縣在今河南息縣東南。新息縣即今息縣治。北齊省北新息。改南新息仍為新息。元省。民國改為新息縣。）

後漢

高獲。字敬公。新息人。為人尼首方面。（尼首。象丘山。中下。四方高也。）少游學京師。與光武有舊。師事司徒歐陽歙。歙下獄當斷。獲帶鐵冠。帶鐵鑕。（鑕。音質。椹也。斬要之刑。）詣闕請歙。帝雖不赦。而引見之。謂曰。敬公。朕欲用子為吏。宜改常性。獲對曰。臣受性於父母。不可改之於陛下。出便辭去。後太守鮑昱請獲。既至門。令主簿就迎。主簿但使騎吏迎之。獲聞之即去。三公爭辟。皆不就。獲善天文。曉遁甲。時郡大旱。太守鮑昱自往問。（昱。音毓。日明也。）何以致雨。獲曰。急罷三郡督郵。（續漢書曰。監屬縣有三部。每部督郵。書掾一人。）明府當自北出三十里亭雨可致也。昱從之。果得大雨。每行縣。輒軾其廬。（軾。所以禮之。）獲遂遠遁江南。卒於石城。（石城在今蘇州西南。）石城人思之。共為立祠。（後漢書方術雍正河南通志方技。○古今圖書集成神異典神廟部。載高府君廟。在嚴州府。神名獲。漢時人。素善天文。曉遁甲。與嚴子陵有舊。嘗自石城適富春．訪其廬．時値大旱．獲曳劍登壇厲叱曰．此地有蛟龍．當起行雨．未幾雷雨交作．秋遂大熟．邑人感其應．立廟祀之．

歷代卜人傳卷二十九終

門下士金壇陳東生校

清紀文達公曉嵐家書「寄從兄旭升。諸墓地風水。」墓地風水。由來尙矣。我家蚌珠崖老墳。形勢得之天然。宛若老蚌吐珠。不獨歷來堪輿家。都指爲牛眠善地。卽行人道出其間。亦莫不極口稱譽。猶記弟辛巳乞假祭掃。有富室同堪輿家在我家墓上相地繪圖。弟思並無族人盜賣。彼何不憚煩若是。訝而問之。富室曰。貴墓風水之佳。莫與倫比。余欲得一相同之地。遍尋不得。今特倩堪輿家繪圖作樣。赴各省尋覓。庶或有得也。其愚誠不可及矣。余家四世皆爲士大夫。皆此墓之力也。所惜左向已有陸氏古墓。據堪輿家言。不利長房。而今先兄果與世長辭。弟之長子汝佶。亦已夭逝。不利長房之言。何應驗乃爾。所以弟擬出重價。或易以五倍之地。與陸氏磋商將古墓遷移。今得舍弟來函。云被陸伯英阻梗。伯英與吾哥有同學之誼。平日極相契合。特此專函奉託。請向伯英處設法疏通。夫求人遷墓。與剷平他人墳墓。截然不同。並不造孽。請其擇相善地遷葬。一切費用。由余家任之。其古墓價値。曾經估計五百金。准於遷葬費外。如數照給。臨穎不勝懇託之至。

朱子語類輯略。問子罕言命。若仁義禮智五常。皆是天所命。如貴賤死生壽夭之命有不同。如何。曰、都是天所命。稟得精英之氣。便爲聖爲賢。便是得理之全。得理之正。稟得清明者便英爽。稟得敦厚者便溫和。稟得清高者便貴。稟得豐厚者便富。稟得久長者便壽。稟得衰頹薄濁者。便爲愚不肖。爲貧爲賤爲夭。天有那氣生一個出來。便有許多物隨他來。又曰。天之所命。固是均一。到氣稟處。便有不齊。看其稟得來如何。

中國歷代卜人傳卷三十

潤德堂叢書之八

鎭江袁阜樹珊編次

陝西省一

陝西省、在我國中部北境、黃河之西、古雍州及梁州之地。戰國時、爲秦國、故別稱曰秦。漢爲三輔地。東漢爲益州。晉爲雍梁二州。唐置關內及山南道。宋初曰陝西路、以其在陝原之西。故名。元爲陝西等處行中書省。明置陝西布政使司、兼轄今陝西甘肅二省。清康熙間、置陝西省、別置甘肅省。民國仍之。其地東界山西及河南。東南界湖北。南界四川。西界甘肅。北界綏遠。省會曰長安縣。

664 **長安縣** 漢置、高帝自櫟陽徙都長安、即此、後漢、魏、晉、苻、姚、後魏及北周皆因之、故城在今陝西長安縣西北十三里、隋遷都龍首川、即今治、唐時亦都此、明清時與咸甯縣並爲陝西省治、及西安府治、民國廢府、省咸甯入之、仍爲陝西省治、清拳匪之亂、兩宮西狩、曾駐蹕焉、城爲唐代遺址、漢回雜居、貿易繁盛、東南商貨之轉輸西北者、皆出此途、

周 尹喜、周大夫也。爲關令。少好學。善天文。祕緯。鬼神。無以匿其情狀。瓌傑。不檢榮

戚不形於色志懷逍遙天性元湛忽登樓四望見東極有紫氣西邁喜曰、夫陽氣數度盡九星宿値合關令內傳·星宿作星度·歲月並王應有異人過此乃齋戒掃道以俟之及老子度關喜先誡關吏曰若有翁乘青牛薄板車者勿聽過止以白之果至吏白願少止喜帶印綬設師事之禮老子重辭之喜曰願爲我著書說大道之意得奉而行焉於是著道德經上下二篇喜於是與老子俱之流沙西服巨勝實莫知所終太平御覽道部眞人引三一經廣博志引關令內傳

秦

樗里子、名疾秦惠王之弟也滑稽多智秦人號曰智囊及秦惠王卒太子武王立、以樗里子爲相樗里子疾室在於昭王廟西渭南陰鄉樗里故俗謂之樗里子昭王七年卒葬渭南章臺之東曰後百歲當有天子之宮夾我墓至漢興、長樂宮在其東未央宮在其西武庫正値其墓秦人諺曰、力則任鄙智則樗里史記本傳圖書集成藝術典堪輿部名流列傳○元陳世隆北軒筆記云·樗里子者·秦惠王異母弟也·歷事武王昭王·戰勝攻取·號曰智囊·顯赫尊重·卒以壽終·可謂人臣之極矣·獨可異者·其卜葬渭南章臺之東·嘗謂人曰·後百歲·當有天子之宮夾吾墓·至漢興·果建長樂宮於東·未央宮於西·而武庫正當其墓·夫秦自惠文至莊襄·越百年而始爲始皇·始皇在位·又三十七年·樗里子之後·秦方自王而帝·開代以來·大一統之盛·而漢宮之地·已嘿定于一丘墓之間·盛衰倚伏·孰

非前定。語曰。力稱任鄙。智稱樗里。自非神聖。惡能前知若此哉。

漢　司馬季主者、楚人也。索隱按。云楚人。而太史公不序其系。蓋楚相司馬子期子。反後姓也。季主見列仙傳。卜於長安東市。宋忠爲中大夫。賈誼爲博士。同日俱出洗沐。正義漢官儀。五日一假。洗沐也。相從論議。誦易先王聖人之道術。究徧人情。相視而歎。賈誼曰。吾聞古之賢人不居朝廷。必在卜醫之中。今吾已見三公九卿、朝士大夫。皆可知矣。試之卜數中以觀采其人。索隱。卜數。猶術數也。音所具反。劉氏云。具數筮之。亦通。筮必以易。易用大衍之數也。二人卽同輿之市。游於卜肆中。天新雨。道少人。司馬季主閒坐。弟子三四人侍。方辯天地之道。日月之運。陰陽吉凶之本。二大夫再拜謁。司馬季主視其狀貌。如類有知者。卽禮之。使弟子延之坐。坐定。司馬季主復理前語。分別天地之終始。日月星辰之紀。差次仁義之際。列吉凶之符。語數千言。莫不順理。宋忠、賈誼、瞿然而悟。獵纓正襟危坐。索隱。獵。攬也。攬其冠纓而正其衣襟。謂變而自飾也。危一作兔。謂俯俛爲敬。曰、吾望先生之狀。聽先生之辭。小子竊觀於世。未嘗見也。今何居之卑。何行之汙。索隱。音烏故反。司馬季主捧腹大笑曰。觀大夫之貌、類有道術者。今何言之陋也。何辭之野也。今夫子所賢者誰也。所高者何也。公何以卑汙長者。二君曰、尊官厚祿。世之所高也。賢者處之。今所處非其地。故謂之卑。言不信。行不驗。取不當。故謂之汙。夫卜筮者、世俗之所賤簡也。世皆言曰、夫卜者多言誇嚴。以得人情。（索隱．謂卜者自矜誇而莊嚴．以得人情也．）虛高人祿命以說人志。擅言禍災以傷人心。矯言鬼神以盡人財。厚求拜謝以私於己。此吾之所恥。故謂之卑汙也。司馬季主曰、公且安坐。公見夫被髮童子乎。日月照之則行。不照則止。問之日月疵瑕吉凶。則不能理。由是觀之。能知別賢與不肖者寡矣。賢之行也直道以正諫。三諫不聽則退。其譽人也不望其報。惡人也不顧其怨。以便國家利衆為務。故官非其任不處也。祿非其功不受也。見人不正。雖貴不敬也。見人有汙雖尊不下也。得不為喜。去不為恨。非其罪也。雖累辱而不愧也。今公所謂賢者皆可為羞矣。卑疵而前。（索隱．疵．音貲．）孅趨而言。（索隱．孅音纖．纖趍．猶足恭也．）相引以勢。相導以利。比周賓正。（徐孚遠曰．賓正．猶擯正也．）以求尊譽。以受公奉。事私利。枉王法。獵農民。以官為威。以法為機求利逆暴。譬無異於操白刃刧人者也。初試官時。倍力為巧詐。飾虛功。執空文以謂主上用。居上爲右。右．于救切．宥韻．尙也．高也．試官不讓賢陳功。見僞增實。以無爲有。以少爲多以求便勢尊位食飲驅馳從姬歌兒不顧於親犯法害民虛公家此夫爲盜不操矛弧者也弧．戶吳切．音胡．虞韻．木弓也．攻而不用弦刃者也欺父母未有罪而弑君未伐者也伐．房越切．音罰．月韻．自稱其功曰伐．何以爲高賢才乎盜賊發不能禁夷貊不服不能攝姦邪起不能塞官耗亂不能治四時不和不能調歲穀不熟不能適索隱．音釋．適．猶調也．才賢不爲是不忠也才不賢而託官位利上奉妨賢者處是竊位也索隱．奉音夫用反．有人者進有財者禮是僞也子獨不見鴟梟之與鳳皇翔乎鴟．稱脂切．音摛．支韻．怪鳥也．山海經．西山經．王危之山有鳥焉．一首而三身．其狀如鶉．其名曰鴟．梟．希幺切．讀如曉．平聲．蕭韻．不孝鳥也．故日至捕梟磔之．見說文段注．漢儀．夏至賜百官梟羹．漢書音義．孟康曰．梟．鳥名．食母．破鏡．獸名．食父．黃帝欲絕其類．使百吏祠皆用之．如淳曰．漢使東郡送梟．五月五日．作梟羹以賜百官．以其惡鳥．故食之也．蘭芷芎藭棄於廣野蒿蕭成林使君子退而不顯眾公等是也述而不作君子義也今夫卜者必法天地象四時順於仁義分策定卦旋式正棊集解．徐廣曰．式．音栻．索隱．按式．即栻也．旋．轉也．栻之形．上圓象天．下方法地．用之則轉天綱加地之辰．故云旋式．棊者筮之狀．正棊．蓍謂下以作卦也．然後別天地之利害事之成敗昔先王之定國家必先龜策日月而後乃敢代正時日乃後入家產子必先占吉凶。

後乃有之。張照云·生子必視其時日·占其吉凶·其後亦俱有應·自伏羲作八卦周文王演三百八十四爻而天下治越王勾踐倣文王八卦索隱·倣音·方往反·以破敵國霸天下皐按·越王勾踐·倣文王八卦·破敵國·霸天下·此誠善用八卦者也·由是言之卜筮有何負哉且夫卜筮者埽除設坐正其冠帶然後乃言事此有禮也言而鬼神或以饗忠臣以事其上孝子以養其親慈父以畜其子此有德者也而以義置數十百錢病者或以愈且死或以生患或以免事或以成嫁子娶婦或以養生此之爲德豈直數十百錢哉此老子所謂上德不德是以有德今夫卜筮者利大而謝少老子之言豈異於是乎莊子曰君子內無飢寒之患外無刼奪之憂居上而敬居下而不爲害君子之道也皐按·當今之世·不可能矣·爲之一嘆·今夫卜筮者之爲業也。積之無委聚。藏之不用府庫徙之不用輜車負裝之不重止而用之無盡索之時。持不盡索之物游於無窮之世雖莊氏之行未能增於是也子何故而云不可卜哉。天不足西北星辰西北移地不足東南以海爲池日中必移月滿必虧先王之道。乍存乍亡。公責卜者言必信。不亦惑乎。公見夫談士辯人乎慮事定計必是人也然不能以一言說人主意故言必稱先王語必道上古慮事定計飾先王之成功語其敗害以恐喜人主之志以求其欲多言誇嚴（集解。徐廣曰。一作險。）莫大於此矣然欲彊國成功盡忠於上非此不立今夫卜者導惑教愚也夫愚惑之人豈能以一言而知之哉言不厭多故騏驥不能與罷驢爲駟（駟。息利切。音四。韻會。駟者。一乘四馬。兩服兩驂。）而鳳皇不與燕雀爲羣而賢者亦不與不肖者同列故君子處卑隱以辟衆自匿以辟倫微見德順以除羣害以明天性助上養下多其功利不求尊譽公之等喁喁者也（喁。元俱切。音愚。虞翻。聲相應和也。莊子。前者唱于。而隨者唱喁。）何知長者之道乎宋忠賈誼忽而自失芒乎無色（索隱。芒音莫郎反。）悵然噤口不能言（索隱。悵音暢。噤。音禁。劉氏。音其錦反。）於是攝衣而起再拜而辭行洋洋也出市門僅能自上車伏軾低頭卒不能出氣居三日宋忠見賈誼於殿門外乃相引屏語相謂自歎曰道高益安勢高益危居赫赫之勢失身且有日矣夫卜而有不審不見奪糈（集解。徐廣曰。音所。駰案。離騷經云。懷椒糈而要之。王逸云。糈。精米所以享神。）爲人主計而不審身無所處（索隱。糈者卜求神之米也。言卜之不中。乃不見奪其糈米。若爲人主計不審。則身無所處也。）此相去遠矣猶天冠地屨也此老子之所謂無名者萬物之始也天地曠曠物之熙熙或安或危莫知居之我與若何足預彼哉彼久而愈安雖曾氏之義集解·徐廣曰·曾·一作莊·未有以異也皋按·當今之世·賣卜者·安乎否乎·久之宋忠使匈奴不至而還抵罪而賈誼爲梁懷王傅王墮馬薨誼不食毒恨而死此務華絕根者也索隱·言宋忠·賈誼·皆務華而喪其身·是絕其根本也·

太史公曰古者卜人所以不載者多不見于篇及至司馬季主余志而著之

○索隱述贊曰·日者之名·有自來矣·吉凶占候·著於墨子·齊楚異法·書亡罕記·後人斯繼·季主獨美·取免暴秦·此焉終否·○褚先生曰·臣爲郎時·游觀長安中·見卜筮之賢大夫·觀其起居行步·坐起自動·誓正其衣冠·而當鄉人也·有君子之風·見性好解婦來卜·對之顏色嚴振·未嘗見齒而笑也·從古以來·賢者避世·有居止舞澤者·有居民間閉口不言·有隱居卜筮間以全身者·夫司馬季主者·楚賢大夫·游學長安·通易經術·黃帝老子·博聞遠見·觀其對二大夫貴人之談言·稱引古明王聖人道·固非淺聞小數之能及·卜筮立名聲千里者·各往往而在·傳曰·富爲上·貴次之·既貴·各各學一伎能立其身·黃直·丈夫也·陳君夫·婦人也·以相馬立名天下·齊張仲曲成侯·以善擊刺學用劍·立名天下·留長孺·以相彘立名·滎陽褚氏·以相牛立名·能以技能立名者甚多·皆有高世絕人之風·凌稚隆史記考證引·呂東萊·考訂云·日者傳乃太史公所作·劉辰翁云·觀其辨肆淺深·亦豈褚生所能·○以上史記日者傳參太平御覽卜筮·○唐茅元儀野航史話·司馬季主曰·伏羲作八卦·周文王演三百八十四爻·而天下治·越王勾踐·彷文王八卦以破敵國·勾踐深於易·典籍中惟見於此·卽吳越春秋亦只載范少伯六壬神驗耳·○蜀漢諸葛丞相集·載季主墓碑云·玄漠太寂·混合陰陽·天地交泮·萬品滋彰·先生理著·分別柔剛·鬼神以觀·六度顯明一本泮作判·明作名·清武威張澍介侯按·眞誥云·司馬季主墓·在成都升盤山之南·諸葛武侯·昔建碑銘誌於季主墓前·碑讚末云云·是此碑文不傳·僅存銘詞數語也·皋按·檢閱道藏眞誥·升盤作升遷·未知孰是·容再考證·或託成都行政長官·飭屬查報·始可明瞭·○陶宏景眞誥稽神樞第四篇云·季主一男一女·俱得道·男名法育·女名濟華·○明湘潭周聖楷楚寶方技·史懷曰·日者傳·止述司馬季主·與賈誼宋忠議論·往復一段·似史遷未著手之書·（皋按·作此語者·未讀史記考證也·）然其論宦途危險·及士大夫浮

誹．亦已刻骨汗顏矣．賈誼曰．古之賢人．不居朝廷．必在卜醫之中．畢竟是高識人語．又曰．今吾見三公九卿．朝士大夫．皆可知矣．分明料此中之無人也．一見季主之人．聽其言．業以聖賢待之矣．所謂居之卑．行之汚．借此發難耳．第二子之意．以爲至人身隱於卜．嘗游於卜筮之外．季主以爲道在於卜．當求於卜筮之中．一間未達．特爲點破．非惟二子遇季主難．季主遇二子亦難．季主於二子．猶蘇門之於叔夜．管輅之於何鄧也．○四庫提要術數類．載唐李虛中命書自序云．司馬季主於壺山之陽．（壺山在雲南永北縣東三里．峯巒竦立．宛如壺狀．淸流環抱．瀑瀑有聲．吳道子觀晋石刻在此山後．）遇鬼谷子出逸文九篇論幽微之理．虛中爲掇拾諸家．注釋成集．是以後世傳星命之學者．皆以虛中爲祖．○宋梅堯臣聖俞宛陵集．讀日者傳答俞生詩云．宋忠爲大夫．賈誼爲博士．同與休沐下．訪卜長安市．吾不如一人、．讀書如舉跬．借曰當乘肥．乘肥非我指．惟思泉石間．坐臥松風美．（跬．奎上聲．紙韻．半步爲跬．司馬法．凡人一舉足曰跬．跬三尺也．兩舉足曰步．步六尺也．故君子跬步而不敢忘孝也．）梅堯臣讀司馬季主傳．贈何山人遯詩云．長安新雨後．九陌少行人．同輿有宋賈．游市懷隱淪．日聞古賢哲．必與醫卜隣．來過季主室．再拜語逡巡．瞿然悟辭貌．何爲居埃塵．捧腹乃大唉．吾道非爾臻．驥憖罷驢騆．鳳豈燕雀親．筮占聊助上．功利儻及民．大夫與博士．登車若喪神．今我見何遯．始驗太史眞．順性誨善惡．不離義與仁．言孝論爲子．言忠論爲臣．又得蜀嚴比．甯將日者均．京都盛龜筴．坐肆如魚鱗．噤口不正言．唯能辨冬春．鴻冥復所慕．安得雞鶩馴．○阜仰止季主．異於尋常．俚句有云．賈誼宋忠世所欽．長安卜肆也光臨．教愚導惑利家國．季主聲華冠古今．

漢　田文、長安人。工相術、與韋丞相賢、魏丞相相、邴丞相吉、微賤時會於客家。田文言曰、今此三君者、皆丞相也。其後三人、竟更相代爲丞相。何見之明也。（史記附邴吉傳）

漢　谷永字子雲。長安人。父吉、爲衛司馬。使送郅支單于侍子。（郅．音質．）爲郅支所殺。永博學經書。御史大夫繁延壽、舉爲太常丞。建始三年辛卯冬日食、地震、同日俱發。永詔舉方正直言極諫之士。太常舉永待詔。公車時、對者數十人。永爲上第。擢光祿大夫。元延元年己酉、爲北地太守。時災異尤數。永當之官上使衛尉淳于長、受永所欲言。永對奏天子甚感其言。永於經書、汎爲疏達。（汎、音信。水盛曰汎。）與杜欽、杜鄴略等。不能洽浹。如劉向父子、及揚雄也。其於天官京氏易最密。故善言災異。前後所上四十餘事。專攻上身與後宮而已。永所居任職。徵入爲大司農。卒於家。（漢書列傳　雍正陝西通志文學）

漢　王朔、善望氣。李廣就之語云、自漢擊匈奴。廣未嘗不在其中。而諸妄校尉已下。（妄、猶凡也。）材能不及中。（中、謂中庸之人也。）以軍功取侯者數十人。廣不爲後人。然終無尺寸功以得封邑者何也。豈吾相不當侯耶。朔曰、將軍自念。豈嘗有恨者乎。（恨、悔也。）廣曰、吾爲隴西首羌嘗反。吾誘降者八百餘人。詐而同日殺之。至今恨獨此耳。朔曰、禍莫大於殺已降。此迺將軍所以不得侯者也。元狩四年壬戌、廣從大將軍衛青、又擊匈奴。以失道。責廣幕府對簿。廣遂自剄死。一軍皆哭。百姓聞之無不垂涕。（前漢書李廣傳）

漢　孫賓、賣卜長安。武帝因與越王爲親。曾遣東方朔泛海求寶。惟命一週迴。朔經二載乃至。未至時、帝問左右。朔久不至。今寰中何人善卜。對曰、有孫賓者。極明易筮。帝乃更庶服潛行。與左右賫絹二疋往卜。叩賓門。賓出迎而延坐。未之識也。帝乃啓卜。卦成。知是帝。惶懼起拜。帝曰、朕來覓物。卿勿言。賓曰、陛下非卜他物。乃卜東方朔也。朔行七日必至。今在海中面西招水大嘆。到日請詰之。至日朔至。帝曰、卿約一年。何故二載。朔曰、臣不敢稽程。探寶未得也。帝曰、七日前。卿在海中面西招水大嘆何也。朔曰、臣非嘆別事。嘆孫賓不識天子。與帝對坐。因此而嘆。帝深異之。晉干寶搜神記

隋 來和、字弘順。長安人。少好相術。所言皆驗。高祖微時、詣和相。和謂高祖曰、公當王有四海。及爲丞相、拜儀同。既受禪。進爵爲子。和同郡韓則、嘗詣和相。和謂之曰、後四五。當得大官。人初不知所謂。則至開皇十五年乙卯五月而終。人問其故。和曰、十五年爲三五。加以五月爲四五。大官、槨也。和言多此類。著相經四十卷

隋 臨孝恭、京兆人。明天文算術。高祖甚親遇之。每言災祥之事。未嘗不中。上因令

考定陰陽書。官至上儀同。著欹器圖。地動銅儀經。九宮五墓、遁甲月令祿命書。九宮龜經。太乙式經。孔子馬頭易卜書等二百餘卷。並行於世。以上隋書藝術。清一統志陝西省西安府人物。陝西通志方技

唐　王希明、開元時。以方技爲內供奉。待詔翰林。奉敕撰太乙金鏡式經十卷。其大旨乃仿易曆而作。其以一爲太極。因之生二目。二目生四輔。猶易之兩儀四象也。又有計神與太乙合之爲八將。猶易之八卦也。其以歲月日時爲綱。而以八將爲緯。三基五傳十精之類爲經。亦猶夫曆法也。其法以八將推其掩迫囚擊關格之類。占內外災福。又推四神所臨分野。占水旱兵喪、饑饉疾疫。又推三基五福大小遊二限。易卦大運。占古今治亂。故漢書已載有陽九百六之語。南齊書高帝紀贊、所引太乙九宮占。自漢高祖五年。推至宋禎明元年。幾數百年。而其術遂大顯於世。至希明承詔纂次。參校衆法。益爲詳備。觀李燾續通鑑長編。稱夏主元昊通蕃漢文字。嘗推太乙金鑑。則其書且行於四裔矣。四庫提要子部術數類○又著有聿斯歌見宋史藝文志

唐　韓滉、滉音慌。養韻。水深廣貌。字太冲。長安人。宰相休子。善治易春秋。著通例及天文事序。

議各一篇。以蔭補左威衛騎參軍。累官至禮部尚書。出爲鎮海軍節度使。卒年六十有五。贈太傅。諡忠肅。涚尤有知人之鑒。楊於陵、年二十登第後。初爲浙江觀察使。涚見之甚悅。涚有愛女、方擇佳壻。謂其妻柳氏曰、吾閱人多矣。無如楊生貴而有壽。生子必爲宰相。於陵秩滿。寓居揚州、而生嗣復。後涚見之。撫其首曰、名位果踰於父。楊門之慶也。後嗣復、官至吏部尚書。諡孝穆。（唐書本傳唐書楊嗣復傳）

唐　馮存澄、道士。通六壬。上皇始平禍亂。在宮所。與存澄射覆。得卦曰合因。又得卦曰斬關。又得卦曰鑄印乘軒。存澄啓謝曰、昔此卦三靈爲最善。黃帝勝炎帝而筮得之。所謂合因、斬關、鑄印乘軒。始當果斷。終得嗣天上皇。掩其口曰、止矣。默識之矣。後卽位、應其術焉。（唐柳宗元龍城錄）

唐　李泌、字長源。魏柱國弼、六世孫。徙居京兆。七歲能文。玄宗召試禁中。張說稱爲奇童。張九齡尤所奬愛。及長博學。善治易。嘗出游。得管輅書天陽訣。又得一行所授銅鈸要旨。占人吉凶極驗。泌以是傳之李虛中。推衍用之。天寶間、泌以翰林供奉中宮。太子遇之甚厚。楊國忠疾之。因隱居穎陽。（穎陽・縣名・故城在今河南許昌縣西南。）肅宗卽位靈武。（靈武・縣名・故城在今甯夏靈武縣西北。）泌至進謁。處以賓友。中興方略。悉與謀議。為李輔國所疾。去隱衡山。（衡山・五嶽之一・在湖南。）代宗立。復召之。又為元載。常袞所疾。出歷楚州杭州刺史。德宗在奉天。召赴行在。旋拜中書侍中、同平章事。遇事多所匡救。德宗欲廢太子。感泌泣諫而止。封鄴侯。年六十八卒。（唐書本傳 濯纓筆記）

唐　梁鳳、善相人。裴冕為河西留後。就鳳相。鳳曰、下半載兵起。君當以御史除宰相。又言一日向蜀。一日向朔方。此時公當國。冕妖其言。絕之。俄而安祿山反。冕以御史中丞召。問以三日。答曰、雖日卽滅。蜀日不能久。朔方日愈明。肅宗卽位。而冕遂相。又謂呂諲曰、君且輔政。須大怖乃得。諲責驛吏。榜之。吏突入射諲。兩矢幾中。走而免。明年知政事。李揆、盧允毀服。給謁鳳。不許。二人許以情。鳳曰、李舍人閱歲而相。盧不過郎官。從揆已相。乃擢盧吏部郎中。鳳之術可謂神矣。（古今類事 相兆門）

唐　張初雒、精風鑑。時薛邕侍郎、有宰相望。崔造為兵部郎中。與前進士姜公輔、三人同會。適張來謁薛。問張曰、只此座中有宰相否。答曰、崔姜二公宰相也。且同時。崔反在姜之後。已而姜爲京兆功曹。俄爲翰林學士。時朱泚帥涇原、得軍民心。姜上疏、請爲之防。疏入不報。及泚反。德宗悔不納姜言。於行在驟拜姜爲給事中、平章事。崔更後半年。累拜相。與姜同時。薛竟終於列曹而已。古今類事引唐宋遺史

唐　王生善易筮。設卜肆於京師宣平坊。適李相國揆、以進士調集在京。特往問之。王生、每以五百文決一局。而來者雲集。自辰至酉、不得次。而有空反者。揆時持一縑晨往。生爲之開卦曰、君非文字之選乎。當得河南道一尉。揆負才華。不宜爲此。色悒忿而去。王生曰、君無怏怏。怏・央去聲・漾韻・悵也・情不滿足也・自此數月。當爲左拾遺。前事固不可涯也。揆怒未解。生曰、若果然幸一枉駕。揆以書判不中第。補汴州陳留尉。始以王生之言有徵。後詣之。生於几下取一緘書。可十數紙。以授之曰、君除拾遺。可發此緘。不爾當大咎。揆藏之。既至陳留。時採訪使倪若冰、以揆才華族望、留假府職。會郡有事須上請。擇與中朝通者。無如揆。乃請行。開元中、郡府上書、姓李者皆先

謁宗正。時李璆為宗長。適遇上尊號。揆既謁璆。璆素聞其才。請為表三通。以次上之。上召璆曰、百官上表。無如卿者。朕甚佳之。璆頓首謝曰、此非臣所為。是臣從子陳留尉揆所為。乃下詔召揆。時揆寓宿於懷遠坊盧氏姑之舍。子弟聞詔。且未敢出。及知上意。欲以推擇。遂出。既見。乃宣命宰臣試文詞。時陳黃門為題目三篇。其一曰、紫絲盛露囊賦。二曰答吐蕃書。三曰代南越獻白孔雀表。揆自午及酉而成。既封。請曰、前二首無所遺恨。後一首或有所疑。願得詳之。乃許拆其緘。塗八字。旁注兩句。既進。翌日授左拾遺。旬餘乃發王生之緘視之。三篇皆在其中。而塗注者亦如之。遽命駕往宣平坊訪王生。則竟不復見矣。圖書集成藝術典卜筮部名流列傳

唐

白衣烏帽老人、賣卜於長安春明門外。明皇將平內難之前。遲疑未決。特請占之。俄有蓍一筮。突然飛出。挺於空中。老人笑曰、大吉。此卦只宜卜取天下。餘悉凶。然利在三日之內。上乃與劉幽求、鍾紹京等、入平內難。安北軍捕逆黨。誅韋后。尊睿宗為君。上使人訪前老人。莫知其處。遂於所見地立廟。號阿父神。上親制碑詞

及書以表其異焉夫蓍龜之靈于人何也曰蓍龜不與于人聖人用之所以兼人物之智耳卿士從庶民從兼人之智也龜從筮從兼物之智也明皇旣謀于幽求等而又卜於老人其亦兼人物之智歟（古今類事卜兆門）

唐

路生長安人賣卜於市有趙自强來選就生卜焉生云公之官若非重日卽是重口後又卜生云公官九日不出十二日出至九日宰相果索吏部由曆至十二日勑出爲左拾遺拾遺字各有一口又補闕王冕訪卜生云九月當入省官有禮字時禮部員外陶翰在座乃曰公卽替人九月陶病請假勑除王禮部員外後又令卜云必出當爲倉字官果貶溫州司倉（雍正陝西通志方技）

後梁

羅尊師長安人深于相術羅隱在科場恃才傲物尤爲公卿所惡故六舉不第隱以貌陋恐爲相術所棄每與尊師接談常自大以沮之及其屢遭黜落不得已始往問焉尊師笑曰貧道知之久矣但以吾子決在一第未可與語今日之事貧道敢有所隱乎且吾子之于一第也貧道觀之雖首冠羣英亦不過簿尉爾若能

罷舉。東歸霸國以求用。則必富且貴矣。兩途。吾子宜自擇之。隱懵然不知所措者數日。鄰居有賣飯媼。見隱驚曰、何辭色之沮喪如此。莫有不決之事否。隱謂知之因盡以尊師之言告之。媼歎曰、秀才何自迷甚焉。且天下皆知羅隱。何須一第。然後爲得哉。不如急取富貴。則老湋之願也。隱聞之釋然。遂歸錢塘。時錢鏐方得兩浙。置之幕府。使典軍中書檄。其後官給事中。年八十餘。終于錢塘。師尊之言悉驗。

舊五代史梁書羅隱列傳・注引五代史補・

宋

張衍、長安人。年八十。以術遊士大夫間。章子厚、蔡持正、官州縣時。許其爲宰相。蒲傳正、薛師正、未顯。皆以執政許之。無一不如衍言。紹聖初。邵伯溫官長安、因論范忠宣公命。衍曰、范丞相命、僅作參知政事耳。今朝廷貴人之命皆不及。所以作相。又曰、古有命格。今不可用。古者貴人少。福人多。今貴人多。福人少。余問其說。衍曰、昔之命出格者、作宰執。次作兩制。又次官卿監。爲監司大郡。享安逸壽考之樂。任子孫。厚田宅。雖非兩制。福不在其下。故曰福人多。貴人少。今之士大夫。自朝官便作兩制。忽罷去。但朝官耳。不能任子孫。貧約如初。蓋其命發於刑殺。未久卽災至。故曰貴人多福人少也。後衍病伯溫見之則曰、數已盡。某日當死。凡家事悉處之矣。已而果然。（邵伯溫聞見前錄　雍正陝西通志方技）

宋　王勛、

王勛、日者也。長安人。韓王趙普、初罷隴西判官。到京。至王勛卜肆問命。次簾下看范魯公、騶殿之盛。歎曰、似此大官。修箇甚福。來得到此。勛曰、員外卽日富貴更强似此人。何足歎羨。將來便爲交代。亦未可知。後果如其言（丁晉公談錄　宋稗類鈔）

宋　何遜、

何遜、賣卜京都。聲華遠著。梅直講堯臣讀司馬季主傳後、特贈以詩。有句云、今我見何遜。始驗太史眞。順性誨善惡。不離義與仁。言孝諭爲子。言忠諭爲臣。又得蜀嚴比。甯將日者均。（宋梅聖俞宛陵集）

金　李茂、

李茂、相者。自南中來。相人言休咎。殊驗。完州守楊秀實、正大中、權刑部主事。供輸關陝。與茂熟狎。私自言此人言休咎。或壽永。末路榮顯。差以自慰。如言前途不遠。或日久有他難。祇增憂撓耳。因與茂、食次問曰、休咎不願知。但某離老母十月。

見面當在何時。茂且食且笑曰、君三日當拜太夫人矣。楊竊謂關陝去京千里餘。三日何緣得到。食未竟平章芮公急召楊驛奏邊事。三日未日中至家。楊至今以爲奇。茂後入京寓惠安寺。朝士爭往叩之。近侍焦春和、甫入門茂卽言五品五品。恨來處不高耳。焦本世宗家童。聞茂言深恥之。茂未幾被害。年三十三。（金元好問續夷堅志）

元　李欽夫、號五羊道人。長安人。撰子平三命淵源注一卷。泰定丙寅、翰林編修官、王瓚中序稱子平三命淵源。得造化之妙。自錢塘徐大升後。知此者鮮。五羊道人李欽夫取子平喜忌繼善二篇。特加注解。括以歌訣。消息分明。脉絡貫通矣。（四庫提要子部術數類存目二）

元　郝昇、陝西人。深究易理。賣卜於市。王嘉入其肆。昇異之。遂從嘉至朝元觀。嘉授之二詞。以發至意。昇大感悟。乃執弟子禮。賜名曰璘。號恬然子。（長安縣志方技）

明　熊庠、江西人。精星命。游陝西。都御史某公謫爲叅政。庠推算云、某月中、當復舊任。公不信曰、如吾言不驗。責四十。驗則賞以匹帛。公笑而許之。至期、果復官。先外祖値庵盛公、時爲左轄。庠謂公曰、七月、當擢西川都御史。公笑曰、陞擢則有之。至於地方。非爾所知也。庠言不驗。請如某公約。公亦未信。曰金星旺。知在西方。及七月三十日。謂熊妄言必矣。自察院歸。道有人報公陞四川巡撫。公大異之。復令庠究言、九天新雨露。兩省舊黎民。有官無祿者半歲。退謂吾舅氏云、相公於庚辰年不利。至庚辰。公丁內艱。自蜀奔喪。抵家而新制以邊方重任。必俟交代。公知之、復自吳入蜀。竟治事半歲。而不食祿。其驗如此。明陸延枝說聽

清　趙舒翹、字展如。長安人。同治甲戌進士。授刑部主事。居刑曹十年。多所纂定。其議服制及婦女離異諸條。能傅古義。爲時所誦。光緒丙戌、出知安徽鳳陽府。皖北水祲（祲・進平聲・又去聲・陰陽氣相侵也。）割俸助賑。課最。擢浙江溫處道。再遷布政使。甲午、擢江蘇巡撫。捕治湖匪。弊風漸革。明年、改訂日本條約。牒諸總署。重民生。言皆切中。是時朝廷矜愼庶獄。以舒翹諳律令。召爲刑部左侍郎。戊戌、晋尙書。督辦礦務鐵路。明年充軍機大臣。拳匪據涿州。舒翹被命馳往解散。匪衆堅請禠提督聶士成職。剛毅

踵至。許之。匪既入京。攻使館。聯軍至。李秉衡兵敗。太后乃令王文韶、與舒翹、詣使館。通殷勤。爲議款計。文韶以老辭。舒翹曰、臣望淺。不如文韶。卒不往。旋隨扈至西安。聯軍索辦罪魁。乃褫職留任。尋改斬監候。次年各國索益亟。西安士民集數百人。爲舒翹請命。上聞。賜自盡。命岑春暄監視。舒翹故不袒匪。又痛老母九十餘。見此慘禍。頗自悔恨。初飲金。更飲以鴆。久之乃絕。其妻仰藥以殉。舒翹生平以服膺宋學。著稱而酷信命相家言。撫蘇時、元和陸鳳石相國潤庠。以祭酒丁艱回里。服闋入都。趙餞行於署。酒酣。趙頻顧陸而歎息。陸疑趙心有不愉。堅叩其故。趙慨然曰、某所以不樂者。以君爲末代宰相耳。陸憤然曰。君既知相。自視如何。趙曰。此無他。某終不得善終。及趙內用。果如其預言。（清史稿本傳清稗類鈔方技）

清　張延已、好占卜。弱冠遊四方。光緒辛丑、兩宮將自西安回鑾。（西安。即今長安縣。）時適館臨潼洪氏。以風角風聞於上。某日昧爽。以一騾車入行在。禮畢。孝欽后宣旨。令在霤下設壇。問善後事。筮得家人之九三。其爻曰、家人嗃嗃。婦子嘻嘻。終吝。張曰、家人嗃嗃。（嗃、黑各切、樂韻、嚴厲貌、）剛嚴者也。婦子嘻嘻。喜樂過也。終吝。險蹶難遵也。卦直家人其有順陰道而至美者乎。九三之爻。君道也。亦夫道也。而位未大正。其有婦人而專制者也。時侍郎陳某在側。見多忌諱。不敢上聞。乃別易他爻之吉祥者入奏。孝欽亟賞之。賜銀千兩。鱸鮓兩尾。延已方惴惴待罪。至是乃殊慰。（清稗類鈔方技）

665 萬年縣（漢、太上皇葬櫟陽北原、因於櫟陽置萬年縣、以奉陵寢 故城在今陝西臨潼縣東北、北周移置、即今長安縣治 隋遷都、改為大興縣、唐復為萬年、五代梁、改為大年、唐復舊名、宋改為樊川、金改為咸寧、民國廢入長安縣、）

北魏

唐文善相人。寇讚未貴時。嘗從文相。文曰、君頷上黑子入幘。（幘音責、韜髮之巾也、）位當至方伯、封公。及貴也、文以民禮拜謁。仍曰、明公憶民疇昔之言乎。爾日但知公當貴。然不能自知得為州民也。讚曰、往時卿言杜瓊不得官長。人咸謂不然。及瓊被選為盩厔令。卿猶言相中不見而瓊果以暴疾未拜而終。昔魏舒見主人兒死。自知已必至公。吾嘗以卿言瓊之驗。亦復不息此望也。乃賜文衣服良馬。讚在州十七年。甚獲公私之譽。卒年八十六。（魏書寇讚傳）

唐　韋夏卿、字雲客萬年人少邃於學善文辭大曆中、舉賢良方正官至工部尚書、東都留守辭疾改太子少保卒年六十四贈尚書左僕射諡曰獻夏卿通簡好古有知人之鑒人不知也因退朝於街中逢再從弟執誼從弟渠牟丹、三人、韋丹、字文明。皆第二十四並爲郎官簇馬良久夏卿曰今自逢三二十四郎輒欲題目之語執誼曰汝必爲宰相善保其末耳語渠牟曰弟當別承主上恩而速貴爲公卿語丹曰三人之中弟最長遠而位極旄鉞由是竟如言　唐書本傳　大唐傳載

唐　韋顗、顗音愷靜也。字周仁謣弟益之子萬年人生一歲而孤事姊稱爲恭孝性嗜學通陰陽象緯博知山川風俗論議典據少以門蔭補千牛備身歷御史補闕裴垍、垍音忌堅土也。韋貫之、李絳、崔羣、蕭俛、皆布衣舊繼爲宰相朝廷典章多所資逮嘗曰吾儕五人智不及一韋公累遷御史中丞爲戶部侍郎徙吏部卒所著易緼解推演潛亢終始之義甚有奧旨　舊唐書韋顗素傳　雍正陝西通志文學

666　奉元縣　元置治咸寧今陝西長安縣治

元 楊恭懿、字元甫。奉元人。力學強記。日數千言。雖從親逃亂。未嘗廢業。年十七、西還。服勞爲養。暇則就學。書無不讀。尤深於易禮春秋。後得朱熹集注四書。歎曰、人倫日用之常。天道性命之妙。皆萃此書矣。至元七年庚午、與許衡俱被召。不至。又數年、太子下教中書。俾如漢惠聘四皓者以聘。恭懿乃至京師。既入見世祖。遣國王和童勞其遠來。十二年乙亥正月二日、帝御香殿。以大軍南征。使久不至。命筮之。其言祕。時議設取士科。恭懿言、宜勅有司。擧有行檢通經史之士。試以經義。則民俗趨厚。國家得才矣。尋歸鄉里。又詔改曆。授集賢學士。兼太史院事。十八年辛巳、辭歸。後凡三召。皆不至。三十一年甲午、卒。年七十。元史本傳

元 蕭𣂏、(𣂏音岡。挹也。抒也) 字維斗。奉元人。性至孝。出爲府史。上官語不合。卽引退。讀書南山者三十年。於是博極羣書。天文地理律曆算數。靡不研究。及門受業者甚衆。雍正陝西通志儒林

667 **杜陵縣** 古杜伯國。秦置杜縣。漢以杜東原上爲初陵。更名杜陵。晉改爲杜城。後魏改杜縣。北周廢。故城在今陝西長安縣東南。

隋　史萬歲、杜陵人。少英武。善騎射。好讀。兵書。兼精。占候。逢周齊戰於芒山。萬歲從父在軍。旗鼓正相望。萬歲令左右趣裝急去。俄而周兵大敗。其父由是奇之。及平齊之役。其父戰沒。萬歲襲爵太平縣公。從擊尉遲迥。每戰先登。迥平。拜上大將軍。萬歲爲將。不治營伍。令士卒各隨所安。敵亦不敢犯。號爲良將。清一統志陝西省西安府人物

隋　韋鼎、字超盛。京兆杜陵人。少通脫。博涉經史。明陰陽逆刺。尤善相術。仕梁。遭父憂。哀毀過禮。殆將滅性。侯景之亂。兄昂卒於京城。鼎負屍出。寄於中興寺。求棺無所得。鼎哀憤慟哭。忽見江中有物流至。鼎異之。往視。乃新棺也。因以充殮。元帝聞之。以爲精誠所感。侯景平。歷中書侍郎。陳武帝在南徐州。鼎望氣知其當王。遂寄孥焉。因謂曰、後四歲梁其代終。天之曆數當歸舜後。明公天縱神武。繼絕統者。無乃是乎。帝大喜。因而定策。及受禪。拜黃門侍郎。轉廷尉卿。大建中。爲聘周主使。至德初癸卯、鼎盡貨田宅。寓居僧寺。友人問其故。答曰、江東王氣。盡於此矣。吾與爾當葬長安。期運將及。故耳。初鼎之聘周也。嘗與高祖相遇。鼎謂高祖曰、觀公容貌。

故非常人。神鑒深遠。亦非羣賢所逮。歲一周天。老夫當委質。願深自愛。及陳平待遇甚厚。高祖命鼎還杜陵。鼎考校昭穆。自楚太傅孟以下二十餘世。作韋氏譜七卷、開皇壬子、除光州刺史。以仁義教導。務弘清靜。部內肅然。咸稱其神。（隋書藝術 一統志陝西省西安府人物 清雍正陝西通志方技）

668 咸陽縣（即古杜郵亭・隋置縣・尋廢・故城在今陝西咸陽縣東十三里・唐徙今縣東五里・在渭河北・明移治今所・屬陝西西安府・清因之・）

周 卜徒父、秦太卜。秦伯伐晉。卜徒父筮之。吉。涉河。侯車敗。詰之。對曰、乃大吉也。三敗必獲晉君。其卦遇蠱䷑曰。千乘三去。三去之餘。獲其雄狐。夫狐蠱、必其君也。蠱之貞、風也。其悔、山也。歲云秋矣。我落其實。而取其材。所以克也。實落材亡。不敗何待。三敗及韓。戰於韓原。秦獲晉侯以歸。（左傳僖公十五年 雍正陝西通志方技）

669 平陵縣（漢置・三國魏改爲始平・故城在今陝西咸陽縣西北十五里・）

漢 蘇竟、字伯況、平陵人。平帝世、以明經爲博士。講書祭酒。善圖緯。能通百家言。建武五年己丑、拜侍中。病免。初延岑護軍鄧仲況、擁兵據南陽陰縣爲寇。劉龔爲其

謀主竟以書曉之仲況與龔遂降竟終不伐其功

漢　張仲蔚、扶風人（扶風郡・在今陝西咸陽縣東・）少與同郡魏景卿、隱身不仕明天官學問宏博嘗好爲詩賦常居窮素所處蓬蒿沒人閉門養性不治榮名（以上淸一統志雍正陝西省西安通志隱逸西安府志人物）

670 安陵縣（周・程邑・漢置安陵縣・以惠帝安陵所在・故名・隋廢・故城在今陝西咸陽縣東・）

漢　棓生、（棓・音培・姓也・）安陵卜者袁盎心不樂家居多怪乃之棓生所問占棓生秦時賢士善術者也（前漢書袁盎傳註參雍正陝西通志方技）

班固、字孟堅安陵人彪子年九歲、能屬文及長遂博貫載籍九流百家之言無不窮究（後漢書注云・九流謂道・儒・墨・名・法・陰陽・農・雜・縱橫・）所學無常師不爲章句舉大義而已明帝奇之召詣校書部除蘭臺令史續父所著漢書積思二十餘年至建初中乃成當世甚重其書後遷玄武司馬帝會諸儒講論五經作白虎通德論令固撰集其事其論五行有云、水位在北方北方者、陰氣在黃泉之下任養萬物水之爲言准也陰化沾濡任生木木在東方東方者、陰陽氣始動萬物始生木之爲言觸者陽氣動躍火在南方。南方者、陽在上。萬物垂枝。火之爲言委隨也。言萬物布施。火之爲言化也。陽氣用事。萬物變化也。金在西方。西方者、陰始起。萬物禁止。金之爲言禁也。土在中央者。主吐含萬物。土之爲言吐也。固又深於易。故漢書敍傳多用易義。述哀紀云、彤落洪支。底剭鼎臣。大過之困。實橈實凶。述禮樂志云、上天下澤。春雷奮作。先王觀象。爰制禮樂。述刑法志云、雷電皆至。天威震耀。五刑之作。是則是效。述五行志云、河圖命庖。洛書賜禹。八卦成列。九疇攸敍。述陳勝項籍云、上嫚下暴。惟盜是伐。述魏豹田儋韓信云、（儋・擔平聲・覃韻・）枯楊生華。曷惟其舊。述眭孟、京房等云、占往知來。幽贊神明。苟非其人。道不虛行。其幽通賦云、震鱗漦於夏庭兮。（漦・音釐・支韻・）帀三正而滅周。巽羽化於宣宮兮。彌五辟而成災。又似習聞京氏說者。永元初己丑、大將軍竇憲、出征匈奴。以固爲中護軍。行中郎將事。憲敗。洛陽令种兢、捕繫固。遂死獄中。時年六十一。（後漢書附彪傳白虎通德論 清江都蔣超伯南漘楛語）

671 茂陵縣（漢書武帝紀・後元二年・葬茂陵・本槐里之茂鄉・初置茂陵邑・宣帝始爲縣・在今陝西興平縣東北・晉併入始平・司馬相如病免・家居茂陵・即此・）

馬融、字季常。茂陵人。才高博洽。為世通儒。初應鄧隲、召拜郎中。校書東觀。時鄧太后臨朝。融以諷諫遭禁錮。安帝時、召拜郎中。歷武都南郡太守。曾上疏陳星孛參畢。參西方之宿。畢為邊兵。至於分野。幷州是也。（參在中為晉分、幷州之地。）西戎北狄。殆將起乎。宜備二方。尋而隴西羌反。烏桓寇上郡。皆卒如融言。後復拜議郎。重在東觀著述。以病去官。教養諸生。常有千數。涿郡盧植、北海鄭玄、皆其徒也。玄在融門下三年不相見。高足弟子傳授而已。常算渾天不合。問諸弟子。弟子莫能解。或言玄。融召令算。一轉便決。眾咸駭服。及玄業成辭歸。融心忌焉。玄亦疑有追者。乃坐橋下。在水上據屐。融果轉式逐之。告左右曰。玄在土下水上而據木。此必死矣。遂罷追。玄竟以免。融年八十八。延熹九年丙午、卒於家。（後漢書本傳。藝術典術數部紀事）

672 興平縣（周、大丘邑。秦曰廢丘。漢為槐里。茂陵。平陵三縣地。三國魏。改平陵為始平。唐改曰金城。又改曰興平。明清皆屬陝西西安府。）

清

吳壽貞、太夫村人。劉健菴某村人。精醫道。善堪輿。（民國興平縣志文學）

673 高陵縣（秦置。昭王同母弟曰高陵君。即此。後漢為左馮翊治。三國魏。改高陸。故城在今陝西高陵縣西南一里。後魏徙今治。隋復曰高陵。明清皆屬陝西西安府。）

元

高儔、字宗伊。四川瀘州人。弘治三年庚戌、以舉人任敎諭。身頎長。（頎・音祈・長貌）美姿容。博雅端正。兼通五經。下至醫卜書畫亦皆嘉妙。勤於訓誨。五經輪日講解。士子課業無長少。皆逐首改正。其獎善化惡如春風解冰。（明嘉靖縣志官師）

高齋漫錄云。宋元豐中、王岐公珪、位宰相。王和父、尹京上眷注甚渥。行且大用。岐公乘間奏曰。京師術士皆言王安禮、明年二月作執政。神宗怒曰。執政除拜由朕。豈由術士之言。他日縱當此補。特且遲之。明年春安禮果拜右丞。岐公曰。陛下乃違前言何也。上默然久之曰、朕偶忘記。信知果是命也。

汴京勼異記云。宋王冀公欽若、鄉薦赴闕。張僕射齊賢、時爲江南漕。以書薦謁錢希白時。錢以才名方獨步一時。適會客。延一術士以考休咎。不容通謁。冀公跼促門下。因厲聲詬閽人。術士聞之。謂錢曰。不知何人邪。若形聲相稱。世無此貴者。但恐形不副聲。願邀入使某獲見。錢諾之。冀公單微遠人。神骨竦瘦。復贅於頸。而舉止殊山野。錢蔑視之。術士竦然側目注視。冀公起。術士稽顙興嘆曰。人中之貴。未有如此十全者。錢戲曰。中堂內便有此等宰相乎。術士正色曰。是何言與。且宰相何時無此人。不作則已。作則天下康富。君臣相得。至老死而有慶無弔。但無子耳。錢戲曰。他日將陶鑄吾輩乎。術士曰。恐不在他日。即日可待。願公勿忽。後錢方爲翰林學士。而冀公眞拜。

中國歷代卜人傳卷三十一

潤德堂叢書之八

鎮江袁阜樹珊編次

陝西省二

674 涇陽縣（苻秦置・今陝西涇陽縣東南三十里・有故縣郵・即故縣也・隋徙今治・明清皆屬陝西西安府・）

元　袁思義、明道德莊列等書。兼通佛教及醫術陰陽卜筮之學。有道德經莊列等書引證。（宣統涇陽縣志仙釋）

明　柴定向、字少池。涇陽人。善識風水。能於數十里外望地氣。知休咎。嘗過學宮。見育才坊廢。請於縣令曰、此坊復建。必科第蔚興。次年丙子、果中鄉榜十人。為祋祤（祋・音掇・祤・音羽・祋祤縣名・漢置・在今陝西耀縣東北）太學生、王仲伯公卜地。其山峯峻拔。占者以為不利。向曰、此將軍山也。當有以武成名者。後果驗。年九十七歲。髮色如童。（雍正陝西通志方技）

675 三原縣（漢池陽縣地・後魏改置三原縣・故城在今陝西三原縣東北三十里・唐改曰池陽・又改曰華池・元徙今治・明清皆屬陝西西安府・）

唐

李靖、字藥師、三原人、通書史、精風角鳥占孤虛之術、其舅韓擒虎、每與論兵、輒歎曰、可與語孫吳者、非斯人尙誰者、高祖時、拜行軍總管、平蕭銑、太宗踐祚、授刑部尙書、兼檢校中書令、尋破突厥、取定襄、斥地自陰山北至大漠、封代國公、還尙書右僕射、懇乞骸骨、帝嘉美聽之、吐谷渾寇邊、復起爲西海道行軍大總管、進兵殘其國、更立其王而還、改衞國公、卒年七十九、諡景武、（唐書本傳藝術典術數部彙考奇遁）

明

馬尙賓、名貴、以字行、生而穎敏、祖母徐、敎之學、卽奉書晝夜讀、能盡識大義、及長、祖母語曰、吾聞汝外曾王父云、道在中庸、尙賓遂專心中庸、時處士師敏、深於中庸、因與研究其理、吉士解棲霞、嘗就問、退而歎服、永樂中、詔求遺逸、有司以應、不就、尙賓用周易六壬皇極諸書占事、知來皆奇驗、說者謂當與君平堯夫幷傳、著有周易雜占中庸講義靖川語錄靖川集、

明

雷鳴、字大震、由貢生、任四川芒部軍氏大同二府同知、博學多能、卜筮陰陽醫書、皆誦習精熟、爲舉子業、恆不屬草、試嘗冠多士、選日、吏部考亦首冠、年七十、致

仕歸。讀書猶二鼓始寢。（光緒三原縣志文學）

清 劉澇、（澇・音方・水名・山海經云・箕尾之山・澇水出焉・）字學海。幼聰穎。弱冠。騰聲庠序。奉繼母盡歡。事伯兄瀾、如父。家人化之。於書無所不通。醫卜象數。胥臻精妙。終身布衣。子弟奉絲紅、則置之篋中。未嘗著體。啖飯踰常人。惟羅蔬果嘉肴。列前不一舉箸。學使呂雲藻歎曰、古所謂淡泊甯靜者。其殆是歟。著有蓬窗雜咏十卷。（以上光緒三原縣志方技）

676 盩厔縣（漢置・山曲曰盩・水曲曰厔・後漢省・後魏復置・故城在今陝西盩厔縣東北・周移於今所・唐更名宜壽・尋復故・明清皆屬陝西西安府・○盩音舟・厔音質・）

唐 鮑該、貞元中人。精於星歷。曹士蔿與該（蔿・一作蔦・讀如委・）同時。亦精星歷。（民國三原縣志方技）

677 蓮勺縣（漢置・隋省・故城在今陝西渭南縣東北七十里・即來化鎮是・蓮勺縣有鹽池・縱廣十餘里・其鄉人名為鹵中・）

漢 張禹、字子文。河內軹人。（故城在今河南濟源縣東南十三里・○軹・音紙・）至禹父、徙家蓮勺。禹為兒時。數隨父至市。喜觀於卜相者前。久之頗曉其別蓍布卦意。時從旁言。卜者愛之。又奇其面貌。謂禹父是兒多知。可令學經。及禹壯、至長安學。從沛郡施讎受易。舉為郡文學。初元中遷光祿大夫。成帝即位。徵禹賜爵關內侯。領尚書事。鴻嘉元年辛丑、以老病乞骸骨上加優再三迺聽許數加賞賜愈益敬厚禹見時有變異若上體不安擇日潔齋露蓍正衣冠立筮得吉卦則獻其占如有不吉禹爲感動憂色成帝崩禹及事哀帝建平二年丙辰薨謚曰節侯　後漢書列傳圖書集成藝術典卜筮部名流列傳

678 華原縣　三國魏泥陽縣。隋更名華原。唐改永安。尋復故。元省。故城在今陝西耀縣東南。

唐

孫思邈、華原人通百家說善言老莊獨孤信見而歎曰、此聖童也顧器大難爲用耳周宣帝時、思邈以王室多故隱居太白山隋文帝輔政乃徵爲國子博士稱疾不起嘗謂所親曰、後五十年、有聖人出吾且助之及太宗即位召詣京師年已老帝嗟其容色甚少將授以爵位固辭不受顯慶四年己未、高宗復召見拜諫議大夫又固辭不受上元元年甲戌、稱疾還山特賜良馬假鄱陽公主邑司以居之思邈於陰陽推步醫藥無不善孟詵、盧照鄰等、師事之照鄰有惡疾不可爲感而問曰、高醫愈疾奈何答曰、天有四時五行寒暑迭居和爲雨怒爲風凝爲雪霜張爲虹霓天常數也人之四肢五藏一覺一寐吐納往來流爲榮衛章爲氣色發爲

心一堂術數珍本古籍叢刊　其他類　一二三六

音聲人常數也陽用其形陰用其精天人所同也失則蒸生熱否生寒結爲瘤贅陷爲癰疽奔則喘乏竭則燋槁發乎面動乎形天地亦然五緯縮贏孛彗飛流其危診也寒暑不時其蒸否也石立土踊是以瘤贅山崩土陷是以癰疽奔風暴雨其喘乏川瀆竭涸其燋槁高醫導以藥石救以鍼劑聖人和以至德輔以人事故體有可愈之疾天有可振之災照隣曰、人事奈何曰、心爲之君君尙恭故欲小詩云、如臨深淵如履薄冰小之謂也膽爲之將以果決爲務故欲大詩云、赳赳武夫公侯干城大之謂也仁者靜地之象故欲方傳曰、不爲利回不爲義疚方之謂也智者動天之象故欲圓易曰、見幾而作不俟終日圓之謂也復問養性之要答曰、天有盈虛人有屯危不自愼不能濟也故養性、必先知自愼也愼以畏爲本故士無畏則簡仁義農無畏則墮稼穡工無畏則慢規矩商無畏則貨不殖子無畏則忘孝父無畏則廢慈臣無畏則勳不立君無畏則亂不治是以太上畏道其次畏天其次畏物其次畏人其次畏身憂於身者不拘於人畏於己者不制於彼愼於小者不懼於大戒於近者不悔於遠知此則人事畢矣初魏徵等修齊梁周隋等五家史屢咨所遺其傳最詳永淳初壬午卒百餘歲遺令薄葬孫處約常以諸子見思邈曰俊先顯佾晚貴佺禍在執兵（俊、子峻切、與儁雋並通、才智過人者曰俊、佾、音又、佐也、相助也、佺、音銓、偓佺仙人名、唐堯時人、）後皆驗太子詹事盧齊卿之少也思邈曰後五十年位方伯吾孫爲屬吏願自愛時思邈之孫溥尚未生及溥爲蕭丞而齊卿徐州刺史凡諸異跡多此類也自注老子、莊子、撰千金方三十卷又撰福祿論三卷攝生眞錄及枕中素書、會三教論各一卷行於世（新舊唐書隱逸雍正陝西通志方技嘉慶四川通志仙釋清一統志陝西省西安府人物）

679 同州（後魏置華州、西魏改曰同州、元和志禹貢云、漆沮既從、灃水攸同、言二水至此同流入渭、城居其地、故曰同州、隋改爲馮翊郡、唐復曰同州、宋曰同州馮翊郡、金曰同州、清升爲同州府、民國廢、故治即今陝西大荔縣、）

唐

桑道茂、韓人遊京師善太乙遁甲五行災異之說言無不中代宗召之禁中、待詔翰林、建中初上言國家不出三年有厄臣望奉天有王氣宜高垣堞（堞、音牒、城上女牆也、）使可容萬乘者帝從之發衆數千及神策兵城之時盛夏趣功人莫知其故。及朱泚反。帝蒙難奉天。賴以濟。時藩鎭擅權。地無甯歲。道茂曰、年號元和。寇盜剪滅矣。至憲宗乃驗。新舊唐書方技光緒同州府續志方技○清一統志。陝西省乾州南門外。有桑道茂墓。乾州西南三百一十步。又有桑道茂祠。

宋　王湜、湜。音時。水清見底也。同州人。潛心康節先生之學。作太乙肘後備檢三卷。爲陰陽二遁。繪圖一百四十有四。上自帝堯以來、至紹興六年丙辰。凡三千四百九十二年。皆隨六十甲子。表以分野。如通鑑編年。前代興亡。歷歷可考。然自古及今。應者雖多。不應者亦或有之。楊維德、修五福太乙占書。考驗行度。亦爲精詳。圖書藝術典術數部紀事

明　張曰炳、字晦叔。同州人。知府守訓季子。性醇篤。好學。凡圖緯書數。至稗官醫卜。靡不綜。獵恬於勢利。不就有司試。或諷之。傲然不屑。與馬林友善。日夕揚扢古文辭。扢。音骨。摩也。郡中風雅一振。爲文典古華贍。卓有矩矱。著晦叔詩八卷。武成考一卷雍正陝西通志隱逸

680 大荔縣　秦取大荔戎。築其地曰臨晉。漢置臨晉縣。晉改名大荔。後魏改爲華陰縣。西魏改名武鄉。隋改爲馮翊。元省縣入同州。清升同州爲府。置大荔縣爲府治。民國廢府存縣。

清　史景玉、字朗山。華陰歲貢生。幼穎悟。讀書數行並下。自六經百氏。以及醫卜雜

技無不通曉而尤工詩古文凡一稿出人爭傳抄之道光元年辛巳、朝廷行孝廉方正當道將以景玉應而景玉於五月遘疾卒所著有周易註醫學正宗奇門一得等書咸豐同州府志方技

681 朝邑縣漢臨晉縣地·後魏置南五泉縣·西魏改曰朝邑·以北據朝坂爲名·唐改名曰河西·尋復舊名·淸屬陝西同州府·

唐

嚴善思、名譔、朝邑人。少以學涉知名尤善天文曆數及卜相之術舉銷聲幽藪科及第隱居十年武后時、擢監察御史方酷吏構大獄以善思爲詳審使平活八百餘人原千餘姓長壽中、按囚司刑寺罷疑不實者百人來俊臣等、誣以罪謫交趾五歲得還是時李淳風死候家皆不效詔善思以著作佐郎、兼太史令開元已巳卒壽八十五。新舊唐書方技淸一統志陝西省同州府人物雍正陝西通志方技○舊唐書神龍初·善思遷給事中·則天崩·將合葬乾陵·善思奏議曰·謹按天元房錄葬法云·尊者先葬·卑者不合於後開入·則天太后·卑於天皇大帝·今欲開乾陵合葬·即是以卑動尊·事既不經·恐非安穩·臣又聞乾陵玄闕·其門以石閉塞·其石縫隙鑄鐵·以固其中·今若開陵·必須鐫鑿·然以神明之道·體尚幽玄·今乃動衆加功·誠恐多所驚黷·又若別開門道·以入玄宮·即往者葬時神位先定·今更改作·爲害益深·又以修築乾陵之後·國頻有難·遂至則天太后·權總萬機二十餘年·其難始定·今乃更加營作·伏恐還有難生·但合葬非古·著在禮經·緣情爲用·無足依准·況今事有不安·豈可復循斯制·伏見漢時諸陵·皇后多不合葬·魏晉已降·始有合者·然以兩漢積年·向餘四百·魏晉之後·祚皆不長·雖受命應期·有因天假·然以循機享德·亦在天時·但陵墓所安·必資勝地·後之胤嗣·用託

靈根。或有不安。後嗣亦難長享。伏望依漢朝之故事。改魏晉之頹綱。於乾陵之傍。更擇吉地。取生墓之法。別起一陵。既得從葬之儀。又成固本之業。臣伏以合葬者人緣私情。不合葬者前修故事。若以神道有知。幽途自得通會。若以死者無知。合之復有何益。然以山川精氣。上爲星象。若葬得其所。則神安後昌。若葬失其宜。則神危後損。所以先哲垂範。具之葬經。欲使生人之道必安。死者之神必泰。伏望少迴天眷。俯覽臣言。行古昔之明規。制私情之愛欲。使社稷長享。天下乂安。凡在懷生。莫不慶幸。疏奏不納。

明　趙天秩、字仲禮。泊村人。生而靈異。性端方。行不左右顧。未嘗妄與人立談。五經子史。一過目輒不忘。周易尚書兩經。能爲舉子業。尤精易占。六歲時、父世榮遣其兒天敍就師。天秩亦欲往。世榮不許。迺不食。世榮遣之。每誦讀。雖暑夜不輟。世榮將農穫而燈猶未熄。每奪其燈。令寢焉。年十五。從韓苑洛先生遊。驚以爲神童。先生每語諸生、古人建功立業。多在少年。如孫策沒時。纔二十七。他日再言之。仲禮曰、所遺之不同也。使天秩當其際。豈肯令孫權保有江東哉。先生嘆曰、此武侯志也。年二十。爲諸生。尋卒。時明嘉靖癸卯歲也。（康熙朝邑縣志聞人）

明　程濟、朝邑人。通術數之學。官四川岳池教諭。洪武三十一年戊寅。建文初卽位。削藩之議起。冬十月。濟忽上書言北方兵起在某年某月日。上以爲妄言。逮至將繆之。（繆．音六．同戮．辱也．）濟大呼曰、陛下幸囚臣臣言不驗。死未晚。詔下之獄。已而燕王兵竟起。如所推。月日遂釋出。使爲軍師。護諸將北行。同退北軍。俄有徐州之捷。及北師入金川門。乃隨建文出走。莫知所終。（七修類稿引徐叅序錄）

明

韓邦奇、字汝節。號苑洛。朝邑人。正德戊辰進士。除吏部主事。進員外郎。終以南兵部尙書致仕。卒諡恭簡。邦奇剛直尙節概。性嗜學。自諸經子史及天文地理樂律術數兵法之書無不通。究著易學啓蒙意見。洪範圖解。易占經緯。樂律舉要。苑洛集。（明史列傳　四庫提要）

682 夏陽縣（卽魏少梁．秦置夏陽縣．後魏省．故城卽今陝西韓城縣南．韓信從夏陽．以木罌渡軍．襲魏安邑．卽此．）

漢

司馬談、夏陽人。秦蜀司馬錯。八世孫。談爲太史公。（如淳曰．漢儀注．太史公武帝置．位在丞相上．宋祁曰．遷與任安書．自言僕之先人．文史星曆．近乎卜祝之間．故上所戲弄．倡優畜之．流俗之所輕也．若其位在丞相上．安得有此言耶．師古曰．談爲太史令耳．遷尊其父．故謂之爲公．）學天官於唐都。（師古曰．卽律歷志所云方士唐都也．）受易於楊何。（師古曰．何．字叔元．）習道論於黃子。（師古曰．景帝時人也．儒林傳．謂之黃生．）仕於建元元封之閒。學者不達其義而師誖。乃論六家之要指曰。易大傳曰、天下一致而百慮同歸而殊塗。夫陰陽儒墨名法道德此務爲治者也直所從言之異路有省不省耳。嘗竊觀陰陽之術大詳而衆忌諱使人拘而多畏然其敍四時之大順不可失也儒者博而寡要勞而少功是以其事難盡從然其敍君臣父子之禮列夫婦長幼之別不可易也墨者儉而難遵是以其事不可偏循然其强本節用不可廢也法家嚴而少恩然其正君臣上下之分不可改也名家使人儉而善失眞然其正名實不可不察也道家使人精神專一。動合無形。澹足萬物其爲術也、因陰陽之大順采儒墨之善撮名法之要與時遷徙應物變化立俗施事無所不宜指約而易操事小而功多儒者則不然以爲人主天下之儀表也君唱臣和主先臣隨如此則主勞而臣佚至於大道之要去健羨（服虔曰．門戶健壯也．如淳曰．知雄守雌．是去健也．不見可欲．使心不亂．是去羨也．晉灼曰．善閉者無關楗．嚴君平曰．拆關破楗．使姦者自止．服說是也．）黜聰明（如淳曰．不尙賢．絕聖棄知也．嚴君平曰．黜聰棄明．倚依太素．反本歸眞．則理得而海內鈞也．師古曰．黜．廢也．）釋此而任術夫神大用則竭形大勞則敝神形蚤衰欲與天地長久非所聞也、太史公既掌天官不治民有子曰遷生龍門。（在山西河津縣西韓城縣之間．）耕牧河山之陽十歲誦古文二十。南遊江淮。

上會稽。探禹穴。窺九疑。浮沅湘。北涉汶泗。講業齊魯之都。觀夫子遺風。過梁楚以歸。於是遷仕爲郎中。奉使西征巴蜀以南。略卬筰昆明。還報命。是歲天子始建漢家之封。而太史公留滯周南。不得與從事。發憤且卒。而遷爲太史令。抽石室金鐀之書。述陶唐以來。至於麟止。著十二本紀。十表。八書。三十世家。七十列傳。凡百三十篇。成一家言。遷死後。其書稍出。宣帝時。遷外孫平陽侯楊惲。祖述其書。遂宣布焉。至王莽時。求遷後。封爲史通子。（前漢書本傳　雍正陝西通志文學）

683 韓城縣（本古梁國。戰國初。魏大梁邑。秦置夏陽縣。後省。隋改置韓城縣。唐改名韓原。五代唐。復曰韓城。金升爲楨州。元廢州。徙治今縣西北四十里。明還故治。清屬陝西同州府。）

周

卜招父。梁太卜。（梁。周國名。今陝西韓城縣南二十里。有古少梁城。）惠公之在梁也。梁伯以其女妻之。梁嬴孕。過期。卜招父與其子卜之。其子曰。將生一男一女。招曰。然。男爲人臣。女爲人妾。故名男曰圉。女曰妾。及子圉西質。妾爲宦女焉。（左傳僖公十七年　參史記晉世家）

清

强嶽立。字健齋。韓城人。嗜學。蓄書經史而外。凡陰陽堪輿星相卜筮等古籍。尤好探討。後從李顯弟子王心敬游。以學行自勵。一時名輩。多爲師友。乾隆中卒。

韓城縣志儒林

684 華陰縣 禹貢華陽地。戰國魏。陰晉邑。秦惠文王。更名寧秦。漢改曰華陰。以在華山之陰也。故治在今陝西華陰縣東南。唐改曰仙掌。尋復曰華陰。又改曰太陰。旋亦復故。移今治。清屬陝西同州府。

秦 楊碩、華陰人。隱居華山。交結名士。洞習天文。知秦將亡。漢當興。生八子。俱從高祖征伐。第八子喜。擊殺項羽有功。封赤泉亭侯。餘皆將軍。乃賜碩太史公。雍正陝西通志隱逸

唐 車三、華陰人。善卜相。進士李蒙宏詞及第。入京注官。至華陰縣。官令車三相諸公。云此是李蒙宏詞及第。欲注官去。看得何官。車三云。公意欲作何官。蒙云。愛華陰縣。車云。此官可得。但公無此祿。如何。衆皆不信。及至京。畢注華陰縣尉。授官。相賀於曲江舟上宴會。諸公令蒙作序。日晚。序成。史翽先起。於蒙手取序看。翽。灰。去聲。翽翽。飛聲。裴士南等十餘人。又爭起看序。其船偏。遂覆沒。李蒙、士南等。並被沒溺而死。雍正陝西通志方技

清 史口口、精於風角之術。人以神仙呼之。雍正間。大將軍年羹堯征準夷。聞其名。招致軍中。青海之役。占驗多奇中。察年恃功有跋扈狀。託病而歸。不復言人休咎

乾隆華陰縣志藝術

清　王宏撰、字無異。號山史。華陰人。康熙己未、嘗舉薦博學鴻詞。撰有周易筮說八卷。宏撰以朱子謂易本卜筮之書。故作此編以述其義。其卷一曰原筮。曰筮儀。曰蓍數。筮儀本朱子。竝參以汴水趙氏。其卷二曰揲法。其卷三曰變占。會聖經。黜易林。稽之左傳與朱子大同小異。其卷四曰九六。曰三極。曰中爻。中爻即互體。其卷五曰卦德。曰卦象。曰卦氣。卦氣本邵子。朱子竝附太乙祕要。其卷六曰卦辭。其卷七曰左傳國語占。曰餘論。其卷八曰推驗。采之陸氏。其涉於太異可駭者弗載。

四庫提要經部易類六

685 商州

北周置。治上洛縣。隋改為上洛郡。唐復曰商州。改曰上洛郡。宋曰商州上洛郡。金為商州。元省上洛入州。清直隸陝西省。民國改為商縣。

東晉　臺產、字國俊。少傳京氏易。善圖讖祕緯天文洛書風角星算六日七分之學。尤善望氣占候推步之術。隱居商洛南山。不交當世。劉曜時、十六國漢災異特甚。命公卿各舉博識直言之士。大司空劉均、舉產。曜親臨東堂策問之。流涕歔欷。具陳災變之禍。政化之闕。辭甚懇至。曜改容禮之。署爲博士祭酒。諫議大夫。領太史令。至明年而其言皆驗。曜彌重之。轉大中大夫。歲中三遷。官至太師少保。封關中侯。（晉書藝術）

（淸一統志陝西省商州人物・乾隆商州志藝術）

686 蒲城縣（秦置重泉縣・晉廢・後魏置南白水縣・西魏改曰蒲城・唐改曰奉化・宋復曰蒲城・淸屬陝西同州府・）

宋　郭緒、字天錫。蒲城人。幼而岐嶷。（岐・音奇・嶷・音逆・岐嶷・知意也・嶷・識也・）讀書如素習。晚調上杭簿。留意邵雍象數之學。兼取揚雄所據。列山易以章會統元、推之久而成書。名易春秋。按圖布卦。計二十萬言。分二十卷。綜之以圖。隆興紀元癸未、以其書上。方議推恩而卒。（雍正陝西通志儒林）

明　王文煒、誠意里人。善太乙遁甲術。爲縣令朱一統所重。崇禎十五年壬午、總督汪喬年、延居戎幕。所陳多不聽。遂歸。是年冬、朱令將入覲。文煒言不出三年。京師將有變。果驗。李自成據西安。授司天監僞職。乃遁去。（光緒蒲城縣志方技）

687 鳳翔縣（春秋時雍邑・爲秦都・後置雍縣・唐改曰鳳翔縣・又析置天興縣・尋省鳳翔縣入天興・金改天興縣曰鳳翔・明淸皆爲陝西鳳翔府治・民國廢府存縣・）

清　李律師、鳳翔人。精卜。醫。尤邃地理學。中歲爲道士。居興平。稱杜師。後寓乾州。復姓李。邑人車龍光、往受業焉。稱之爲律師。嘗言其已得仙道。光緒乾州志方技

688　岐山縣　漢雍縣地。北周置三龍縣。隋移於岐山南十里。改爲岐山縣。唐移於今治。明清皆屬陝西鳳翔府。

唐　李淳風、岐州雍人。其先自太原徙焉。父播、隋高唐尉。以秩卑不得志。棄官而爲道士。頗有文學。自號黃冠子。注老子、撰方志圖文集十卷。並行於世。淳風幼俊爽。博涉羣書。尤明曆算陰陽之學。貞觀初丁亥、以駁傅仁均曆議。多所折衷。授將仕郎。直太史局。制渾天儀。詆摭前世得失。著書七卷。名爲法象志。奏之。太宗稱善。置其儀於凝暉閣。加授承務郎。十五年辛丑、除太常博士。尋轉太史丞。預撰晉書及五代史。其天文律曆五行志。皆淳風所作也。又預撰文思博要。二十二年戊申、遷太史令。初太宗之世有祕記云、唐三世之後。則女主武王代有天下。太宗嘗密召淳風。以訪其事。淳風曰、臣據象推算。其兆已成。然其人已生在陛下宮內。從今不踰三十年。當有天下。誅殺唐氏子孫且盡。帝曰、疑似者盡殺之如何。淳風曰、天之

所命。必無禳避之理。王者不死。徒使枉及無辜。（辜・音姑・虞韻・罪也・）且據上象。今已成。復在宮內。已是陛下眷屬。更三十年。又當衰老。老則仁慈。雖受終易姓。其於陛下子孫。或不甚損。今若殺之。卽當復生。少壯嚴毒。殺之立讎。若如此。卽殺戮陛下子孫。必無遺類。太宗善其言而止。（皐舊句有云・太宗密召問何如・枉及無辜禍不除・直待優容三十載・仁慈復見又唐書・）淳風於占候吉凶。若節契然。當世術家意有鬼神相之。非學習可致。終不能測也。以勞封昌樂縣男。奉詔與算博士梁述。助教王眞儒等。是正五曹孫子等書。刊定注解。立於學官。龍朔二年壬戌、改授祕閣郞中。撰麟德曆。代戊寅曆。候者推最密。咸亨初庚午。官名復舊。還爲太史令。年六十九卒。所撰典章文物志。乾坤祕奧。乙巳占、祕閣錄。幷演齊人要術等凡十餘部。多傳於代。子諺。孫仙宗。並爲太史令。（新舊唐書方技・雍正陝西通志方技・○四川通志綏定府流寓・唐李淳風・知星象・訪袁天綱於蜀・曾寓宕渠・○淸一統志・李淳風墓・在四川成都府・簡州西五十里・元統志・在平泉故縣・乾封鎭東十里・又云・李淳風墓・在山西省太原府・徐溝縣北十里同戈村・又云・在陝西西安府・盩縣西二里・又云・在河南省河南府・新安縣西・又云・在陝西省鳳翔府・岐山縣・墓旁有祠・皐按岐山墓旁有祠・當較別省者爲確・）

689 寶鷄縣（秦陳倉縣・北周廢・隋復置・唐改曰鳳翔・又改曰寶鷄・以昔有陳寶鷄鳴之瑞・故名・明淸皆屬陝西鳳翔府・）

清　陳備恪、字子敬。宜明里人。少補武生。通周易數。占歲雨暘豐歉。不爽。凡所占候。至沒後數十年。無不驗。卒至七十。預知死期。（民國寶雞縣志方技）

690 扶風縣（漢美陽縣地。唐初爲岐山縣地。分置圍川縣。又改曰扶風縣。屬岐州。宋因之。金初改曰扶與。尋復故。元明清皆屬陝西鳳翔府。民國廢府。）

王伯達、（御覽方術相中。達。作逵。）扶風人。善相。盧淵年十四。（魏書誤作四十。）初詣長安將。還諸相餞送者五十餘人。別於渭北。伯達曰、諸君皆不能如此盧郎。雖位不副實。然德聲甚盛。望踰公輔。後三十餘年。當制命關右。願不相忘。後淵果爲南安將軍。督關右諸軍事。伯達年過八十。詣軍門請見。言敘平生焉。（魏書盧元傳乾隆鳳翔府志方技）

691 郿縣（漢置郿縣。三國迄晉因之。魏初廢郿縣。改平陽縣。西魏更名郿城。五代周廢。改曰周城。隋唐及宋金元。雖間有變更。仍爲郿縣。明清亦皆爲郿縣。屬陝西鳳翔府治。）

宋　張載、字子厚。長安人。（一云。郿縣。橫渠鎮人。）父迪。仁宗朝。官殿中丞。載少孤自立。年二十一。以書謁范仲淹。仲淹勸讀中庸。載猶以爲不足。反而求之六經。嘗坐皐皮講易京師。嘉祐間。舉進士。爲雲巖令。熙甯初。戊申爲崇政院校書。尋屏居南山下。終日危坐一室。與諸生講學。告以變化氣質之道。呂大防薦以太常禮院。以疾歸。卒年五十八。賜謚明公。封郿伯。從祀孔廟。今祀稱先儒張子。其學尊禮貴德樂天安命以易爲宗以中庸爲體以孔孟爲法既知醫亦喜談命著正蒙西銘及易說世號橫渠先生傳其學者稱爲關學。宋史道學道統錄康節外紀

明 郭伯郁、郿縣人。精通天文曆數善讖諱之術。任欽天監春官正。名重京師。雍正陝西通志方技

692 乾州 唐末置。宋因之。尋廢。後復置醴州。金復爲乾州治奉天。元省奉天縣入州。淸直隸陝西省。民國改爲乾縣。

明 馬神仙、明末時。寓乾。與縉紳先生游。言多奇中。夏月閉戶臥。累日不起。或勸之出。答曰、行當助鄰人芸田也。次日、鄰人各言田內有一馬神仙。計時皆同。乃相與駭異。按醴泉縣志、崇禎間、有馬象乾者。嘗往來醴泉。邃精易學。言皆徵驗。人呼爲馬神仙。殆其人歟。光緒乾州志方技

693 武功縣 漢斄縣。後漢移置武功縣於此。故治在今武功縣西南。後魏省。尋於美陽縣置武功郡。北周郡廢。改美陽置武功縣。今改曰武亭。元復曰武功。淸屬陝西乾州。斄。音胎。灰韻。

唐 馬祿師、武功人。善相。長安主簿蕭璿、與縣尉李嶠、李全昌、同詣求決。馬生云、三

人俱貴達。大李少府、位極人臣。聲名振耀。南省官無虛任。三入中書。小李少府、亦有清資。得五品以上要官位。終卿監蕭主簿、晚達。亦大富貴。從今後十年。家有大難。兄弟並流。唯公與一弟獲全。又十年之後。方卻得官。遇大李少府在朝堂日。嘗得引用。小李少府、入省官時。爲其斷割。後璿離長安。任作祕書郎。則天既貴。皇后王氏破滅。蕭璿是其外姻。舉家流竄嶺南。唯璿與弟瑗、配遼東。無何有處置流移使。出嶺南者俱死。唯遼東者獲全。兄弟二人因亡命。十餘年。至神龍初乙巳、再蒙洗滌。其時李嶠作相。於街中忽逢璿。使人問是蕭祕書耶。因謂之曰、公豈忘武功馬生之言乎。於是擢用。時小李少府、作刑部員外。判還其家。蕭公竟歷中外淸要。雍正陝西通志方技

明

康海、字德涵。武功人。弘治十五年壬戌、進士第一。官修撰。與李夢陽輩、倡復古學。號正德中七才子。夢陽忤劉瑾。下獄。海詣瑾求釋。瑾敗。坐落職。海工於樂府。兼通歷象太乙六壬醫經算書。清一統志陝西省乾州人物

694 武鄉縣 蜀漢侯國・封諸葛亮爲武鄉侯・即此・後魏置縣・西魏廢・故城在今陝西褒城縣東・

隋 楊伯醜、武鄉人好讀書隱於華山開皇初辛丑、被徵入朝見公卿不爲禮無貴賤皆汝之人不能測也高祖召與語竟無所答上賜之衣服至朝堂捨之而去於是被髮佯狂游行市里形體垢穢未嘗櫛沐嘗有張永樂者賣卜京師伯醜每從之游永樂爲卦有不能決者伯醜輒爲分析爻象尋幽入微永樂嗟服自以爲非所及也伯醜亦開肆賣卜有人嘗失子就伯醜筮者卦成伯醜曰、汝子在懷遠坊南門道東北壁上有青裙女子抱之可往取也如言果得或者有金數兩夫妻共藏之于後失金其夫意妻有異志將逐之其妻稱寃以詣伯醜爲筮之曰、金在矣悉呼其家人指一人曰、可取金來其人赧然應聲而取之道士韋知常、詣伯醜問吉凶伯醜曰、汝勿東北行必不得已當早還不然者楊素斬汝頭未幾、上令知常事漢王諒俄而上崩諒舉兵反知常逃歸京師知常先與楊素有隙及素平并州先訪知常將斬之賴此獲免又有人失馬來詣伯醜卜者時伯醜爲皇太子所召在途遇之。立爲作卦。卦成曰、我不遑爲卿占之。卿且向西市東壁門南第三店爲我買魚作膾。當得馬矣。其人如此言。須臾有一人牽所失馬而至。遂擒之。崖州嘗獻徑寸珠。其使者陰易之。上心疑焉。召伯醜令筮。伯醜曰、有物出自水中。質圓而色光。是大珠也。今爲人所隱。具言隱者姓名容狀。上如言薄責之。果得本珠。上奇之。賜帛二十匹。國子祭酒何妥嘗詣之。論易。聞妥之言。倏然而笑曰、何用鄭玄王弼之言乎。久之。微有辯答。所說辭義。皆異先儒之旨。而思理玄妙。故論者以爲天然獨得。非常人所及也。竟以壽終。隋書藝術。圖書集成藝術典卜筮部名流列傳

695 梁州 古九州之一。今陝西之漢中道。及四川省是。應劭曰、西方金剛。其氣强梁。一說漢中有梁山。州以此名。周合梁州於雍州。三國蜀漢。復置梁州治漢中。在今陝西南鄭縣東二里。晉因之。東晉大興初。寄治襄陽。今湖北襄陽縣治。咸康中寄治魏興。在今陝西安康縣西北。建元初。戍西城。亦在安康縣西北。太元初。復鎮襄陽。義熙初。又移魏興。後治苞中。在今陝西褒城縣東南十里。南朝宋。初治南城。今陝西褒城縣治。元嘉中。還治南鄭。梁初因之。天監中梁州降魏。僑治梁州於西城。大同初。攻後魏。梁州降。復治南鄭。後復入於魏。隋廢。唐復曰梁州。改曰襄州。尋復故。

唐 梁虛舟、道士。梁州人。開元甲寅、以九宮推算張鷟。云五鬼加年。天罡臨命。一生之大厄。以周易筮之。遇觀之渙。主驚恐。後風行水上。事即散。又安國觀道士李若

盧。不告姓名。暗使推之。云此人今年身在天牢。負大辟之罰。乃可以免。不然、病當死。無有救法。果被御史李全交致其罪。敕令處盡。而刑部尙書李日知、左丞張庭珪、崔玄昇、侍郎程行謀、咸請之。乃免死。配流嶺南。二道士之言信有徵矣。（太平廣記卜筮類）

696 南鄭縣 （秦南鄭邑。城爲秦厲王所築。項羽立沛公爲漢王。王巴蜀漢中。都南鄭。卽此。後置縣。蜀漢時。先主克漢中。稱漢中王。魏延蔣琬費禕相繼鎭此。號爲重鎭。故城在今陝西南鄭縣東二里。宋徙今治。明爲陝西漢中府治。淸因之。城瀕漢水。北取褒斜道。以通長安。西取金牛道。以通巴蜀。爲古來兵事上之要區。浮漢而下。水盛時可通夏口。藥材多由此輸出。南鄭之號。始於鄭桓公。桓公死於犬戎。其民南奔。故以南爲稱。）

後漢

李郃、（郃。音合。合也。）字孟節。南鄭人。游太學。通五經。善河洛風星。外質朴。人莫之識。縣召署幕門候吏。和帝卽位。分遣使者。皆微服單行。各至州縣。觀採風謠。使者二人當到益部。投郃候舍。時夏夕露坐。郃因仰觀。問曰。二君發京師時。寗知朝廷遣二使邪。二人默然。驚相視曰。不聞也。問何以知之。郃指星示云。有二使星向益州分野。故知之耳。（觜觿參。益州之分野也。）後三年。其使者一人拜漢中太守。郃猶爲吏。太守奇其隱德。召署戶朝使。時大將軍竇憲納妻。天下郡國皆有禮慶。郡亦遣使。郃進諫曰。竇將軍椒房之親。不修禮德。而專權驕恣。危亡之禍。可翹足而待。願明府一心王室。勿與交通。太守固遣之。郃不能止。請求自行。許之。郃遂所在留遲。以觀其變。行至扶風。而憲就國自殺。支黨悉伏其誅。凡交通憲者。皆爲免官。唯漢中太守不豫焉。郃歲中舉孝廉。官至司徒。封涉都侯。辭讓不受。年八十餘。卒於家。門人上黨馮胄、獨制服心喪三年。時人異之。（後漢書方術）

李固、字子堅。南鄭人。司徒郃之子。少好學。改易姓名。常步行負笈追師三輔。積十餘年。博覽古今。明於風角星算河圖讖緯。仰察俯占。窮神知變。每到太學。密入公府。定省父母。不令同業諸生知是郃子。陽嘉二年。癸酉、公卿舉固對策。順帝多所納用。得拜議郎。出爲荆州刺史。南陽太守。沖帝質帝時。歷官太尉。因立嗣事。固據位持重。與梁冀力爭大義。冀又畏固名德。終爲己害。遂虛誣固罪。致死獄中。時年五十四。所著章表奏議、教令對策記銘。凡十一篇。（後漢書本傳）

697 **洵陽縣** 戰國楚郇陽邑。國策楚策。蘇秦說楚威王曰。楚北有郇陽。漢置旬陽縣於此。故城在今陝西洵陽縣北。

清　邵嗣堯、郇陽人。康熙庚戌進士。官至江南提學副使。撰圖易定本一卷。其言易以河洛之數一乘一除。小圓圖即小橫圖之順往逆來大橫圖、即小橫圖之因重成爻大圓圖即小圓圖之運行寒暑方圖即大圓圖之乾君坤藏文王二圖實由此變而通之。蓋本於皇極經世者爲多。末附以揲蓍之法。凡四易稾刻於康熙甲戌始爲定本云。（四庫經部易類存目三）

698 城固縣　漢置城固縣。蜀漢謂之樂城。晉仍爲成固。南朝宋。更名城固。故城在今陝西城固縣西北十八里。宋徙今治。明清皆屬陝西漢中府。

明　李必達、萬曆甲午舉人。精於奇門遁甲之學。官遵義副使。天啓間、奢賊陷重慶。達時謫臬司幕下。能畫謀決勝。隨蔡監軍。出奇計賊平。陞副使。達在蜀十餘年。殘孽不敢復逞。後罷職。蜀人感慕立祠。爲之尸祝。（康熙城固縣志賢達）

699 橫山縣　唐置奢延縣。晉省。後魏置巖緣縣。唐改曰朔方。宋沒於西夏。明置懷遠堡。清雍正九年。置懷遠縣。屬榆林府。民國改爲橫山縣。明季流賊李自成。倡亂於此。

清　劉澤、博學多通。尤精太乙六壬堪輿諸術。推相奇驗。遠近爭傳。（民國橫山縣志方技）

700 定邊縣　漢馬領縣地。唐爲鹽州地。明置定邊營。清雍正九年。置定邊縣。屬陝西延安府。縣境與靜邊縣。正當大盤山脈北麓。長城橫亙其上。最爲要隘。

清　趙聖治、庠生、明於易課、古卦、簡重有德、壽幾八旬而終、其數學亦祕而無傳。

嘉慶定邊縣志方技

清

701 靖邊縣　漢北地郡地・後魏・置山鹿・新囶二縣・隋置長澤縣・宋爲西夏城・明置靖邊營・清初爲靖邊所・雍正九年置縣・屬陝西延安府・〇囶・同冏・俱永切・與炯同・光也・

王有會、道光時人、善青烏術、凡陰陽風水奇門遁甲、均涉及、所試輒效、子王璠、王綱、亦傳其術。

光緒靖邊縣志技藝

清

702 米脂縣　漢膚施龜茲二縣地・西魏置撫寧縣・宋初屬西夏・後收復・置米脂砦・金末升爲縣・清屬陝西綏德州・

高楨、少穎悟、喜讀青烏書、爲民間觀風水、言休咎輒驗、壽八十餘。

光緒米脂縣志方技

清

703 洛川縣　後魏置洛川縣・以縣界有洛川水・爲名・故城在今陝西洛川縣北・隋徙今治・明改洛爲雒・清又改雒爲洛・屬陝西鄜州・

賀登甲、字乙然、性敏、嗜學、能文、爲諸生、不沾沾舉子業、聖經賢傳、身體力行、必求有得、一言一動、未嘗苟嘗、訓子弟曰、人若行一違心事、雖讀書五車無益也、設塾成就、鄉里沐其教者、率淹博端士、諸子百家、及醫卜星相、有問未嘗不知、壽八十餘而歿。

嘉慶洛川縣志學業

704 中部縣 東晉時，姚秦置，是城在今陝西中部縣南。隋改曰內部，徙今治。唐改曰中部。清屬陝西鄜州。

明

宋賓、字大賢。體貌魁梧。方正剛果。老年精易學。舉天順三年己卯鄉試。癸未、當會試、不赴。公車曰必有火災。已而果驗。嘉慶中部縣志人物

遼甯省綏中縣志方技序云。人必具經天緯地之才。始足以治家邦而安內外。若夫一材一藝。非論世者之所許也。然而司馬遷作傳。不遺方技一門。以藝術之精。必由苦心孤詣而得之。苟沒其所長。亦乖史家之沿例。因志方技。

清史稿藝術傳序云。自司馬遷、傳扁鵲倉公、及日者、龜策。史家因之。或曰方技。或曰藝術。大抵所收多醫卜陰陽術數之流。間及工巧。夫藝之所賅。博矣衆矣。古以禮樂射御書數爲六藝。士常所習。而百工所執。皆藝事也。近代方志、於書畫技擊工巧。並入此類。實有合於古義。聖祖天縱神明。多能藝事。貫通中西歷算之學。一時鴻碩、蔚成專家。國史躋之儒林之列。測繪地圖。鑄造槍礮。始仿西法。凡有一技之能者。往往召直蒙養齋。其文學侍從諸臣。每以書畫供奉內廷。沿及高宗之世。風不替焉。欽定醫宗金鑑。薈萃古今學說。宗旨純正。於陰陽術數家、言。亦有協紀辨方一書。頒行沿用。從俗從宜。斯徵微尚矣。

中國歷代卜人傳卷三十二

潤德堂叢書之八

鎭江袁阜樹珊編次

甘肅省

甘肅省、在我國中部西境、位黃河流城之上游、地當隴山之西、故別稱曰隴西。又稱隴右。或簡稱曰隴。禹貢雍州之域。春秋戰國屬秦及西戎。秦置隴西、北部二郡。漢爲涼州。唐置隴右、關內、山南諸道。宋屬陝西、秦鳳等路。元分置甘肅等處行中書省。境內有甘州、肅州、故名。明屬陝西布政使司。淸分置甘肅省。民國仍之。其地東界陝西。南界四川。西及西南界青海。北與東北界寧夏。省會曰皐蘭縣。

705

皐蘭縣 漢置金城縣。後魏省金城。尋復置子城縣。隋改曰金城。又改曰五泉。宋置蘭泉縣。金省。淸乾隆三年。置皐蘭縣。爲甘肅省及蘭州府治。民國廢府。仍爲省治。其地土田腴美。植菸尤良。漢回同城。貿易甚盛。由此東經平涼。以入陝西西北。出嘉峪關以達新疆。夙爲通西域大道。漢口甎茶。亦自此以輸出俄境。今隴秦豫海鐵路。以此爲終點。城外舊有浮橋。跨黃河上。世有天下黃河一道橋之諺。淸時長庚督甘。改建鐵橋。人多便之。

清　李芬、皐蘭人。少孤貧無依。因入行伍。從定西將軍兆文毅公惠。平伊犂。擢千總。爲行營傳宣。方大兵之征回部也。未抵葉爾羌。遇賊首霍集占率衆掩至。環營積土爲城。城高三丈許。外濬深濠。削木爲槍。林立濠底。賊踞城施礮。晝夜巡守。而大兵遂無一人得出。逾月。糧且盡。兆束手坐帳中。李進曰、兵饑矣。將軍盍急以糧濟之。兆怒曰、若知無糧而故倡斯言。欲蠱軍心耶。李曰、軍自有糧不取耳。營東南土中、有三百餘石。請遣兵發之。兆曰、掘地無糧。當以軍法誅汝。姑試之。乃命家僮、曰六十三者。荷鍤隨李去。頃之。二人握米以獻。兆大奇之。促往掘。果如其數。因問他處有之乎。李曰、西北角尚有二千七百餘石。亦如言無毫髮爽。衆皆驚歎。兆詰其故。曰以占得之也。兆曰、何日出圍。李曰、占之矣。某日援兵至。次日當潰圍出。某日大功成。將軍當進封公爵。已而皆驗。清稗類鈔方技

清　李璇、官甘肅參將。但視人一物。便知休咎。自稱李半仙。南昌彭文勤公元瑞。與

沈雲椒、同往占卜。彭指一硯問之。李曰、石質厚重。形有八角。此八座象也。惜爲文房之需。非封疆之材。沈以所懸手巾問之。李曰、絹素清白。自是玉堂高品。惜邊幅小耳。方笑語間。雲南同知某亦來占卜。取烟管問之。李曰、管有三截。鑲合而成。居官亦三起三倒。然否。某曰然。李曰、君此後亦須改過。不可再如烟管。某問何故。李曰、烟管爲最勢利之物。用則全身火熱。不用則頃刻冰冷。某大笑慚沮而去。逾三年。彭督學任滿回京。李亦入都引見。彭故意再取烟管問之。李曰、君又放學差矣。彭問何故。李曰、吸烟不飽。學差試差。非可大富。且烟管終日替人呼吸。督學終年爲寒士吹嘘。再得文衡。意中事耳。已而果然。大兵平定回部時。李亦從軍。有兵士遺火。焚轅前草地。主帥使占吉凶。卽對曰、無他。公不日當有密奏耳。火得枯草。行最速。急遞之象也。烟氣上升。上達之象也。余所以知爲密奏者。因密奏當焚草也。主帥曰、我無密奏事。李曰、遺火無心。非預定也。既而果然。（清稗類鈔方技）

清　李鍾麟、字仁甫。庠生。勤於學。向嗜宋儒性理書。意有所得。輒日記而手抄之。醫

卜星相奇門俱妙青烏術尤精著有四子鑑略。（光緒皐蘭縣志人物）

清　賀嘉祥、精於地理博讀諸家書。給事中、郭亮甚奇之平涼道武全文、命遍相諸州縣、江西督學宋祖法不遠數千里延致之。（宣統甘肅新通志方技）

清　李紹晟、（晟、音盛、又音成、明也、日光充盛也。）道光癸卯舉人咸豐辛亥舉孝廉方正。文章德行。望實並隆。工醫術善琴且精象緯學。仿渾天儀式。製小球圖星辰其上。承以木架而運轉之雅與天行相合。後選平涼縣教諭未赴任卒。

清　謝歷、蘭州人歲貢生。與蕭光漢同師。光漢精易理歷精洪範五行。佐大將軍岳鍾琪戎幕。占賊事多奇中。議敘同知未仕卒。

清　徐一奎、字星五。道光乙未舉人。官永昌縣教諭。幼聰穎。有至性。母歿時甫六歲。見父病。輒啜泣不食。父卒蔬食三年。平生於書無所不讀。星卜尤精妙。

清　梁檜、字泗選。蘭州人。歲貢生。與弟梃、師事蕭光漢。光漢門多端士。而檜爲最著。敎授生徒。正襟危坐。竟日無惰容。窮經獨得要領。尤邃於易精占卜。用酌禾稼早晚。及歲之豐歉率奇中。然終不及他事。

清 姚寶善、字楚卿。明於醫術。尤精易理。嘗謂順理者、數雖凶亦吉。逆理者、數雖吉亦凶。嗜明儒學案。及李中孚反身錄。與及門論說。一以二書爲準。

清 劉鷬舉、(鷬。音廣。鳳類。) 字翽九。(翽。灰。去聲。翽翽。飛貌。) 歲貢生。性孝友。嗜讀書。尤精靑烏岐黃術。掌修學社。時有藉端侵奪鋪租者。鷬舉力持之。社得無廢。(以上光緒皐蘭縣志人物)

706 安定縣 (宋安西城。金升爲縣。元省。移定西州治此。後改安定州。明降爲縣。淸屬甘肅鞏昌府。民國改爲定西縣。)

明 張銘、安定人。得祕書於耕地。心解其義。遂精讖緯之術。奉詔引見。賜金玉帶各一。授欽天監監職。(宣統甘肅新通志方技)

707 漳縣 (後漢漳縣。後魏曰彰縣。隋曰障縣。唐復曰彰縣。改曰武陽。尋復故。廣德後。陷於吐番。宋置鹽川砦。金爲鹽川鎮。元改置彰縣。明改曰漳縣。淸廢爲隴西縣地。有縣丞駐此。民國復改爲縣。○砦。音寨。藩落也。山居木柵爲砦。)

清 陶明儒、字席珍。孝廉方正。性醕樸。務敦本根。置祭田。建家祠。每歲冬至、奉祀先祖。一遵古禮。通堪輿之學。卜相宅地。多獲應驗。(民國漳縣志羣材)

天水縣 秦邽縣。漢曰上邽。晉爲天水郡治。秦州亦治此。宋移成紀縣來治。明省入秦州。民國改秦州爲天水縣。縣扼隴巴蜀之咽喉。爲省南都會。居民善製毛氈及犛纓。附近諸山。林木修茂。麥積峯風景尤勝。○邽。音圭。犛音茅。與牦通。亦作旄。

晉

趙仁美、字明甫。天水人。選三傳擢第。授江表太興縣尉。累以政聞。遷授蒲縣令。仁美素曉三命。能自知官祿壽元。常謂人曰、余官不過邑長。壽不過六旬。今吾五十四歲。其爲不遠可知。一日忽有某相士趨謁趙令。判其祿壽盡如仁美所言。令曰、某亦自知耳。然余有一女。尙未適人。此爲急務。擬於屬邑中選德行學業較佳者配之。俾免遺憾。餘無他念。當快壻未入選時。令卽預覔一女使偶命其灑掃庭階。忽然涕淚交下。令異之。詳詢其故。乃知女使姓王。父名德麟。昔曾爲此邑令。女使卽生於此署。後因幼喪父母。復遭兵革離亂。被人掠賣。遂致於斯。令聞悉。不禁爲之感愴。乃謂其妻曰、吾女不憂嫁。遺且輟吾女粧奩。先嫁此女。於是卽以女使爲姪女。擇有識見之邑客配之。其所生之女猶未嫁。而某相士復來謁令。令見之大駭。曰、前觀君容。其命將沮。今觀君容。福祿與壽。皆不可量。得毋在政別有異能。或

爲民雪寃保命乎。令曰、某別無異能。近惟遺嫁女使而已。相士曰、只此便是大陰隲。安用他求耶。晉干寶搜神記

唐　秦詷、賣卜於柳州。詷・音洞・同也・又音同・共也・　趙來章、天水人。父矜、由明經爲舞陽主簿。後遷襄陽縣丞。貞元中、棄官客柳州卒。野葬無標識。元和十三年戊戌。來章始壯。自襄陽徒行至柳。詢求葬所。土人無知者。哭於野十九日不絕聲。人事既窮。乃虔心問卜。秦詷兆之曰。其墓直丑在道之右。南有貴神。冢土是守。乙巳於野。宜遇西人。深目長髯。其得實因明日。適野。有叟荷杖來問曰。爾非故趙丞兒耶。吾爲曹信是邇吾墓。直社之北。二百舉武。吾爲子蕝焉。蕝・音撮・朝會・束茅表位曰蕝・　如其言往。啓土發棺。衣衾故物皆在。觀者皆爲出涕。來章遂以柩歸葬。州刺史柳宗元、爲其銘曰。懇懇來章。神實恫女。錫之老叟。告以兆語。百越蓁蓁。羇鬼相望。有子而孝。獨歸故鄉。蓋哀之也。光緒秦州新志人物○阜按・此與廣西柳州秦詷・同爲一事・證以新唐書卜人秦詷云云・具見詷字非是・因此條所載較詳・故存之・

前蜀　趙延義、字子英。秦州人。曾祖省躬、通數術。避亂於蜀。父溫珪。事蜀王建。爲司天

監。爲建占吉凶。小不中。輒加詰責。溫珪臨卒。戒其子孫曰。數術吾世業。然吾仕亂國。得罪而幾死者數矣。子孫能以佗道仕進者。不必爲也。然延義少亦以此仕蜀。爲司天監。蜀亡。仕唐爲星官。延義兼通三式。頗善相人。契丹滅晉。延義隨虜至鎭州。李筠白再榮、謀逐麻荅歸漢。猶豫未決。延義假述數術贊成之。周太祖、自魏以兵入京師。（周太祖郭威。）召延義問漢祚短促者天數耶。延義言、王者撫天下。當以仁恩法澤。而漢法深酷。刑罰枉濫。天下稱寃。此其所以亡也。是時太祖方以兵圍蘇逢吉、劉銖第。欲誅其族。聞延義言悚然。貸其族二家獲全。延義仕周爲太府卿判司天監。以疾卒。（新五代雜傳）

清

陳翊運、（翊。音弋。飛貌。敬也。輔也。）字元吉。秦州學增廣生。學究術數。喜爲人拯厄救災。道光辛巳。客遊蘭州。賣卜於市。一人持年庚帖問病。翊運曰、死矣。問者曰、來時病人尚端坐。自寫年庚授我。何遽至此。翊運促之曰、急歸。或尚得見。遲必無及也。其人趨歸。果然。自是神卜之名大譟。楊遇春、出征回疆。將聘翊運入戎幕。有忌而沮之者。

遂歸臥家園。焚香讀書。絕口不談休咎。年九十七而卒。卒後數十年。里人每有急難。輒思之曰、使陳元吉在、當不至是也。

清　雷逢源、字守妙。號天然子。秦州人。性沈靜簡默。精於醫內科。兼好道術。手寫醫書道經數十卷。晚遇藍道人。授以太乙遁甲之學。所得益深。遂醫道亦進。其後子孫世用醫顯。全濟無算。以上宣統甘肅新通志方技

709　禮縣　漢嘉陵道地。後漢爲上祿縣地。後魏分置蘭倉縣。西魏改漢陽縣。隋改曰長道。寶應中陷廢。後復置長道縣。元廢。改置禮店軍民府。在今甘肅禮縣東四十里。明改置禮店千戶所。移今禮縣治東。後設禮縣於所城之西。清省所入縣。屬甘肅秦州。

清　趙東陽、字子青。父藝林。以增廣生舉介賓。性愷悌。事繼母及胞兄以孝友聞。經史外。兼通岐黃堪輿之學。光緒禮縣新志人物

710　武都縣　古白馬氏地。漢置武都道。後改爲縣。故城在今甘肅成縣西八十里。

明　龍正光、弟也。幼英敏。受易於陳主事。精於易學。遇金牌道人。傳授六壬密書。占驗多應。所著有八陣圖。太乙成局。奇門集要。六壬書凡若干卷。行於世。

明．樊讓、幼博羣書。工詞翰。常雲遊。遇異人授奇門遁法。及吐納之術。年九十二。無疾作贊而逝。贊曰、九九之九。玄門立久。混合乾坤。斡旋星斗。保精氣以息神。思無中以生有。無無無天地原來一虛竅。有有有天地能長而且久。吾今返本合眞道。朗朗明明原不朽。咦、赤身無罣礙。飛上白雲頭。

清　蹇逢泰、善古文詞。通天文地理星相醫卜之術。授中衞訓經略。表聞其名。徵解不赴。終漢南。以上同治武階州備志人物

711　合水縣隋置。縣南有建水。合北川瓦罐川爲合水。故名。唐又分置蟠交縣。又復曰合水。五代周。省合水。入樂蟠。宋省樂蟠。復置合水。屬慶陽府。金元明清因之。今爲甘肅慶陽縣治。

明　楊沛生、合水人。善風鑑。凡遇人一相。能言其心術。生死可預決。更數十人。無或爽者。時人喜其論斷。且畏服焉。宣統甘肅新通志方技

712　崇信縣漢。涇陽縣地。唐置崇信軍。宋置崇信縣。清屬甘肅涇州。

清　張漢英、附生。閻家灣人。磊落有奇氣。通禪理。崆峒龍門太白諸名勝。雅好履巔。資斧窮。則賣卜濟之。有託仙道惑世者不遠數百里。以望見顏色爲快。並舉丹經

以難之語人曰、安有神仙。皆僞託耳。人有索隱行怪議。曰、我窮其理。非炫其術。藏書甚富。日手一編。首倡天足風。子女皆擅文名。先遊歷漢南。傭工製絲廠。得烘繭繅絲。種桑飼蠶之法。歸爲鄉人倡。倣製新式織紡機。一庭聚誦書聲與機聲相唱答。鄉人賢之。民國崇信縣志羣材

713 臨涇縣漢置。更始末。平陵人方望。立前孺子劉嬰爲天子。居臨涇。更始遣李松等擊滅之。後魏廢。故城在今甘肅省。鎮原縣南五十里。隋置秋谷縣。改曰臨涇。元廢。即今鎮原縣治。

王符、字節信。臨涇人。少好學。有志操。與馬融、張衡、崔瑗等友善。和安二帝後。世務游宦。當塗更相薦引。而符獨耿介。隱居著書。終於家。號曰潛夫論。其敍相有云。詩所謂天生烝民。有物有則。是故人身體形貌骨法角肉。各有分部。以著性命之期。顯貴賤之表。一人之身。而五行八卦之氣具焉。故師曠曰、赤色不壽。火家性易滅也。易之說卦。巽爲人。多白眼。相揚四白者兵死。此猶金伐木也。經曰、近取諸身。遠取諸物。聖人有見天下之至賾。而擬諸形容。象其物宜。此亦賢者之所察。紀往以知來。而著爲憲則也。人之相法。或在面部。或在手足。或在行步。或在聲響。面部

欲溥平潤澤。手足欲深細明直。行步欲安穩覆載。音聲欲溫和中宮。頭面手足身形骨節。皆欲相副稱。此其略要也。夫骨法爲祿相表。氣色爲吉凶候。部位爲年時德行表。有顯微色。有濃淡。行有薄厚。命有去就。是以吉凶期會。祿位成敗。非聰明慧智。用心精密。孰能以中。然其大要。骨法爲主。氣色爲候。（後漢書本傳潛夫論）

714 固原州（漢高平縣。後魏置原州。宋置鎮戎軍。金升爲鎮戎州。元復曰原州。改開成府。又降州。明降爲縣。尋改置固原州。清直隸甘肅省。陝西提督駐此。民國改縣。地勢南據六盤山。東扼隴坻。以扼蕭關。秦隴之戶鍵也。○坻。音底。隴。坂也。秦人謂坂爲坻。）

漢

嵩眞、安定人。明推演。精占卜。成帝時。眞常自算其年壽七十三。綏和元年癸丑。正月廿五日晡時死。書其壁以記之。後於二十四日晡時死。其妻曰、見其算時長下一籌。欲告之。慮拂其意。今果信矣。眞又曰、北村青隴山上、孤櫝以西。（櫝。音賣。木名。山楸也。）有靈穴。鑿七尺。葬吾於此地中。及眞死。依其言往掘。得石槨（材木之美者。古人亦以之爲棺槨。）然。即以葬焉。（光緒固原州志方技）

715 鎮番縣（漢置武威宣威二縣。晉省武威爲宣城地。後魏改置武安郡。西魏廢入姑臧縣。唐置白亭軍。後沒吐番。明始分置鎮番衛。清雍正二年。改置鎮番縣。屬甘肅涼州府。民國十七年。國民政府改爲民

勤縣

明　邱耀、嘉靖戊午歲貢。山西蔚州訓導。擢直隸景州學正。善頤養。兼通術數。

清　張登第、與弟登甲。俱精於易占。驗如神。性友愛。痛登甲早卒。不希仕進。遂以諸生老。

清　李紹薐、乾隆壬申歲貢。少聰慧。博極羣書。通數術。尤精於醫。決吉凶生死。率多不爽。著有醫經若干卷。（以上道光鎮番縣志技術）

716　張掖縣（漢觻得縣。晉改曰永平。隋改曰酒泉。復改張掖。唐中葉。後陷吐番。宋入於西夏。元置甘州路。爲甘肅行省治。明置甘州左右中前後五衛。清雍正二年。復置張掖縣。爲甘肅甘州府治。甘肅提督駐此。縣境因山水灌溉。收穫頗豐。附近草地。牧羊尤甚。○觻。音祿。獸角鋒曰觻。）

清　陳清秦、雙湖門人也。幼工書。兼善推子平。後遊山東。受業于邢退菴門下。朝出賣卜。人爭問之。計足一日資。旋入塾肄業。三年歸里。即採芹。越歲餘。父久病。家人計口辦孝服。清泣曰、我先死。我妻同死。不得爲父服喪。衆叱爲狂。未半月。清寢疾。四日而歿。妻亦繼亡。方嘆其術之精焉。（乾隆甘州府志技藝○皋按。此與河南儀封縣志所載之方技陳清迥異。蓋彼爲明人。此爲清人也。）

清　王世俊、字子千。性篤摯。好古通天文精六壬。不苟嚬笑。州里奉爲矜式。卽市井異趣。咸愛且畏之。讀書窮理。洎老不衰。究心河圖。得先天精諦。行年七十。以明經卒於家。（乾隆甘州府志文學）

717 山丹縣（漢删丹縣。後魏改曰山丹。隋復曰删丹。宋時屬西夏。元復曰山丹。明置山丹衛。清雍正二年。改置山丹縣。屬甘肅甘州府。）

清　陳志炳、故明山丹衛世襲指揮裔也。性敏博學。尤善天官及卜筮之術。明季棄官。隱於高臺之雙泉堡。當事者重之。每造訪諮時務焉。米剌印之叛也。炳卜之知靡。就預訂敗期。期已屆矣。忽心動。卜之。詫曰。奈何欲浼我。（浼。音每。汚也。）倉皇避去。而米使至。翌日、歸謂使者曰。米已死。師已破矣。汝其亟歸爲計。毋溷我爲也。使者素知炳。乃去。而米剌印已斃於鞏昌城下。（乾隆甘州府志技藝）

718 燉煌縣（亦作敦煌。漢置爲敦煌郡治。應劭曰。敦大。煌盛也。北周改爲鳴沙。隋復敦煌。唐武德初爲瓜州治。建中間。陷吐番。宋入西夏。元爲沙州路治。明置沙州衛。清乾隆二十五年。改置燉煌縣。爲安西府治。後府廢。屬甘肅安西州。）

晉　索紞、（紞。耽上聲。冠冕縣瑱之繩。垂於冠之兩旁者也。）字叔徹。燉煌人。少游京師。受業太學。博綜經籍。遂爲通儒。明陰陽。善術數。司徒辟除郎中。知中國將亂。避世而歸。鄉人從紞占問吉凶。門中如市。紞曰、攻乎異端。戒在害己。無爲多事多事多患。遂詭言虛說無驗乃止。惟以占夢惟無悔吝。乃不逆問者。孝廉令狐策、夢立冰上。與冰下人語。紞曰、冰上爲陽。冰下爲陰。陰陽事也。士如歸妻。迨冰未泮。婚姻事也。君在冰上與冰下人語。爲陽語陰。媒介事也。君當爲人作媒。冰泮而婚成。策曰、老夫耄矣。不爲媒也。會太守田豹。因爲子求鄉人張公徵女。仲春而成婚焉。郡主簿張宅、夢走馬上山。還繞舍三周。但見松柏。不知門處。紞曰、馬屬離。離爲火。火禍也。人上山爲凶字。但見松柏。墓門象也。不知門處。爲無門也。三周三期也。後三年必有大禍。宅果以謀反伏誅。索克、初夢天上有二棺落克前。紞曰、棺者職也。當有京師貴人舉君。二棺者類再遷。俄而司徒王戎書屬太守、使舉克。太守先署克功曹。而舉孝廉。克復夢見一虜。脫上衣來詣克。紞曰、虜去上中下半男字。夷狄陰類。君婦當生男。終如其言。宋桷夢。內中有一人著赤衣。桷手把兩杖極打之。紞曰、內中有人肉字也。肉色赤也。兩杖箸象也。極打之。飽肉食也。俄而亦驗焉。黃平問紞曰、我昨夜夢舍中馬舞。數十人向馬拍手。此何祥也。紞曰、馬者火也。舞爲火起。向馬拍手。救火也。平未歸而火作。郡功曹張邈、嘗奉使詣州。夜夢狼啖一脚。紞曰、脚肉被啖爲却字。會東虜反。遂不行。凡所占莫不驗。太守陰澹、從求占書。紞曰、昔入太學。因一父老爲主人。其人無所不知。又匿姓名。有似隱者。紞因從父老問占夢之術。審測而說。實無書也。澹命爲西閤祭酒。紞辭曰、少無山林之操。游學京師。交結時賢。希申鄙意。會中國不靖。欲養志終年。老亦至矣。不求聞達。又少不習勤。老無吏幹。濛汜之年。弗敢聞命。澹以束帛禮之。月致羊酒。七十五卒於家。晉書藝術 清一統志 甘肅安西府人物

前涼

索襲、字偉祖。敦煌人。虛靜好學。不應州郡之命。舉孝廉賢良方正。皆以疾辭。精於陰陽之術。著天文地理十餘篇。多所啓發。不與當世交通。或獨語獨笑。或長歎涕泣。或請問不言。燉煌太守陰澹、奇而造焉。經日忘返。出而歎曰、索先生碩德名儒。眞可以諮大義。卒年七十九。澹素服會葬曰。世人之所有餘者富貴也。目之所

好者五色也。耳之所悅者五音也。先生棄衆人之所收。收衆人之所棄。味無味於恍惚之際。兼衆玄於衆妙之內。宅不彌畝而志忽九州。形居塵俗而棲心天外。雖黔婁之高遠。莊生之不願。蔑以過焉。乃諡玄居先生。晉書隱逸・清一統志逸民・甘肅安西府志人物

唐

李虛中、字常容。魏侍中李沖八世孫。進士及第。元和中、官至殿中侍御史。韓愈爲作墓誌云。虛中最深於五行書。以人之始生年月日所直日辰枝幹相生勝衰死旺相斟酌。推人壽夭貴賤利不利。輒先處其年時。百不失一二。又云、其說汪洋奧美。萬端千緒。並未言有所著書。至宋志始有李虛中命書格局二卷。鄭樵藝文略則作李虛中命術一卷。命書補遺一卷。晁公武讀書志、又作李虛中命書三卷。焦氏經籍志、又於命書三卷外、別出命書補遺一卷。世間傳本久絕。無以考正其異同。惟永樂大典所收。其文尙多完具。卷帙前後亦頗有次第。並載有虛中自序一篇。稱司馬季主於壺山之陽。壺山・在雲南永北縣東三里・峯巒竦立・宛如壺狀・清流環抱潺潺有聲・吳道子觀音石刻・在此山之後・遇鬼谷子出逸文九篇。論幽微之理。虛中爲掇拾諸家註釋成集。是以後世傳星命之學者。

皆以虛中爲祖。四庫全書提要子部術數類○阜按．閱微草堂筆記云．世傳推命．始於李虛中．其法用年月而不用時．蓋據昌黎所作虛中墓誌也．其書宋史藝文志著錄．今已久佚．惟永樂大典．載虛中命書三卷．尚爲完帙．所說實兼論八字．非不用時．考虛中墓志．稱其最深於五行書．以人始生之年月日所直日辰枝幹．相生勝衰死旺．互相斟酌．推人壽夭貴賤利不利云云．按天有十二辰．故一日分爲十二時．日至某辰．卽某時也．故時亦謂之辰．國語．星與日辰之位．皆在北維．是也．詩．跂彼織女．終日七襄．孔穎達疏．從日暮七辰一移．因謂之七襄．是日辰卽時之明證．楚辭．吉日兮良辰．王逸註．日謂甲乙．辰謂寅卯．以辰與日分言．尤爲明白．據此以推．似乎所直日辰四字．當連上年月日爲句．後人誤屬下文爲句．故有不用時之說耳．余撰四庫全書總目．亦謂虛中推命不用時．尚沿舊說．今附著於此．以誌吾過．觀此足破世人謂虛中論命不用時之惑矣．○江寧鄧之誠文如．骨董瑣記云．星命之說．始於唐貞元初．李彌乾．字虛中．其法以日干爲主．以人所生年月日．合看生尅制化．旺相休囚．取立格局．推壽夭貴賤．至宋徐居易．字子平．並生時參合．謂之八字．子平與麻衣道者陳圖南．同隱華山．元耶律楚材．又云．以甲火．乙孛．丙木．丁金．戊己土．庚辛金．壬癸羅．推命．曰天官五星法．世多信之．○阜按．宋王伯厚困學紀聞載．唐李彌乾．精星命．並無字虛中字樣．至云徐子平．並生時參合．謂之八字．尤誤．證以紀文達筆記．卽爽然矣．

青海省

青海省、在我國中部之西、爲長江、黃河發源地、以境內有大湖曰青海、故名。古爲西戎地。歷三代至漢爲西羌所居。東晉以後、爲吐谷渾所據。唐入吐番。明時爲蒙古族所佔。清雍正間、羅卜藏丹津據其地叛。年羹堯等平之、置西寧辦事大臣治其地。民國改大臣爲長官。十七年置省、其地東界甘肅。東南界四川。南界西康。西南界西藏。西北界新疆。省會曰西寧縣。

719 西寧縣。後漢末。置西都縣。宋置西寧州。明初。改置西寧衞。清雍正二年。改置西寧縣。爲甘肅西寧府治。城瀕湟水南岸。青海額魯特蒙古。及阿里克等。四十姓土司。與漢人互市於此。爲西邊一大都會。

明

王銳、西寧人。年十一二。卽明易理。精於卜筮。閭巷之間。往往奇中。非一。一日於城外三里許。爲人家占病。方轉式推案。大呼賊至。踉蹌走。舉座皆瞠目相訝其狂。然素知多驗。有隨之而出者。甫及城闉。闉。音因。城內重門也。則賊已入病者之家矣。未走者悉殲焉。然後衞人乃服。明隆慶辛未、年八十。寢疾。其壻亦善卜。銳令卜其終期。兆成、壻曰。酉日申時。銳曰。月時俱戌。酉日亭午前一日。壻往候之。銳呼笑曰、勿錯。明年來別。至期果絕。銳貌醜而嗜酒。言笑不擇人。嘗公明之風類也。乾隆西寧府新志方技

歷代卜人傳卷三十二終

丹徒李崇甫校

宋蘇文忠公、東坡全集外紀。退之詩云。我生之辰。月宿直斗。乃知退之磨蝎爲身宮。而僕乃以磨蝎爲命。平生多得謗譽。殆是同病也。

明、楊忠愍公、椒山全集。「題爲讀易有感。」一眼底浮雲片片飛。吉凶消息只幾希。自從會得羲皇易。始覺前時大半非。

淸江西熊鏡心、止善集云。卜易之法、以龜蓍爲貴。龜乃禽蟲中之靈者。蓍乃草木中之靈者。龜之類、有甲卜、骨卜、鱗卜、角卜、羽卜、毛卜、革卜、牙卜。蓍之類、有核卜、莖卜、竹卜、枝卜、華卜、子卜、葉卜、蔓卜。此外又有水卜、土卜、瓦卜、石卜、碁卜、錢卜、紙卜、書卜、金卜、火卜。皆取其物之靈者。然精誠所通、無物不效其靈。非物本靈、心靈之也。用物必取靈者、蓋謂精誠未至者言之耳。凡天下一切有用無用之物、皆可爲占卜之具。以此法行之而此效。以彼法行之而彼效。法乎法而不滯乎法。法乎法而不廢乎法。無法之法、萬法所由出也。是以由法生故、種種心生。由心生故、種種法生。詩云。卜爾百福。

中國歷代卜人傳卷三十三

潤德堂叢書之八
鎮江袁阜樹珊編次

福建省一

福建省、在我國東南境、爲沿海各省之一。禹貢揚州之域。周爲七閩地。故別稱曰閩。春秋屬越。漢爲閩越國。晉爲晉安建安兩州。唐泉建二州、改閩州、又改福州、屬江南東道。宋改福建路。元置福建行中書省。明置福建布政使司。清置福建省。民國仍之。其地東瀕東海、與臺灣相望。南瀕南海。西界江西。東北界浙江。西南界廣東省。會曰閩侯縣。

720 閩縣漢初東冶地。爲閩越王都。後置冶縣。漢改曰侯官。三國吳屬建安郡。晉析置原豐縣。隋改曰閩縣。清與侯官縣。同爲福建省及福州府治。民國併爲閩侯縣。仍爲省治。城當閩江下游北岸。負山面水。形勢雄秀。一名榕城。城中榕樹成蔭。故名。城南江中有南臺島。清道光二十二年。與上海寧波。同時開爲商埠。有江南萬壽兩橋。跨江以接省城。貿易甚盛。城東三十里江濱。有地名馬尾。清同治初。設廠於此。中法之役。毀損甚多。

五代　黃岳、福州人。博通經典。尤邃易象曆數之學。唐末、由鄉貢入太學。王審知、稱王。必欲仕之。岳、度力不能拒。自投於淵。邦人為立祠祀其地。（清一統志福州府人物）

宋　林霆、閩縣人。精曆數之學。嘗作致日經。推陰陽曆數。以資占決。多靈驗。理宗朝、得召見。金華吳萊詩、昔在江左國。閩人有林霆。白衣召上殿。口誦致日經。（光緒福州府志藝術）

宋　賴先知、閩縣人。長地理水城之學。漂泊嗜酒。客臨川羅豫章所。羅敬愛之。言喪妻。命卜地。得一處正穴。前、小澗水三道平流。唯第三道不過身。而徑入田。賴笑曰、此三級狀元城也。恨第三不長。若子孫他年赴試。正可啓於榜眼耳。羅子邦俊、挾十三歲兒在旁立。拊其頂而顧賴曰、足矣足矣。若得狀元身邊過也得。所謂兒者、春伯樞密也。年二十有六。廷唱第二人。賴竟沒於羅氏。水城文字雖存。莫有得其訣者。（民國閩縣志術數）

宋　黃撥沙、閩縣人。善相塚。畫地為圖。卽知休咎。因號撥沙。婺人有世患左目者問之曰、祖墳木根傷葬者左目發塚果然出之卽愈。

明 任綱、字必用閩縣人精堪輿所著有陰陽泝賦性耿介鄉人有居官鉅富者以厚幣求卜宅兆綱深拒之退告人曰、若得吉壤豈天道耶吾術固擇人耳。以上乾隆福建續志

方技民國閩縣志術數

明 高鳳、閩縣人以善卜名遇物輒以意推輒中宏治己酉、福州傅鼎求占科名曰、君第一人也既而果然人問其故曰吾適剖椰子而傳適至。椰·音耶·木名·生於熱帶·高五六丈·直似椶櫚·實大者長尺許·瓤如凝雪·核大約三寸·中心空虛·有清液·味甘美·類牛乳·謂之椰子漿· 其象解圓故知爲解元後閩縣林士元、亦舉第一。又戊午科鎭守內臣、欲豫知解元所在書一輿字命占鳳曰、尊意得無在輿化乎。但所書輿字從俗省寫其人在中而八府俱下必省垣矣及揭曉榜首乃侯官林克仁、解元也鳳時語人曰、卜若可信吾當至五品京職不審何從後蒙詔占驗果授工部郎中。乾隆福建續志方技○福州梁章鉅歸田瑣記云·乾隆丁卯·孟瓶庵師·於榜前請人測字·以餘茶書一因字於桌上·其人曰·此爲國中一人之象·君必爲此科解首矣·旁一友躍然曰·我亦就此因字·煩君一測·其人曰·君此科恐無分·或後此有恩科·亦必中·蓋彼因字係無心·君因字係有心·以因加心·有恩字象也·旁又有一友以所執摺扇拍桌曰·我亦以此因字·煩君一測·其人斂眉蹙然曰·君之扇·適加因字·正中

有困之象、其終於一羚乎、後三君皆如其言、惜不傳姓名、殆亦高鳳之流亞矣。

明 簡堯坡、閩人、精堪輿術、王漁洋門人、全椒吳昺、（昺音丙、同炳、亮也、）述其曾祖體泉翁、爲父卜吉壤、延致堯坡于家、廩餼甚厚、堯坡日爲擇兆域、三年不可得、辭歸、翁固留之、一日同往梅花山中、遇大雪、同飲陳家市酒樓、堯坡倚檻遠眺、久之、罷酒起曰、異哉、吾遠近求之三年不得、乃在此矣、遂同往三里許、審視良久、曰、是矣、雪晴更往觀之、喜曰、天賜也、得此地足報君矣、然葬後君子未卽發、至孫乃大發、發必兄弟同之、對面文峯秀絕、發必鼎甲、然稍偏、未必鼎元、或第二第三人、亦不僅一世而止、翁如言卜葬、其後孫國鼎、字玉鉉、中崇禎癸未進士、國縉、字玉林、順治戊戌（一云己丑、）進士及第、一甲第三人、官翰林侍讀、國對、國龍、孿生、國對中探花、國龍成進士、至昺兄弟、亦先後成進士、而昺今辛未科則中榜眼、堯坡之術、亦神矣哉。（李調元制義科瑣記、佘金熙朝新語）

明 白都閫、閩侯人、靈棋卜甚驗、仁和張瀚、適在閩爲藩參、聞其名、擇日齋戒以往。

白、儼衣冠、侯於中庭。瀚執棋向神禱畢。白受而三擲。卜得乾卦。白口占曰、乾六爻皆龍。有飛騰之象。公自此飛騰矣。乾天西北。今當晉擢西北。乾首諸卦。後當位列班首。時介秋冬之交。公當蒞任西北無疑。後皆悉驗。明仁和張瀚松窗夢話。又云、古人卜筮以蓍龜。別有靈棋卜。乃張良所受於黃石公者。其法以十二子分上中下擲之。據所得按驗。以考吉凶。

明　鍾誌、字汝持。閩縣人。世精陰陽地理之術。號樂壽山人。楷書得歐陽詢筆意。爲人剛中。少容量。作事必依禮法。福州府志藝術

清　林森、字藥樵。其先閩人。性韜晦。有山水癖。自號深山野人。佳句妙楷。時與邱壑爭奇。凡天文術數地理方藥。無不精貫。康熙初、著痧症全書三卷。授毘陵王養吾丙寅刊以行世。痧症全書原序

清　廖春山、字仲果。閩縣人。早歲事儒業。厄於遇。遂潛心於星命卜筮風鑑諸書。游歷四方。決人禍福多驗。同治甲子、薈萃羣言纂輯形神相法四卷。其言曰、相人體貌。固宜觀其形局。然形局外也。精神內也。如徒觀其形局。奚能一一應驗。蓋人之

形。猶燈也。燈無油。不能光通四表。人無神。不能運用萬事。燈油俱備。光輝自達。形神兩全。富貴自然。故此編名爲形神相法。舍其粗而求其精也。合形局精神言行坐立而觀。以此相天下士。而無不當。（形神相法陳灟序。）

清

蔡璵、字玉汝。閩人。以明經、仕爲粵東令。罷官不歸。流寓山寺。一日於市肆獨飲。忽有道人虬髯偉幹。顧盼甚異。蔡揖之。坐詢其姓名。曰、秦人李坤、字果成。居華山數十年矣。因延至寺寓、見蔡案上有周易。曰、頗讀此乎。蔡曰然。試舉一卦。蔡爲述其師說。曰、全未全未。蔡因拜求其學。曰、可齋戒拜天四十九日。拜老夫亦如之。然後可敎。如其言。乃爲剖晰河洛精義。皆出程朱之外。蔡因旁及天文樂律。奇門太乙六壬諸術。曰、此皆易之一端耳。出一小篋。隨所問刺取諸家之書。爲蔡指示。書凡幾百卷。皆出篋中。篋才方寸。而書不窮。竟不能測也。留止五年。竟得其奧。將別去。語蔡曰、此後二十年癸丑歲、汝必游京師。是歲十二月二十日。卽當扃門戶百日。不見一人。否恐不免。愼之愼之。更幾載、某歲某日、與汝相見房山。康熙十二年癸丑、蔡客京師。如其所戒。是時果有妖人楊起龍之變。都門戒嚴。多所刑戮。至二三月始定。又二年乙卯、某月日、忽有童子扣門云、師在房山相待。蔡疾馳往道人獨坐樹下。與語移晷、別去。云將歸華山舊居。蔡以易卜垂簾都門。名動公卿。學易者。率莫測其蘊也。王士禎池北偶談

民國

林學衡、字庚白。號衆難。自稱觀瀑主人。閩侯人。束髮受書。酷嗜歌咏。及長游學法國。聲譽溢洋。歸來爲衆議院祕書長。既復委身黨國。則數數出入兵間。爲諸侯客。公餘嘗研究祿命之學。謂爲中國命學之論五行。與科學家所謂原子七十餘種。佛家所謂地水火風。雖數量殊。名稱異。而實無別。豈可以迷信概之。著有人鑑新命。行世。暢發厥旨。並於滬上創立命學院。舉科學之精神。闡五行之眞理。發揮光大。革故鼎新。非僅以覘人命吉凶禍福之末焉而已。民國壬午、卒於香島。年四十有九。識者多以長才未展惜之。人鑑序○新命發刊辭云。夫新命之義。何自昉乎。書曰。周雖舊邦。其命維新。經曰。不知命無以爲君子。又曰。知命者不立於巖牆之下。凡所謂命。蓋兼道與器而言者。非僅僅樂天知命之命。所得而盡也。故命之界域。自有其廣義。必欲以狹義囿之。淺矣。形而上之哲學。與形而下之科學。皆當在命之界域。列子有力命篇。似明其旨。實則多舛。何者力

之所至。即命之所至。宇宙間一切事物。莫能外乎力之操縱。亦莫能外乎命之操縱。其致一也。惜列子未之知耳。今之持唯物論者。以物質爲社會重心。殊不知與言物質。猶諸言命。何者。吾儕之所謂命。力在其中。物質之作用。力之作用而已。豈僅如中國古代學說。所謂樂天知命。止於唯心之義哉。此必以廣義言命者也。此又新命之所由作也。曷觀乎洪爐之炭。投於江河則滅。楮人之刀。施諸巨木則傷。水盛而火自焚。木强而金反缺。力有不敵也。往者古代傳統之學說。以一定旺弱生剋。言五行。言命。皆昧於此義。知其常而不知其變。非吾儕之所謂命也。吾儕之所謂命。所謂五行。與科學家所謂原子七十餘種。佛家所謂地水火風。雖數量殊。名稱異。而實無別也。抑中外哲學家。昔重理論。科學家皆重實驗。吾儕之言新命也。本二者之義而融會貫通之。而發揮光大之。尤以後者爲主。五行生剋旺弱。一繫於質與力之均衡。乃可與命相通。此吾儕之說也。

721 侯官縣 一作候官。漢置冶縣。後漢改爲侯官。南朝梁改爲東侯官。隋更名原豐。又改閩縣。故治在今福建閩侯縣冶山之麓。唐又於福州西北三十一里。置侯官縣。清與閩縣。同爲福建省及福州府治。民國廢并爲閩侯縣。

清　謝震。字甸南。侯官人。宋江東提刑枋得之裔。乾隆己酉舉人。治經宗漢學。尤熟三禮。讀史傳百家之言。必實事而求可用。旁逮篆隸金石星卜形法醫術。靡不通曉。嘗約閩縣林芳林等倡爲通經復古之學。號會所曰殖榭。思以功名自見。後以大挑補順昌教授。困甚。將調臺灣。遽病脹卒。年四十。著有禮案四書小箋。四聖年譜。謝氏家譜。詩集各一卷。碑傳集經學下之下

清　沈葆禎。字幼丹。侯官人。道光丁未進士。授編修。遷御史。咸豐時洪楊兵起。以功

洊擢江西巡撫。後官兩江總督。卒謚文肅。葆楨以贛撫丁內艱。時在籍守制。適左文襄創辦馬江船政局製造輪艦槍械。議甫定。文襄移節督關隴。乃舉葆楨自代。葆楨令官紳分司廠事。官曰委員。紳曰委紳。同治某科、秋試榜前。集局紳之與試者澆榜。且曰。諸君請拈一字。吾用拆字法占之。卜今年本局售者當有幾人。某紳拈毅字。葆楨曰、毅者其左體爲豕字。豕爲亥。二首六身。几字其船字之一股。又字復得政字之半股。船局委紳固有獲售者。其數殆六乎。是秋果中六人。澆榜者榜前羣飲之謂也。清史稿本傳清稗類鈔方技

清　郭柏蒼、字兼秋。又字青郎。侯官人。道光庚子舉人。由訓導晉內閣中書及主事。柏蒼識見恢廓。時有新議論。饜人聽聞。不慕祿仕。殫心有用之學。旁及堪輿星卜。事之有益宗族鄉黨者。皆規畫久遠。銳意爲之。必善其後乃已。民國福建通志文苑

722 古田縣 漢冶縣地。唐置古田縣。清屬福建福州府。

清　鄒式金、字子度。諸生。精易卜。庚午文戰後、士人問卜者環座聽。獨有陳姓者、曬

上徐行式金揲蓍、得履虎尾。卽斷曰、陳兄履得著。決中榜尾。果如其言。

清　張燿垣、字其範。諸生。精河洛數。陳淸端公建奎光閣。使之擇吉。範以四恩星臨度。三星屬文。一星屬武。是年壬午。果如其言。且云三科一停。後科甲蟾聯。至今有明徵云。以上乾隆古田縣志藝術

723　長樂縣　漢冶縣地。隋閩縣地。唐分置新寧縣。改曰長樂。五代梁時王氏。改曰安昌。唐復舊。晉改安昌。尋復長樂。淸屬福建福州府。

宋　趙以夫、字用父。宗室子。居於長樂。嘉定十年進士。撰易通六卷。是書前有自序。皆自稱臣。末有不敢自祕。將以進於上。庶幾仰裨聖學緝熙之萬一。則經進之本也。其書大旨、在以不易、變易二義。明人事動靜之準。故其說曰、奇耦七八也。交重、九六也。卦畫、七八不易也。爻畫、九六變易也。卦雖不易、而中有變易。是謂之亨。爻雖變易、而中有不易。是謂之貞。洪範占二用貞悔。貞卽靜也。悔卽動也。故靜吉動凶則勿用。動吉靜凶則不處。動靜皆吉、則隨遇而皆可。動靜皆凶、則無所逃於天地之間。於聖人作易之旨。可謂深切著明矣。四庫經部易類三

清　蔣垣、字用崇。其先本邑人。久遷省會。康熙壬子、由侯官籍舉於鄉。值耿逆變。逼授僞職。垣服藥毀形。不告妻子。逃嶼頭。託星卜治生。事平。將歸。語族弟用乾曰、吾半生心血。纂集八閩理學一卷。鈔以示後。不無少補。後付梓。學者爭購之。今用乾家猶有遺稿云。（同治長樂縣志流寓）

清　梁運昌、初名雷。字春山。一字曼雲。又字曼叔。晚號江田田父。長樂人。父上寶、字叶所。邑諸生。精星命之學。於其誕之前數日。語家人曰。若生於某日某時。必非凡格。已果應期。實乾隆辛卯年辛卯月己卯日丁卯時也。幼慮其弱。不督之學。十齡卽可應童試。禁弗使出。未幾。諸季父、私縱之。遂補弟子員。嘉慶己未、成進士。入翰林。是秋開實錄館。座主大興朱珪領其事。擇儒臣二十八人奏爲纂修。運昌以新庶常獲與所僅見也。在館日屢被紗葛瓜果之賜。又內發摺疊扇。勅館臣之工楷法者分書之。運昌亦在選。散館。授編修。旋丁內憂。又體中多病。遂不復出。性落落。里居與曾會春、廖英、爲貧賤交。二人皆能詩。英早卒。運昌爲營墓山中。督工四十餘日不倦。執杵者皆感激。相勸用力。在京師、惟與同年蕭山湯金釗、高郵王引之、涿州盧坤、通州白鎔、桐城吳賡枚、武威張澍、為道義文字之交。歸里後。亦斷絕音問。數人中有持節來閩者。亦不通一刺。閉戶讀書。於醫卜堪輿之學。無不宣究。卒年五十有七。著難經發明。秋竹齋詩存。福州梁章鉅歸田瑣記　民國福建通志文苑

724　連江縣晉溫麻縣地。宋齊以後。為侯官縣地。唐置溫麻縣於此。尋改連江。清屬福建福州府。

宋　鄭思肖、連江人。字所南。一字憶翁。初名某。宋亡、改思肖。卽思趙。所南憶翁。皆寓意示不忘趙也。初以太學上舍、應博學弘詞科。會元兵南下。叩闕上書。不報。宋亡。隱居吳下。自稱三外野人。坐必南向。歲時伏臘。輒望南野哭。再拜乃還。工畫墨蘭。自易代後、為蘭不畫土。或詰之。則云為番人奪去。汝猶不知耶。終身不娶。浪游無定跡。疾亟。屬其友唐東嶼、為書一牌位。曰、大宋不忠不孝鄭思肖。語訖而卒。有詩文集。所言多種族思想語。其題嚴君平垂簾賣卜圖云。多是垂簾自養神。僅能了日卽安貧。不離忠孝談玄妙。豈是尋常賣卜人。至送吳山人遠遊觀地理序、及答

吳山人問遠遊觀地理書。辨陰辨陽。論山論水。引經據典。說理談玄。竟有一萬三千餘言。直是闡發郭璞之葬經。雖楊曾廖賴。亦無以過之。（所南詩文集）

清　章鼎、字子台。邑諸生。因族姓於連籍、從無領解者。聞贛州人多善青烏術。往師事焉。數年盡得其祕。歸卜築松嶺、又營三世坟。子姓始登科第。間爲親友擇善地。無不奇驗。謝以金不受。人多稱之。（乾隆連江縣志方技）

清　黃明莊、鶴嶼人。精風鑑。有優伶至其鄉。稔莊名。詣問之。莊一見顰蹙曰、噫殆矣。爾家何許。可速歸。見乃尊。遲恐無及矣。伶果於是夕暴卒。其侶反疑莊妖魘。將訴之官。莊罄貲爲殯殮。事始寢。由是忿悒。不復相天下士。且盡焚其書。（民國連江縣志方技）

清　游華、著有奇門圖注。補其自序云、奇門有二法。各家皆以九星順轉八卦。惟協紀辨方、以九星飛布九宮。反復推求。則順轉非。而飛布是。以九星飛布九宮。宮周而星亦周。恰好將星配宮。若以九星順轉八卦。卦周而星未周。不得不去星而就卦矣。池本理、奇門五總龜、有三元歌注解。蕪雜舛錯。閱者茫然。是以三元歌、至今解人難索。不得不舍法而取圖。今協紀辨方、僅備四圖。而三元歌無注。致飛布之法。不見用於世。余謹遵四圖之法一一補之。以爲用者捷徑。並補注三元歌合爲一書。名曰奇門圖注補云。（宣統福建通志子部術數類）

明

725 福寧縣（元置福寧州。明廢爲縣。復陞爲州。清升爲福寧府。屬福建省。民國廢。治所爲今福建霞浦縣。）

葉森、字廷茂。福寧人。精研天文地理醫卜之說。尤工詩。嘗著梅花百詠。宏治中、以貢生授肇慶訓導。與同僚游喬齊名。時稱葉詩游論。（民國福建通志高士）

清

726 霞浦縣（晉溫麻縣地。唐長溪縣地。元升縣爲福寧州。明初廢州爲福寧縣。尋復爲州。清升州爲府。置霞浦縣爲府治。福寧鎮總兵駐此。民國廢府存縣。）

黃瑞鶴、蜀西充人。由乾隆丙辰進士、知長樂縣。潛心古學。脫略事故。以此去官。囊空如洗。兼通地理。餬口漳泉間。福鼎令蕭克昌聞其淹雅。延爲山長。教授諸生。多所成就。（乾隆福寧府志流寓）

清

陳逢堯、字庚堦。竹江人。恩貢生。家貧力學。讀書、往往發前人所未發。尤深於易。醫筮堪輿諸書。精通底蘊。卒年七十有三。

清　吳可泮、號藻山。柘洋東源人。庠生。品學兼優。頗孚鄉望。尤精天文。以歷日酬世。所諏吉課神驗。遠近遵行。迄今傳五代。與泉州洪潮和相媲美。著有星象地理藏於家。以上民國霞浦縣志方技

727 廈門廳宋以前隸同安縣。曰嘉禾嶼。明始城廈門。設中左所。鄭氏於此立思明縣。淸收臺灣置廈門廳。民國改廳爲縣。復曰思明。人民善於航海。港深水靜。可泊巨艦。爲香港上海之中樞。外與南洋諸島。遙通聲氣。南洋貿易之要衝也。市肆多在本島西南隅。各國領事及諸局所。則在對岸之鼓浪嶼。有廈漳鐵路。西達龍溪縣。○明景泰二年辛未。紀元前四六一年。葡萄牙人來廈門。求通商。許之。我國與西人第二通商港也。淸道光二十年。南京條約訂定。開放爲沿海五口之一。貿易頗盛。輸出品以紅茶糖菸絲爲大宗。

明　蔡鼎、字可挹。號無能。晉江諸生。精易學。深明象緯。能知未來。出而走遍九邊。孫承宗、督師薊遼。徵鼎參謀。贊襄區處。數年安靜。帝賜號曰、白衣參軍。因疏陳魏忠賢之奸。觸怒潛避。莊烈帝卽位。命繪像訪求。復原職。辭。帝稱爲蔡布衣。見國患日深。發憤伏闕陳疏。極論邊事。與時柄鑿。竟爲所格。乙酉、唐王馳詔三聘。拜左軍軍師。值鄭芝龍跋扈。退隱入島。日從紀許國。尋幽選勝。仙洞虎谿間。遊屐折焉。乙未秋、自知死日。潔身憑几而卒。著有易蔡集解。萬遠堂稿。道光廈門廳志流寓

莆田縣
（隋置．尋廢．唐復置．故城在今福建莆田縣東南．宋徙今治．明清皆爲福建興化府治．盛產桂圓荔枝．）

宋　鄭樵、字漁仲。莆田人。博學強記。搜奇訪古。遇藏書家。必借留讀書乃去。初爲經旨禮樂文字天文地理蟲魚草木之學。皆有辨論。紹興已巳、以薦召對。帝曰、聞卿名久矣。敷陳古學。自成一家。何相見之晚耶。授右迪功郎。爲樞密院編修官。金兵犯邊。樵言歲星在宋。金主將自斃。後果然。高宗幸建康。命以通志進。會病卒。年五十九。樵居夾漈山。學者稱夾漈先生。（宋史本傳．清一統志興化府人物）

宋　林霆、字時隱。擢政和進士第。博學。深象數。與同郡鄭樵、爲金石交。林光朝、嘗師事之。聚書數千卷。皆自校讎。謂子孫曰。吾爲汝曹獲良產矣。紹興中、爲勅令刪定官。力詆秦檜和議之非。即掛冠去。當世高之。（宋史附鄭樵傳○皐按．本書所載閩縣林霆．與此莆田林霆．姓名雖同．而時代與事實迥異．蓋彼爲布衣．此爲進士．彼於理宗朝始召見．此於紹興朝即掛冠．前後相懸百餘年矣．）

明　陳昂、字雲仲。又號爾瞻。邑諸生。隆萬間、避倭難。攜妻子客南昌。旋愛匡廬。旅於九江琵琶亭側。以織草屨爲業。繼之以卜。得錢輒沽酒。復由楚入蜀。登峨眉。遍歷三峽劍門之勝。後卒於金陵。有白雲先生詩集、（光緒江西通志寓賢乾隆莆田縣志隱逸○阜按・陳昂賣卜秦淮河・卒於金陵・是以江蘇省上江兩縣志・亦載之耆舊・）

清　吳天民、字非予。莆田人。順治間布衣。讀書不遂。以星卜隱會城。士大夫多與游。所言禍福輒驗。自知死期。歸卒於家。林衡稱其詩、足以頡頏陶謝。曰、後有太史公當於司馬季主、嚴君平外、立佳傳云。（民國福建通志高士）

729 仙遊縣（漢冶縣地・唐初爲莆田縣地・尋析置清源縣・改曰仙遊・明清皆屬福建福州府・城瀕木蘭溪・物產頗富・商業亦發達・）

元　林雷龍、字口雨。隱士大有之子也。魁梧坦易。博通經史天文地理。貫穿融液。甚爲樞密陳韡所奇。（韡・音偉・華盛貌・）咸淳初、預鄉薦。仙遊寇起。逃難郡城北山。方應發檄爲參軍。遷莆田令。尋以宣教郎通判興化軍。至元改物、以治中署郡事。安集流離。震撼以定。年餘棄去。自號清逸處士。著有耕吟前藁。（明弘治興化府志文苑）

清　林蒙亨、字宿西。宋卿孫。兩舉於鄉。博通天文地理諸子百家。莆泉學者、多從之遊。王邁尤敬重之。後以子有之貴。贈朝請郎。（乾隆僊遊縣志文苑）

730 晉江縣陳南安縣地．唐析置晉江縣．在晉江之北．故名．城大於省城．其形如鯉．故曰鯉城．其初嘗環植刺桐．故又名刺桐城．明清皆爲福建泉州府治．清福建提督駐此．

明　丁衍夏、號雲浮叟又號適適生晉江人弘治乙丑進士儀之曾孫也。隱居清泰山。家貧不能蓄書。聞人所有必遠致之。自經史下逮陰陽占卜肘後靑烏悉究其大指山故有三十六洞。考圖經、偏索其處、裒爲志。有梅巖址沒矣索得之每風日清美。輒從樵人衲子、爲汗漫遊。世高之。民國福建通志文苑

明　鄭毓季、泉州海濱人。蕭然蓬荻。朝夕不給入郡城。托於祿命之業。寄居旅店。人知其治祿命而不知其工於詩。毓季之詩、於風得其趣。於雅得其體。於頌得其質。讀史談經。皆有意致。蓋賢而隱者也。著有鄭毓季詩何喬遠爲之序。

清　莊肇浤、浤．音宏．無舟涉水也．字騰伯。晉江人。家貧自得事父母誠孝竭致甘旨。性好施與。急人危困。爲詩多性眞語。以卜筮爲業。所占驗動輒奇中。遠近至者重繭踵接。自署曰下簾子。人亦以君平歸之。晚年清齋繡佛。持金剛經、楞嚴萬行。專謹。而世味澹然。所著有謙齋集。以上乾隆泉州府志藝術

731 南安縣 漢治縣地・三國吳置東安縣・晉改名晉安・隋又改曰南安明清皆屬福建泉州府・

清 黃士焵、字木生南安人。嘗掇武庠。棄弗就。復入晉江文庠。凡天文地理遁甲諸書。研究有得。値海氛不靖。防範布置。井里倚爲長城。有稔其才略者。招之不動。强之卽他遁。曾被山賊擄入寨。脅爲參謀。不從。夜逃歸。室已被焚。乃懸草室。徽論四字。托星卜自晦。談禍福輒中。占者踵至。以所得散給窮乏。或邀朋縱飲。手著竹溪逸稿五十餘編。皆身心切論、倣袁了凡、力行功過格。四十餘年不懈。臨歿數月前、自撰行略。預塡月日不差。子允肅、進士、官知縣。乾隆泉州府志藝術

732 惠安縣 唐晉江地・宋析置惠安縣・故城在今福建惠安縣東北・後徙於羅山之陽・卽今治・明清皆屬福建泉州府・

明 鄭仰田、惠安人。忘其名。以所居呼之。少椎魯。不解治生。父母惡之。逃之嶺南。爲寺僧種菜。僧復逐之。無所歸。號泣於野。有老僧遇之曰、吾遲子久矣。偕入山。授以靑囊壬遁射覆諸家之術。于是言皆奇中。遇人無貴賤。一揖而外。箕倨嘯傲。若不知有人。步行可逐奔馬。徧遊海內。嘗至京師。公卿皆重其術。爭延接之。有爲奸利

詭僻者。輒以微詞刺其隱。其人面發赤。不敢怒。惟懼其盡言。魏奄聞仰田召問休咎。仰田蓬頭補衣。長揖就座。時奄覽一方鏡。指以爲詢。答曰。四國一人也。奄大悅。贈以千金。出謂人曰。吾詭詞以逃死耳。向所占者乃囚字也。時有斷繩掛梁間。指示曰。魏其如此乎。未幾。忠賢縊死。（乾隆泉州府志藝術）

明

733 安溪縣（陳隋、南安縣地。五代南唐、分置清溪縣。宋改曰安溪。明清皆屬福建泉州府。）

潘景、字愼熙。號緝寰。留山人。生嘉靖年間。博覽外書。尤精於星曆堪輿。隱居敎授。人仰春風。嘗著有地理等書。（乾隆安溪縣志技術）

清

李光地、字晉卿。號厚菴。安溪人。順治壬辰、成進士。選庶吉士。授編修。乙未、乞假在籍。丙申、耿精忠反。置疏蠟丸。間道、陳破敵策。又言施琅、習海上形勢。可重任。用其言。遂平臺灣。累官直隸巡撫。文淵閣大學士。康熙戊戌卒。年七十七。謚文貞。撰周易通論。於占筮挂扐正變。環互無不條析其義。又有周易觀彖大旨。尙書解義。洪範說。曆象本要。古文精藻。榕村全集等書。（清史稿本傳及藝文四庫經部易類六。○嘯亭雜錄云。噶爾丹叛。時仁皇命李文貞公占易。得復之上

六、文貞變色、仁皇笑曰、今噶爾丹背天犯順、自蹈危機、兆乃應彼、非應我也、因立下親征召、果大捷焉、

清　李清時、字授侯、安溪人、大學士光地從孫、乾隆壬戌進士、選庶吉士、授編修、累官山東巡撫、長於治水、精經濟義理之學、尤深於易、所纂有周易經義合編、朱子語類或問、著蠶書、汎膈約言、治河事宜、又旁通堪輿家言、能得前人祕奧、人莫能窺其蘊也、清史稿本傳錢儀吉碑傳集乾隆朝督撫上之下

清　王嚴龍、登康熙丙戌武進士、任江淮中軍守備、居官鎮靜、頗嫻文墨、會同事激兵鼓譟、免歸、著卜筮方書七十二卷、詩韻解十卷、乾隆安溪縣志仕蹟

清　白美振、安溪人、為諸生、善屬文、兼精青烏家言、相度修治、改設門樓、自是令多遷擢、年九十六、兩膺恩賞、

清　周士長、安溪人、居燕岫傍、涉獵奇書、精堪輿、尤善風鑑、李光地未第時、決為宰輔、後果驗、光地為題贊其像、年八十四卒、以上乾隆泉州府志藝術

734　馬巷廳在福建同安縣東南三十五里、接南安縣西南界、為往來之衝、清時泉州府、通判照磨駐此、今改置縣佐、亦作馬巷鎮、

清　洪伯壽、翔風柏埔人。得祕傳。究陰陽妙理。凡選擇所用日辰生尅制化。別有精妙。乾隆戊子、同安重修聖學。邑令用以選擇。衆術家莫能及。（光緒馬巷廳志方技）

735　同安縣（漢冶縣地。晉安縣地。陳隋及唐。爲南安縣地。五代王閩分置同安縣。明清皆屬福建泉州府。）

宋　蘇繹、字謀甫。同安人。頌之叔。年十七舉進士。以病臂不克赴試。遂棄詞業。專精文史陰陽星曆占筮術數。百家之言。靡不精造。善推考人生年月日時。以五行星數參驗休咎。合若符要。（宣統福建通志高士）

清　洪潮和、字元池。精通星學。著通書。濱海數十郡及外洋。無不購之。子彬海。能習父業。（同治同安縣志藝術）

清　施瑚璉、字文璉。同禾人。精麻衣法。言休咎輒驗。常渡、指一舟子曰、此兒不逾臘矣。比返臘且終。無恙。舟子責其誣。施曰、待爾飲屠蘇酒不死。然後言。越日其人竟溺於海中。又有司馬沙某、既罷官。施於旅邸見之。曰、公三年後當位方伯。已而果然。召置幕下。使時觀氣色。忽一日凌晨。謂沙公三日內應有猶子之喪。未幾果得

凶訃。其言屢中有如此。民國同安縣志方技

736 德化縣 唐尤溪縣地．五代王閩置德化縣．清屬福建永春州．

宋 陳朗、字子彝。楊梅中人。遇仙授以草履。受而著之。行疾如飛。百里立至。精察地理。擇其家之當發達者。爲之造葬。輒驗。邑中稱爲陳朗仙。今葛坑山石土、有陳仙跡。

清 李興禹、字簡軒。藍田人。少孤。力學。以二親未葬。往游江西。習地理。得楊廖之傳。歸。遂善相塚。以上乾隆德化縣志方技

737 龍巖州 漢冶縣地．晉新羅縣地．隋龍溪縣地．唐置新羅縣．改曰龍巖．清雍正十二年．升爲龍巖州．直隸福建省．民國改爲縣．縣南有高巖如屋．其石壁有紋如龍．頭角鱗鬣皆具．故名之曰龍巖．地當翠山之中．形勢甚爲扼要．產紙木植茶葉甚富．

宋 葉琇卿、龍巖人。精堪輿術。龍巖學宮。肇建城東。旋遷於溪南。宋建炎間、後移東關外。開禧丙寅。琇卿擇地今所。請於縣尹趙汝勉而改建焉。自是文明大啓。人材輩出。形家以爲應學宮離明之象。琇卿相度之功不可沒云。

清　章貢雲、字芳修。龍巖人。邃於星術陰陽五行醫卜等書。無不討源溯流。窺其蘊奧。壯年浪跡雲游。適元旦、在湘江舟中見日蝕。忽大悟。知張果老看宮度之謬。遂自號爲番果老。尋遊京師。往來公卿間。名宿多爲折倒。著有番果老集。卷帙甚夥。惜無傳人。蠹朽之餘。惟存名理星案二卷。其中附著羅經奇門脈訣諸篇。自謂獨出已見。非勦襲臆說。康熙間、僑寓都門十餘年。受業者幾遍海內。以上道光龍巖州志藝術

738　長汀縣晉置新羅縣・宋以後廢・唐置長汀縣・明清皆爲福建汀州府治・

清　蔡承謙、字舉元。世居宣河蔡家莊。生質穎異。幼業儒。洞澈易理。遂精堪輿。目窮千里。推測皆符應。故人稱爲神仙。著有博古集、知來集、龍穴砂水辨作法總訣等書。

清　羅德龍、號明軒。監生。世居宣河塘背。爲人質直好義。少業儒。長習天官家言。遊通都。遍訪名師。得中西祕法。名振江廣。四方諏吉者目不暇給。子姪聯章輩。猶世其業焉。以上光緒長汀縣志方技

739 寧化縣（唐初沙縣地．後置黃連縣．改曰寧化．故城在今福建寧化縣東．宋徙今治．明清皆屬福建汀州府．）

明　魯軻、字景立。得游僧授法遁甲。嘉靖丁巳、廣賊顧子傳作亂。知縣邵道南、委軻捍禦。半月間賊擒亂平。或請其術。軻謬應曰、本無術。偶中耳。雖子孫無傳者。

明　謝憲時、字用周。居翠華山麓西城之偏。按八陣圖。究三奇五遁之術。著書二卷。皆有圖列。思有所用之。又按用天度、作四大洲圖。視古今所著、各有差別。書成冀遇勝人商之。乙丑病劇。卒年三十八。（以上同治寧化縣志逸行）

清　伊元復、字順行。寧化廩生。淹貫經史。泛及天星堪輿醫卜禽遁諸書。詩文極典雅。同鄉李元仲、黎愧曾、交推之。國初詔舉鴻博。儀封張撫軍、檄郡伯、造廬徵之。以疾辭。所著有焦桐集。（□□汀州府志文苑）

740 上杭縣（唐龍巖縣地．宋分置上杭縣．故治在今福建上杭縣東．後屢移徙．最後遷今治．明清皆屬福建汀州府．）

清　鄧天林、潛心經史。深通奇門遁甲之術。順治初、鄉里未靖。有弟為賊掠去。天林潛至其營。默授弟以時日。遂逃歸。著易義數卷。今佚。兼精堪輿。自號休休者言。（周治

鎮江李鴻澤校

曾文正公滌生家書。「諭紀澤、研究天文學。」字諭紀澤、二十五日、寄一信。言讀詩經注疏之法。二十七日、縣城二勇至。接爾十一日安禀。具悉一切。爾看天文。認得恆星數十座。甚慰甚慰。前信言五禮通考中。觀象授時二十卷。內恆星圖。最爲明晰。曾繙閱否。國朝大儒於天文歷數之學。講求精熟。度越前古。自梅定九、王寅旭、以至江、戴、諸老。皆稱絕學。書皆不講占驗。但講推步。占驗者、觀星象雲氣。以卜吉凶。史記天官書。漢書天文志是也。推步者、測七政行度。以定授時。史記律書。漢書律歷志是也。秦味經先生之觀象授時。簡而得要。心壺既肯究心此事。可借此書與之閱看。五禮通考內有之。皇清經解內亦有之。若爾與心壺二人。略窺二者之端緒。則足以補余之缺憾矣。

上杭縣志藝術

歷代卜人傳卷三十三終

中國歷代卜人傳卷三十四

潤德堂叢書之八

鎭江袁阜樹珊編次

福建省二

741　永定縣唐龍巖縣地。宋上杭縣地。明分置永定縣。屬福建汀州府。

清　廖冀亨、字瀛海。永定人。康熙庚午、舉人。戊子、授江蘇吳縣知縣。値歲旱。留漕賑饑。不足。自貸金易米以濟。士人感其誠。相率捐助賑以無乏。吳中賦額甲天下。縣尤重。冀亨減火耗。用滾單。民皆稱便。知收漕弊多。拘不法者重治之。凡留難勒索。踢斛淋尖高颺重篩諸害。掃除一清。太湖中、有蘆州或墾成田。或種蓮養魚。官吏輒假淸丈增糧名、以自利。冀亨曰、湖蕩偶爾成田。未可久持。今增其賦。朝廷所得幾何。而民累無盡期。一無所問。初冀亨蒞任時、有吳人語之曰。吳俗健訟。然其人兩粥一飯。肢體薄弱。凡訟宜少准速決。更加二字曰從寬。冀亨悚然受之。收詞不立定期。民隱悉達。嘗自謂訟貴聽。聽之明、乃能速決、而無寃抑。在吳三年。非奸盜亘猾。行杖無過二十。蓋守此六字箴也。有庠生。授徒鹽商家。自刎死。勘得實。或有誘其受賄者。冀亨無所避。釋鹽商勿罪。冀亨既有聲於吳。他縣疑獄。往往令推治。會有宜興知縣。誣揭典史、故勘平民爲盜。刑夾致死。冀亨奉檄按驗。知縣者總督噶禮之私人也。或告宜稍假借。冀亨不爲動。檢踝骨無傷。原揭皆誣。獄上。噶禮屢駁詰。再三審。卒如冀亨議。以是忤總督。時巡撫張伯行、以清廉著。深契冀亨。布政使陳鵬年、尤重之。而噶禮不懌於伯行。（懌。音譯。不悅也。）尤惡鵬年。庚寅、鵬年被劾。並及冀亨。以虧帑奪職。（帑。湯上聲。金幣所藏之府也。）逾年。噶禮敗。冀亨始復原官。以病不赴選。遂賣卜蘇城。籍星平餬口。別號平江舊吏。又號青溪逸叟。著有求可堂自記。求可堂家訓。及天官五星正傳八卷。子平集腋六卷。雍正戊申刊行。及卒、吳人祀之百花書院。歿後家留於吳。入籍嘉定。曾孫文錦、嘉慶辛未進士。由翰林出爲河南衛輝知府。有惠政。祀名宦。文錦子惟勳、道光癸巳進士。亦由翰林爲貴州鎮遠知府。撫苗有法。

終貴陽府。清史稿藝吏傳子平集腋序○平江舊吏子平集腋自序云・龔輯天官五星正傳八卷・自以爲深得天官之祕・乃即六家五星參究之・解終不能歸一・故未敢梓以問世・邇年縶困蘇城・借星平餬口・因五星解多歧出・益取子平諸書・細加詳繹・始知子平之理・確有把握・較之五星・尤爲深奧・無論造物本體・器宄根基・八法關鍵・五氣開端・其理未易測度・即就日干以看體象・年干以觀統攝・同氣以辨淺深・時座以定權衡・再就干以察所坐支神・就支以審所載干物・專就天干・以論生尅制化・專就地支・以取刑衝破害・又合天干以別去留舒配・而支干互乘・錯雜紛紜・其格其用・已千變萬化・而莫可窮極矣・況擴而充之・逢六則合・於合而知化氣・逢七則衝・於衝而知天地窮數・逢十則刑・於刑而知天道惡盈・至於歲前馬前諸神煞・莫不各出於數・莫不各出子平之干支・而六神雜格・以及諸外格・皆干支之變化・即子平之神妙・蓋五星之理・已備於八字中矣・○阜

按・清史稿藝文術數類・命書之屬・載廖冀亨・撰五星聚腋十卷・續編一卷・殆即子平集腋六卷之誤・

清　廖鴻章、字羽明。號南崖。永定人。乾隆進士。官檢討。著有南雲書屋文集。郭侍講鳳池肇鑛、以艱歸。服既闋。諸要人俱寄書促其行。束裝有日矣。過其同年友鴻章。以行期商之。鴻章素精子平之學。爲推步畢。驚曰。一年之內。愼勿入都。若入禍且不測。盡一年則無害矣。郭猶豫未決。後促者踵至。且聞聖意嚮用甚隆。遂買舟而北。塗次某鎮。姻家邀之飲。郭已有酒所。而此家復強之。其地觴政甚虐。不飲如韋昭者。亦必以巨觴沃之。是日、郭酣醉過度。歸至舟中。憊甚。延醫無及。及旦而卒。清阮葵生茶餘客話

龍溪縣晉晉安縣地，南朝梁置龍溪縣，明清皆爲福建漳州府治，清漳州鎮總兵駐此，其地以印泥漳絨著名，糖業尤盛，由廈門輸出爲一大利源，並有漳廈鐵路，通鼓浪嶼對岸之嵩嶼。

宋　康庶、字達先。家貧。博覽經史。通邵氏數學。善觀天文占休咎。郡守欲以學職延之。不受。生平一介不妄取。隱居名第山。果實有生者。皆預知其數。一日自題於壁云。某日太守至。及期傅伯壽果至。嘗謂人曰、某日朝廷有變。既而光宗遺詔至。又曰、庚午詔、鄉里不薦士。其年場屋不靖。所言無不驗。

明　林存祥、善醫術。用藥不拘方類。推詳性味而變通之。凡經其治療者多愈。其星命亦多奇中。以上乾隆龍溪縣志藝術

明　黃鍾選、字公乾。諸生。國變後。賣卜京中。得錢即召鄰里痛飲悲歌。所作詩、祕不示人。

明　張士楷、字端卿。幼穎異。稍就外傅。即通星緯學。爲詩歌古文詞。超然獨往。會鼎革。父與季父、偕隱丹山。士楷乃一意屏棄舉子業。潛心性命之學。以主敬爲根本。嘗謂精一之傳。九思盡之。作九思注錄。太極圖說。定性書。西銘敬齋箴。各爲題詞。

參曲禮內則小學諸書。爲敬學科條。務合天則。而不苦於拘攣。以授學者。爲言行準。漳南學者爭師之。嘗託賣卜遊郡市中。意有所觸。亟還山。遂杜門不出。晚歲不屑屑文藝。然文益深造。詩直逼少陵。凡天文地輿曆律。無不覽。卒年四十有七。

清

藍斌、字郁人。號文菴。繼善仲子。九歲通六經、史記、左氏傳。以能文見稱。比長。益刻勵。理學經濟。諸子百家。以及天文地理。禮樂律曆。韜鈐行陣。奇門星卜諸書。靡不講究。欲以措諸世用。爲邑諸生。數下第。父笑謂曰、人生何必科名。學聖賢焉足矣。汝讀書太博。宜專講求理學經濟。教授生徒。初臺灣未靖。閩督姚啓聖、駐漳籌海。設修來館。以招攜鄭氏將士。凡歸誠者、無貞贋皆納之。視其才可用。實授以官。有薦斌於姚者。大悅。將附入歸誠。例授官。斌辭。同邑黃太常某、時參姚軍事。以此重斌。延禮於家。俾族子受業焉。繼善嘗言王仲淹、爲晉宋隋唐數百年間第一學者。無師無友。崛起塵濁之際。可不謂豪傑之士乎。中說大有意思。天生此才。不予之壽。亦獨何哉。隱以自況也。後果不永年。子鼎元。以上宣統福建通志高士

743 漳浦縣漢治縣及揭陽縣地。晉分置綏安縣。隋併入龍溪。唐改置漳浦縣。兼治漳州。即今福建雲霄縣治。尋移李澳川。即今治。徙州治龍溪。以漳浦爲屬縣。明清皆屬福建漳州府。

唐

黃矩、字妙應。莆田人。從譚空禪師落髮。攜一小杖入西院。院僧數百人。皆染時疾。師以杖次第點之立起。閩王異之。賜號慧日禪師。景福壬子、肇建興敎寺、及法雲塔。生平精地理。著有傳山經行世。康熙漳浦縣老人物

明

黃道周、字幼元。一字螭若。螭。音癡。舊說若龍而黃無角。亦作彲。漳浦人。天啓壬戌進士。崇禎中、官至少詹事。明亡後。爲唐王聿鍵、禮部尚書督師出婺源。師潰。被執不屈死。事績具明史本傳。乾隆乙未。賜謚忠端。撰有三易洞璣十六卷。蓋約天文歷數歸之於易。其曰三易者。謂伏羲之易文王之易孔子之易也。洞璣者。璣衡古人測天之器。謂以易測天。毫忽不爽也。一二三卷、爲伏羲經緯上中下。卽陳邵所傳之先天圖。四五六卷、爲文圖經緯上中下。卽周易上下經次序。七八九卷、爲孔圖經緯上中下。卽說卦傳出震齊巽之方位。十卷十一二卷、爲雜圖經緯上中下。則雜卦傳之義。十三卷、爲餘圖總緯。則因周官太卜而及於占夢之六夢。眡祲之十煇。眡。音嗜。與視通。以及

後世奇門太乙之術十四、十五、十六卷、爲貞圖經緯上中下與雜圖相準有衡有倚有環衡者平也倚者立也環者圓也其自述曰、夫子有言書不盡言言不盡意。史稱其歿後家人得其小册自推終於丙戌年六十二則其於彰往察來之道蓋非徒託空言者。（明史本傳四庫提要子部術數類一）

744 明 長泰縣（隋南安縣地・五代南唐・分置長泰縣・明清皆屬福建漳州府。）

林廷擢、字元功崇禎末諸生、善堪輿明亡足跡不至市闤惟以著述爲事有地理新解。（宣統福建通志子部術數類）

745 明 平和縣（元南靖縣地・明析置平和縣・明清皆屬福建漳州府・）

卓晚春、字上陽自號無山子有神算能知未來事蓬頭跣脚而身材短小不知何許人嘗居莆莆人呼爲小仙與小溪張美、相友善共居芝山寺寺僧見其醜多狎侮之會郡守欲到寺修齋上陽乃潛臥香几下忽蟲從竅出臭穢不堪寺僧苦之慌告張美美往呼立應有異香噴出鼻間大笑而起郡守奇之延之署中問事

不答。但示以意事後皆驗。又時際端午。人競龍舟上。陽見之。歌曰。樂兮樂兮。樂極哀生。人以爲狂。俄而舟覆。光緒平和縣志方外

746 詔安縣 唐置懷恩縣。尋省入漳浦縣。明析置詔安縣。取南詔靖安之義。屬福建漳州府。清因之。

明　吳朴、字子華。初名雹。貌不揚而博洽羣書。於天文方域黃石陰符之祕。無不條析。康熙詔安縣志人物

747 海澄縣 南朝梁以後。爲龍溪縣地。明割龍溪及漳浦縣地。置海澄縣。屬福建漳州府。清因之。

清　詹明章、字莪士。號兼山。海澄人。生於明季。入清、隱居不出。精於河洛之學。魏荔彤守漳郡。築景雲樓以優禮之。康熙末卒。年九十三。著有易義及河洛解等書。

清　張德春、字敬之。中歲遊庠。精祿命書。談多奇中。宮保壯毅許公素相善。雍正壬子冬。於朋儕坐處。聞許公病。泣然流涕。坐客問故。曰、許公星命難涉冬月。今聞其病。恐不能起。不禁爲之涕下也。後竟如其言。生平兼通醫理。測星命。能知人病症。秋闈省試。朋儕有病。皆爲之急。其篤於友義如此。

清　吳邦基、字暢侯。海澄庠生。乾隆間、徙居龍巖之王莊村。精堪輿。博通羣說。著玉函輯要三卷。分天元、地元、人元。凡羅經理氣形體及陰陽架造諸法。頗爲詳備。刊行於世。

清　黃懷人、少失怙恃。撫弟妹。篤念鞠哀。年四十餘。始授室。族有二寡母。孤貧無依。懷人迎養之。數十年不懈。宮保壯毅許公提師廈島。旌以匾曰、孝友可風。居恆嘗習青烏家業。不甚以福利惑人。凡所卜葬及識別多徵應云。（以上乾隆海澄縣志方術）

748 南平縣（漢末置。晉改曰延平。故城在今福建南平縣西南。五代時閩王延政。置龍津縣。南唐改置劍浦縣。元復改曰南平。明清皆爲福建延平府治。地當閩江上游諸溪之會口。爲西北衝途。溪流來自山峽中。至此方漫爲平流。東達閩海。）

清　樂斌、字文先。究心河洛易旨。尤邃於三式五戊之學。當耿逆襲爵時。斌弘語其徒曰、歲甲寅、必有變。我亦遭其迫脅。然不能爲害也。後果如其言。逸歸。又嘗於萬福精舍、落成後。斌占某年月、當有七命橫死。康熙辛未、有傭人暮置毒僧飯。被害者五。懶誰、別山、二僧老病。飯隨嘔出。二犬食之而斃。其奇中每如此。所著有古今太乙紀鑑子雲鶚、亦能守其傳。

清　謝震、字御六、邑庠生、師事樂斌、盡得其傳、預知休咎、嘗爲施中營葬下山、即自題云、行年五十五、河圖數有阻、今朝一別後、誰與分今古、所著有河洛理數三卷、七律梅花詩百首同韻、又有天馬記傳奇。以上民國南平縣志方技○阜按、此與光緒江蘇武進陽湖縣志藝術、所載之謝震、字羣青者固異、與福建侯官縣所載謝震、字甸男、乾隆己酉舉人、尤有區別、觀於師事樂斌一語、即知此謝震、字御六、爲康熙朝人也。

749 延平縣後漢末置南平縣、晉改名延平、南朝宋省、故城在今福建南平縣西南。

宋　池惠師、延平人、垂簾賣卜、人皆欽仰、嘗謂世之陰陽家流衆矣、然論五行者外星數、譚星數者或以五行爲迂、予蓋兼而通之、以推世人之禍福休咎、故無不中焉、眞文忠公德秀曾撰文贈之、亦可見其學有本原也。眞文忠公集送池師惠序

750 永安縣唐沙縣尤溪二縣地、明析置永安縣、屬福建延平府、清因之。

明　鄧華山、永安五港人、精形家言、明景泰年間、縣凡建邑立學築城開市、皆其指畫、事竣、大吏免其子孫差徭。徭音遙役也古力役之征

明　高平川、永安人。精星術。得雲谷道人斷袁了凡意葉臺山、李九我、二公。微時、川與語。二公駭之。己而二公入相。言皆驗。每憐其貧。諷令以子小就一職、爲祿養。川曰、寧日不再食。勿以薄分辱名器也。李益重之。年八十。卒於郡郊四鶴橋。不能舉殯。適葉馳驛至。爲賻喪具。賻、音附。以財助喪儀也。

明　馮繼功、永安人。精堪輿禽遁。明末、山寇竊發。功臨卒、作讖語云。木雞空有燬火冢定無遺。及乙酉、邑大災。丁亥城陷。人皆謂其言之驗。有手輯遁甲諸書藏於家。

以上乾隆延平府志方技

751　建州唐置。改曰建安郡。尋復曰建州。宋曰建州建安郡。升爲建寧府。故治即今福建建甌縣。

五代　吳翁、建州人。以卜隱於五夫里。先是有張陳二將者、以事奔南唐。天德時、天德、乃五代時閩王延政年號。從唐師攻建州。屯軍於其地。召翁占之。翁曰吉。未幾、天德帝降。二將班師。道復經五夫里。召翁與語。因名其山曰居賢山。謂翁曰、吾欲棄人間事。與公爲林泉交。可乎。翁乃爲二將卜居於山旁。學長生久視之道。後皆百餘歲而卒。今其地

猶稱曰將軍巖。宣統福建通志高士

明　熊汝嶽、字宗岩、精堪輿術。萬曆戊午間、著有報德肯綮、羅經解二書。羅經解新安吳天洪序

752　建安縣後漢東候官縣地。孫策於建安初。分置建安縣。卽以年號爲名。明清時。與甌寧縣並爲福建建寧府治。民國廢府。并二縣爲建甌縣。

宋　黃晞、字景微、年少時、以有道稱閩中。晞學無不通。尤游心春秋周易。其說以左氏凡例。得聖人之微。鄭康成象數。極天地之蘊。學者校量攻擊。莫能窮奧窔也。嘗倣論語法言、著書十篇。發明聖賢道義之隱微。與古今治理得失。自題曰聱隅子、欷歔瑣微論。景祐中、年四十矣。始隨鄉貢至禮部。俱以後時不得與試。歎曰、老大不偶。豈能復從諸少年場屋間乎。然欲閱天下義理。觀未見書。當居京師。遂僦舍僻處。而士子競造其門。樞密使韓琦、表薦之。詔授太學助教。致仕。嘉祐二年丁酉、無疾卒於僦舍。囊無餘資。惟蓄書數萬卷。晞子、挈櫬載遺書返。不能歸。稾殯於江都揚子寺後圃。晞交遊故人。因共爲復土。就葬其地。江都宰羅適。爲作聱隅先生祠堂。而請蘇頌記之。建安縣志儒林

宋　滕峻、字兩華。歲貢。性至孝。事母曾氏。承歡無所迕。居孔道。兵猝至。峻負母逃深山。宅毀傷不顧。曰、吾得母無恙足矣。叔早逝。遺一女。峻視若同懷。竭其產奩之。而一無所私。建安學久燬。爲白當事。糾同志、竭力經營。學落成。好鼓琴賦詩。及作古文詞。旁通象緯地理岐黃。又好奬士類。家有館曰天遊。延名師教子弟。親友來學者。飲食敎勉之。子弟多賢肖。同學亦皆成名。去年八十。屢舉鄉飲不赴。尋卒。（建安縣志孝義）

元　雷德潤、字志澤。一名逢辰。學邃於易。旁通諸子。及律曆術數之學。舉明經。歷除福州路教授。撙節租入。崇建殿宇。及買田立義莊。以贍士。調長樂主簿。卒。（建安縣志文苑）

明　林浤、（浤・音宏・浤浤海水騰湧貌・）字澹若。建安人。徙居福州。廓落負奇氣。精壬遁家言。旁及青烏岐黃鑑別書畫金石。崇禎癸酉、曾巽撰、李世熊、鄉試報罷。二人露不平色。浤慨然曰、丈夫何恨於此。卽捷兩闈魁天下。不循格例。卽阻門籬。候得志乘權。而天下事去矣。丈夫挾尺劍囊矢。伏闕下。片言移人主意。卽長萬夫。灑多壘之辱。與天下更始。功成身退。尋故水故邱。釣遊以老。斯可哉。浤卽以是年應武試。舉於鄉。三應會試不第。甲申、流寇陷全秦。逼畿甸。浤叩閽上疏曰、臣昧死。痛國家用武三十年。曾無一人知兵。能操分合之變者。名州大郡。畫疆雌守。後不救前。左不顧右。使賊常合而我分。賊主攻而我守。備多力分。無戰而屈。今不反此。幾幸堅壁以待賊衰。是肉餧豺狼而覗其飽僵也。今賊志驕滿。竊據城邑。復深入中原。東欲牽我邊勁。南欲阻我飛輸。則賊不得不分。而我勢固不得不合。臣愚謂當急掣三邊近鎮精銳。合爲虎旅。直搗賊窟。擇知兵之將。一軍軍臨淸要地爲犄角。以護糧道。一軍軍太原要地爲批擣。以遮雲谷之項脊。臣願假一旅、隨地觀變。出奇重突。使賊情疐跋。我勢率然。舍此不爲。直候寇黨渡河。烽交畿甸。臨時集兵以禦之。則旁午披露。事不忍言。疏上、帝壯之。下部議。格不行。未踰月、而都城陷。浤歸。乃絕口不言天下事。會兵燹之餘。閩大苦疫。浤市藥治方。躬自診視。存活者無算。以此終老。

明

黃生、字宗道。建安人。祖某、仕元爲建寧路總管。生四歲、能誦詩。長而博通諸書。長於易。陰陽卜筮。醫藥雜說。亦皆涉獵。闢一軒。多藏古書名畫。軒前植竹數百竿。

日焚香兀坐其中。以吟咏自娛。或勸之仕。曰、自顧何所取材。且幸有田園足仰事俯育資矣。有舉其材於吏部。檄下。引疾歸。以上宣統福建通志高士

清　任元衷、字上昇。博學能文。爲諸生時。尙氣節。淹通經史。尤精周易洪範。明末、隱于家。不通賓客。著易鏡天文考邊志明紀全錄若干卷。卒年八十有三。建安縣志隱逸

753　甌寧縣宋置・明清時與建安同爲福建建寧府治・民國幷建安甌寧・爲建甌縣・

明　謝純、字梅歧。甌寧人。性聰穎。能文章。善畫。諳兵法星占。正德舉人。仕爲海州守。倣造木牛流馬。一鞭可行數十步。邑人奉若神明。卒以淸廉、爲上官所嫉。遂致仕。建安縣志文苑

754　建陽縣漢・治縣地・三國吳・置建平縣・晉改曰建陽・隋省・唐復置・宋改曰嘉禾・元復曰建陽・明清皆屬福建建寧府・

宋　蔡元定、字季通。建陽人。游於朱子之門。慶元中、僞學禁起。坐黨籍。竄道州。卒於謫所。後韓侂冑誅。侂・音託・寄也・追贈迪功郎。賜諡文節。元定之學。旁涉術數。而尤究心於地理。所著發微論一卷。大旨主於地道一剛一柔。以明動靜。觀聚散。審向背。觀

雌雄。辨強弱。分順逆。識生死。察微著。究分合。別浮沉。定淺深。正饒減。詳趨避。知裁成。凡十有四例。遞爲推闡。而以原感應一篇明福善禍淫之理終焉。蓋術家惟論其數。元定則推究以儒理。故其說能不悖於道。如云水本動。欲其靜。山本靜。欲其動。聚散言乎其大勢。向背言乎其性情。知山川之大勢。默定於數理之外。而後能推順逆於咫尺微茫之間。善觀者以有形察無形。不善觀者以無形察有形。皆能抉摘精奧。非支離誕謾比也。地理大全、載有此書。題曰蔡牧堂撰。考元定父發、自號牧堂老人。則其書當出自發手。或後人誤屬之元定。亦未可知。然勘核諸本題元定撰者爲多。元定又著有大衍詳說。皇極經世太玄潛虛指要。八陣圖說。朱子爲之序。（宣統福建通志子部術數類舊注云。詹體仁撰蔡發墓表。發書名地理發微。或別是一書。宋史儒林四庫總目術數類。）

宋　蔡淵、字伯靜。元定子。號節齋。清修苦學。有父風。躬耕不仕。邃於易。著有周易訓解。易象意言。（宋史儒林附元定傳總目術數類）

宋　蔡沈、字仲默。少師事朱熹。熹晚欲著書傳。遂以屬沈。洪範之數。學者久失其傳。

父元定、獨心得之。然未及論著。曰、成吾書者、沈也。遂成書經集傳。洪範皇極內篇。發明先儒之所未及。從元定謫道州。父子相對。常以義理相怡悅。元定歿。徒步護喪還。屢薦不就。隱居九峯。學者稱九峯先生。明代追謚文正。（同上）

明　徐之謨、字試可。建陽人。萬歷中諸生。撰有羅經頂門鍼二卷。是書專論指南鍼法。以當時堪輿家羅經之制。僅主二十四向。而略先天十二支之位。爲非因著論詳辨。復繪之爲圖。分三十三層。各有詳說。後附圖解一卷。其門人朱之相所作也。（四庫全書術數類存目二〇又刪補地理天機會元三十五卷・）

明　熊宗立、字道軒。從劉剡學。陰陽醫卜之術。撰天元雪心二賦注。洪範九疇數解。金精鼇極。難經脈訣。藥性賦補遺。素問運氣圖括定局。並集婦人良方等書行於世。（四庫子部術數類存目一又醫家類存目民國建陽縣志方技）

755　浦城縣（漢・東候官縣地・建安初分置漢興縣・三國吳・改曰吳興・隋省・唐復置・改曰唐興・武后改曰武寧・尋復曰唐興・又改曰載興・五代同光中・始改浦城・明淸皆屬福建建寧府・）

宋　楊億、字大年。浦城人。年十一。太宗聞其名。詔送闕下。試詩賦。授祕書省正字。後賜進士第。眞宗時、兩爲翰林學士。累官工部侍郎、兼史館修撰。卒年五十七。億天性穎悟。自幼及終。不離翰墨。文格雄健。尤長典章制度。勅與王欽若等纂册府元龜一千卷。所著有括蒼武夷等集。億又得錢若水之傳。精研相法。故當時稱此二人有知人之鑑。仲簡、揚州人也、少習明經。以貧傭書大年門下。大年一見奇之。曰、子當進士及第。官至淸顯。乃教其詩賦。後簡果於天禧中、舉進士第一甲。官至正郎、天章閣待制以卒。謝希深、爲奉禮郎。大年尤喜其文。每見則忻然延接。既去則嘆息不已。鄭天休在大年門下。見其如此。怪而問之。大年曰、此子官亦淸要。但年不及中壽耳。希深、官至兵部員外、知制誥。卒年四十六。皆如其言云。（宋史本傳、圖書集成相術部紀事）

宋

鄭瑞、字彥祥。浦城人。精堪輿之術。眞文忠公爲文贈之。有云、始余謀窆吾親。及更窆吾兄、若吾婦氏。挾圖書。矜技能。以登吾門者。無慮什伯數。卒之營吾親之封於銀山之麓者。彥祥也。遷吾兄若吾婦氏之柩於屏山之陽、桐山之塢者。又彥祥也。邑之士聞之、曰、偶然爾。彥祥聞之。亦笑曰、是誠偶然也。歸吾求之而弗獲。獲之而弗吾售者。雖自以爲功。得乎。夫既幸而獲之。又幸而主人惟我之聽。而吾之術得用焉。此非偶然何哉。因自號曰偶然居士。眞文忠公集送偶然居士序

宋　歐陽可夫、以聽聲法觀人。百不失一二。眞西山先生、曾贈序勉之。其言曰、客有問余曰。聽聲與相形。異乎。予曰、人之類、一也。而哲愚、豐悴、修夭、有萬之不同者。氣也。氣有清濁。故爲哲愚。氣有盈縮。故爲豐悴。氣有深淺。故爲修夭。相形者因形以察。之聽聲者因聲以察之。術雖不同。其求之氣一也。雖然、觀人之高低。猶覘師之勝負。吹律而知之者。上也。望車旗、視行列而知之者。次也。求矜著者易而察諸微者難。此聽聲之所以爲妙歟。然則因聲而觀人。其得於天者。舉不可易乎。曰、死生有命。富貴在天者。數也。惟聖罔念作狂。惟狂克念作聖者。理也。數不可以力而勝。理可以學而明。孟子曰、居移氣。養移體。氣體猶可移。性其不可以復乎。故夫富貴貧賤。不安於定命而求以易之者。惑也。剛柔明闇。安於所稟。而不求有以勝之者。賊也。可夫術神而辭辯。有問者以是語之。庶乎其有益。客曰然。退筆之、以爲送歐

陽處士序。（眞文忠公文集）

宋　華仁仲、工相善弈。眞文忠公德秀、贈以序云、華仁仲、以相與弈。遊縉紳間。或誚之曰、夫二者於工爲賤工。於技爲小技。子、書生也。而胡此焉嗜。仁仲笑曰、子徒知吾技之小。而未知吾法之妙也。且子亦識其所自起乎。洙泗於人。察其所安。孟氏亦云。眸子是觀。足不步目。目不存體。昔人於此。知其將斃。執玉之容。一傲一卑。昔人於此。知其俱危。是非相法歟。故吾之相也。不求諸貌。而求諸心。不闚其形。而闚其神。嬉怡微笑。嫵媚可親。吾獨識其不仁。拱手行步。退若處女。吾獨許其孔武。推吾之法。可以知人。不惟知人。可以用人。分立晝井。有熊始之。經野溝封。倉籙成之。車徒卒乘。羅布從衡。入可以守。出可以征。關中爲基。力扼滎陽。而項籍以亡。入洛鳴皷。委粱絕饟。而吳楚以喪。此非弈法歟。故吾之弈也、不邇之攻。而遠是圖。必先其中。而後四隅。據其全勢。而偏方不計。要其大成。而小勝勿爭。推吾之法。可以禦敵。不惟禦敵。可以蹴敵。（蹴・音促・追也・）吾法之妙若此。子方賤而小之。不亦異乎。聞者撫

然。曰、昔之人因解牛而得養身法。因種樹而得養人法。今吾於子、獲此二訣。姑珍藏之。將以語當世之傑。眞文忠公集贈華相士序

宋

郭小山專以相字判人吉凶。眞希元先生、贈文以闡其義云、相字知吉凶。古無此法。而今有之。小山郭道人。其尤精者也。然則果可信耶。曰、世間萬法。不出陰與陽。以字畫求之。凡其淸者勁者爲陽。濁者輭者爲陰。從則上陽而下陰。衡則左陽而右陰。卽陰陽而視強劣。吉凶判矣。非惟字畫爲然。凡世之所謂技術。若簭與卜簭。音誓。與筮同。以簭占休咎也。相與命。莫不然。非惟技術爲然。自吾一心之正衺。衺。音斜。不正也。通作邪。推而至於世道之泰否。亦莫不然。故勉善而去惡者。一身之吉也。進君子而退小人者。天下之吉也。人知問相字者以吉凶。而不知反諸心、以求所以爲吉凶者。故命志道書以遺之。有問者其以是告之。眞文忠公集贈相字郭道人序

明

詹奇、字文楨。湛心邵雍先天之學。凡問卜者。則與論羲文周孔之易。所言禍福休咎皆驗。當時士大夫、以詹尹名之。至老猶靜室垂簾。梵香讀易。潘少卿賜、稱其

飽圖畫於胸中。妙寄書於象外云。

明　詹渫、字子元。博聞強記。地理星命卜筮諸書。無不通曉。善畫竹、繪菊尤工。渫音崇水聲。

清　劉日開、字既白。祖鳳軒、父華宇、皆精易理。順治初、王祁援建州。月餘未克。邑侯李葆貞、守帥李繡、召開卜。如期報捷。其他占驗多奇中。以上光緒浦城縣志技術

清　祝疇、字桐君。原名鳳喈。又號子九。博雅好古。通奇門六壬青烏之術。其言有曰、竊讀地理書。陟支壠。閱名墓。考其所以。要在於龍穴沙水之形勢。是皆巒頭中事。間有言理氣者、惟地學與正宗所論形勢之理。形勢之氣。統屬一義。非有二說。卽朱子所謂氣以成形。而理亦賦焉者。青囊經云、理寓於氣。氣囿於形。是也。其別有八卦干支等例。爲理氣之說者。是以巒頭爲一事。理氣爲一事。分而爲二矣。余竊以理氣一說。蓋爲平原曠地市鎭陽居既無巒頭形勢足式。卽以方隅而論。原河洛之理數。推其氣之流行。故曰理氣。因設羅經之用。所以辨方位也。後世以之尋

龍覔穴而傳會之則愈遠矣。其於山谷之居。仍辨巒頭形勢。則不以理氣主司可知。且如巒頭得以龍眞穴的之形勢。雖理氣不合。未有不發。若理氣縱合其例等吉。（此指名家各例．是非眞僞者．）而於巒頭形勢失宜。無不致禍。何也。蓋巒頭乃天地生成自然之形勢。非人力所能强也。而此理氣則從河洛。配以先後天八卦。隸以十二支。以爲發用。或言卦氣。或言三合。理非不精。義亦至當。出於後天。猶藉人力爲轉移。則與先天生成者有別。故曰巒頭爲體。理氣爲用。顧不可舍本而逐末也。識者以爲名論。著有造命挈要八卷。（挈要序）

756 松溪縣（漢冶縣地．三國以後爲建安縣地．五代南唐置松源縣．宋改松溪．明清皆屬福建建寧府．）

明

魏孟堅、精專星學。縣舉鄉飲不就。奉恩例冠帶。壽一百歲。無疾而終。（康熙松溪縣志方技）

757 邵武縣（三國吳置昭武縣．晉改邵武縣．宋置邵武軍．元升邵武路．明曰邵武府．清因之．屬福建省．治邵武縣．民國廢府存縣．）

宋

黃伯思、字長睿。邵武人。元符庚辰進士。河南府戶曹參軍。自幼警敏。不好弄。日誦書千餘言。爲祕書郎時。縱觀冊府藏書。至忘寢食。自六經及歷代史書諸子百

家。天官地理律曆卜筮之說。無不精詣。其學問慕揚雄。詩慕李白。文慕柳宗元。著有文集翼騷。卒年四十。宋史本傳

清　張文瑾、字玉堂。號素先。邵武人。邑諸生。力學嗜古。自周秦金石文字。經傳諸子。暨天官地志醫卜諸書。靡不究心。鑽研尤嗜三易。洞璣占。輒奇中。宣統福建通志文苑

758　建寧縣漢冶縣地。東晉末。析置綏成縣。宋齊因之。後省。唐復置綏成縣。尋又省。宋初南唐。分置建寧縣。明清皆屬福建邵武府。

明　張時傑、字鈞鰲。富田保人。明天啓間。著有演禽穿壬透易書百卷。凡二十八宿之玄微。百千萬事之機兆。天時地利人事動靜。無不該洽。惜其書爲有力者取去。未得遍傳於世。民國建寧縣志方技

明　甘茂富、精堪輿術。性愛幽閒。於赤岸山結庵而居。閉戶著書。云有異人授以方術。故能洞見土脈。人號法眼先生。著有地理求眞六十卷。

清　余明陞、字治生。精祿命書。建邑自明季李春熙後。百年無登第者。明陞長子永權。生孫敏紳。長女生外孫徐時作。推算當第。嘗誇於衆曰、不意兩進士生吾子女

家。人多笑之。後果如其言。

清

徐家瑄、字浩山。少遊京師。精六壬數學卜易。居琉璃廠。決人官爵陞遷。無不奇驗。傾動一時。（以上光緒邵武府志藝術）

臺灣省

臺灣省、在福建省之東、中隔臺灣海峽、日本古稱爲高沙島、西人稱爲弗爾漠沙。言其美麗也。其地本屬我國。明季爲荷蘭人所據、鄭成功逐荷人而有之。鄭氏亡、歸於清、屬福建省。後改建行省。光緒甲午、中日戰後、割讓於日本。民國乙酉秋八月、戰勝收復、仍歸我國版圖。島長五百餘里。最廣處二百里。有山脈縱貫南北。山以西爲廣大之平原。山以東地峻林密。大半爲生番所居。屬島二十九、海岸無凹凸、故無良港。氣候半入熱帶。地肥沃、富於農產。物產木材、茶葉、樟腦、牛皮、沙糖、米穀、產煤尤富。以基隆煤鑛爲最著。

759 臺灣縣（清置爲臺灣省。及臺灣府治。）

清

曾明訓、字泗濱。號曰唯。鳳山庠生。居東安坊。天分高朗。得異傳。精占驗。爲人擇地。選課有奇中。寧靖王、雅器重之。（嘉慶臺灣縣志）

歷代卜人傳卷三十四終

江陰李宗綱校

清聖祖庭訓格言。河圖順轉而相生。洛書逆轉而相尅。蓋生者所以成其體。而尅者所以宏其用。大禹謨、水火金木土穀。惟修。以五行相尅爲次第。可見尅是五行作用處。今術家或以相尅取財官。或以相尅取發用。亦此理也。

清高宗御製詩初集。「題爲九月十八日立冬」閏月催時序。（是年閏六月十五日立秋七月節。七月以後節皆早。）秋深早立冬。候風因驗政。（欽天監每以交節時風起何方、驗政治得失。）辯日每占農人跡霜華重。山巒黛色濃。園林零落盡。徒倚眄蒼松。（眄、莫見切、音麪、霰韻、斜視也。）

中國歷代卜人傳卷三十五

潤德堂叢書之八

鎮江袁阜樹珊編次

廣東省

廣東省、在我國南境、當粵江流域東部。禹貢揚州徼外地。春秋時爲百粵地、故別稱曰粵、以別於粵西。又稱粵東、秦置南海郡。漢增置蒼梧、合浦等郡。晉爲廣、荆、湘、交等州。唐置嶺南道、尋分置嶺南東道。宋置廣南東路。元屬湖廣等處行中書省。明置廣東布政使司。清爲廣東省。民國仍之。其地東界福建。西界廣西。南臨南海。北界湖南、江西。省會曰番禺縣。

760

番禺縣秦置。以番山禺山名。晉析番禺置懷化。南宋析番禺置熙安。隋改置南海縣。唐復兼治番禺縣。明清時與南海並爲廣東省治。及廣州府治。民國廢府。移南海治佛山。改省治爲廣州市。番禺仍留省城。尋市廢。南海亦仍回省治。今復置廣州市。南海擬遷佛山。番禺則擬遷治市橋。

宋

戴生番禺人、以術游臨安時、陳聖觀爲常博、戴許以必當言路、且與郭閣爲代。

既而聖觀果代郭云。（圖書集成星命部名流列傳）

清　陳仲良、字希亮。大嶺人。幼聰慧。日誦二千餘言。九歲畢十三經。家有藏書積萬卷。日夜披閱。經史而外。凡天文地輿壬禽奇乙以及風角術數。莫不通曉。嘉慶戊辰舉人。道光丙戌、大挑一等。籤發四川。歷署蒲江、安岳、清神、等縣。擢河南南陽府知府。（同治番禺縣志列傳）

清　陳應選、字子性。廣州諸生。精日者家言。子性著藏書十二卷。知欽天監。邵太史泰衢、甚稱之。同時有梁星朗、名斗煥。亦以選擇名。（四庫提要子部術數類存目二　同治廣東通志方技）

清　曹九錫、號游南子。東粵人。隱於市。卜物無匿形。康熙朝、輯有易隱八卷。徵引書至百餘種之多。子濬演、字橫琴。世其業。亦篤行君子也。（易隱序）

761 香山縣（宋紹興二十二年・析東莞香山鎮・置香山縣・明清皆屬廣東廣州府・民國改為中山縣・）

明　李秩、字叔典。香山欖都人。擅相墓術。以縮動平攔四字為宗旨。性尤敦義。鄉里窮者、隱周卹之。嘉靖丙申大饑。鄉人失業。乃計口給粥。或以錢穀與之。存活者衆。

邑令奬以羊酒。著有闢徑集四卷。

明　賈䗁、䗁·泥台切·奈平聲·廣東謂老人所生幼子曰䗁· 香山下員山人傭也。萬曆間、至江西。習形象言數。載歸。邑中巨族名墓多其所擇。當時以其窶人子藐之。歷久二百餘年。人猶傳頌也。以上光緒廣州府志方技

明　黃畿、字宗大。香山人。郡庠生。隱居粵山之椒。乃研九流。通三才五行之蘊。撰三五元書。著貫道論。始猶雜於釋老。繼而讀邵子皇極經世。深造其奧。嘆曰、自箕子以來。合術於道。其堯夫乎。乃盡棄其宿習。稽元微。訂律歷。作皇極管窺十三篇。道光廣東通志列傳

南海

762 南海縣 秦置番禺縣·隋改置南海縣·明清時·與番禺並爲廣州府治·廣東省亦治此·民國初廢府·移南海治佛山·尋仍回省城·今以省城爲廣州市·又遷縣於佛山·

胡萬頃、□□人。幼神悟。精九宮三元之法。占事多奇驗。撰六壬軍鑒式三卷。太乙時紀。陰陽二遯。立成歷二卷。術數家多宗之。同治廣東通志方技

宋　周克明、字昭文。曾祖德扶、唐司農卿。祖傑、開成中進士。解褐獲嘉尉。歷弘汶館

校書郎。中和中、僖宗在蜀。傑上書言治亂萬餘言。擢水部員外郎。遷司農少卿。傑以天文占之。惟嶺南可以避地。乃遣其弟鼎、求爲封州錄事參軍。傑天復中、亦棄官攜家南適嶺表。劉隱（即南漢劉龑之父。）素聞其名。每令占候天文災變。傑自以年老。嘗策名中朝。恥以星曆事僭僞。乃謝病不出。龑襲位。（龑、音儼。南漢高祖初名巖。九年更名龑。）彊起之。令知司天監事。因問國祚修短。傑以周易筮之。得比之復。曰、卦有二土。土數生五。成於十。二五相比。以歲言之。當五百五十。龑大喜。賞賚甚厚。龑以梁貞明三年丁丑僭號。至宋開寶四年辛未國滅。止五十五年。蓋傑舉成數以避害耳。大有中、遷太常少卿。卒年九十餘。傑生茂元。亦事其學。事龑、至司天少監。歸宋授監而卒。卽克明之父也。克明精於數術。凡律曆天官五行讖緯及三式風雲龜筮之書。靡不究其指要。開寶中、授司天六壬改臺主簿。五遷春官正。克明頗修詞藻。喜藏書。景德初、嘗獻所著文十編。召試中書。賜同進士出身。累官太子洗馬殿中丞。皆兼翰林天文。屬脩兩朝國史。其天文律曆事、命克明參之。天禧元年八月卒。年六十四。（宋史方技同治廣東通志方技）

宋　何時、字了翁。撫州樂安人。（宋置樂安縣。明清皆屬江西撫州府。）天祥同年進士。調廬陵尉。（故城在今江西吉水縣東。民國改爲吉安縣。）尋入江西轉運使幕府。還臨江軍司理參事。改知興國縣。（宋。太平興國間析贛縣置。以年號爲名。明清皆屬江西贛州府。）天祥起兵。辟署帥府機宜。帶行監文思院。天祥入衛。時任留司分司吉州。（即今江西吉安縣。）饟運平江。（宋置平江軍。後升爲府。即今江蘇吳縣治。）天祥奏時、知撫州。（故治即今江西臨川縣。）吉州下。時脫身歸鄉里。益王立。天祥開府南劍。（故治。即今福建南平縣。）時、起兵趨興國。接引以時。帶行監江西提刑。時、聚兵復崇仁縣。（明清皆屬江西撫州府。）未幾、大軍奄至。兵散。削髮爲僧。竄迹嶺南。（即廣東省。）賣卜自給。變姓名。自號堅白道人。（宋史列傳。清一統志廣州府志流寓。道光廣東通志流寓。）

明　譚明、字廷鑑。南海人。幼習舉業不偶。乃潛心六壬太乙奇門三式易卦。多奇驗。必以早卜。故問者不憚百里。輒黎明候於門巷。（道光廣東通志方技。）

明　方權、字用中。南海人。生而聰慧。日記萬言。既長。肆力稽古。自六經子史百家。以及天文地理醫卜技藝。靡不研究。嘗借人宋史二日。還之。已盡識其大義。强記博學。儕輩咸以爲弗及。嘗曰。祿仕無所用之。絕意仕進。而圖所以不朽者。聲聞日起。

從游者日衆。橫經質疑者。日數十人。權以次條達。各因其質而造之。年八十卒。所著亭秋集十卷行於世。（道光廣東通志列傳）

清　何夢瑤、字報之。南海人。雍正庚戌進士。出宰粵西。治獄明愼。終奉天遼陽知州。引疾歸。性長於詩。兼通醫卜音律算術。著有醫砭。皇極經世易知錄。算法迪。三角輯要。匊芳園詩文鈔。莊子故。賡和錄等書。（清史稿文苑二、疇人傳三編醫砭序）

763　順德縣（秦漢爲番禺縣地。隋以後爲南海縣地。明景泰三年。析南海南境。置順德縣。屬廣東廣州府。清因之。）

清　李文田、字仲約。號芍農。廣東順德人。咸豐已未一甲三名進士。官至禮部左侍郎。其學出於鄭夾漈、王深寧、金元故實。西北水利。旁及醫方壬遁形家言。靡不精綜。詞章書翰。特其餘事。著有撼龍經注二卷。清史稿藝文術數類。載入相宅相墓之屬。又有宗伯詩文集。卒謚文誠。同治甲戌。奉旨重修圓明園。順德疏請停止園工。約三千餘言。大旨以近日彗星見戌亥之交。爲天象示警。先言今有三大害。一民窮已極。二伏莽徧天下。三國家要害盡爲西夷盤踞。中言焚圓明園之巴夏里等。其人尚存。昔既焚之而不懼。安能禁其後之不復爲。常人之家。或被盜刦。猶必固其門牆。愼其筦鑰。未有更出其財物、以誇富於盜賊之前者。重修之議。皆內務府諸臣、及左右宵人。熒惑聖聽。導皇上以朘削窮民。爲其自利之計。大學言聚斂之臣。不如盜臣。又言小人爲國家。菑害並至。說者謂菑者天災。害者人害。今天象已見。人事將興。彼內務府諸人、豈知顧天下大局。借皇上之威。肆行朘削。以固其寵。而益其富。其自爲計則得矣。皇上亦思所剝克者。固皇上之民。所敗壞者。固皇上之天下。於皇上何益哉。使自來爲人君者。曰朘削其民。而無他患。則唐宋元明、將至今存。大淸又何以有天下乎。後言皇上、亦知圓明園之所以興乎。其時高宗、西北拓地數萬里。俄羅斯、英吉利、日本諸國、皆遠震天威。屈伏隱匿。又物力豐盛。府庫山積。所有園工。悉取之內帑。而民不知。故天下皆樂園之成。今俄羅斯諸夷、出沒何地乎。國帑所積何在乎。百姓皆樂赴園工乎。聖明在此。皆不待思而決者云云。嗣卽奉旨將圓明園一切工程。均行停止。（清史稿本傳 汪穰卿雜記）

清　陳壽、字啓强。順德人。有才知。善推測。巡撫李士禎、器重之。委招撫花山賊首、梁文福等。薦入欽天監。授職。年八十四。（同治廣東通志方技）

清　溫錫生、孝廉重怡之父也。精六壬。其胞兄宜生、嘗患病。以拆字卜其吉凶。拈得兄字。驚曰、兄字內加十字、爲鬼字。殆不起矣。又拈弟字。復驚曰、愈凶。弟字形爲八爲弔。其十日八日之內乎。後其兄果於第十日卒。又其甥女周阿翠、與孝廉同歲生。六七歲時、每同嬉戲。忽一日詫曰、勿與小孀婦同戲也。其妹詈之。答曰、此女非死寡。乃生寡耳。及長。適同鄉鄧氏。夫妻反目。終身不與同衾。則生寡之言亦驗矣。（民國順德縣志雜錄）

清　楊麟高、字石人。桂州裏村人。少聰敏。文詞詩賦。宏麗淵深。出其餘力。旁及歷象醫卜游藝之學。嘗與里賢結詩酒交。詩思敏捷。頃刻千言。四座爲驚。暇則竹杖芒鞋。徜徉山水間。視功名富貴泊如也。性孝。而慷慨。贍族人。恤貧姊。撫孤甥。力行不怠。生平撰著多散佚。其哲嗣礪山、勉齋、亦豪於詩文。時人以比眉山三蘇。

清　周夢蔆、（蔆・音陵・芰也・四角三角曰芰・兩角曰蔆・）字湘漁。少承家學。工文詞。咸豐辛亥、膺鄉薦。著有古智囊。周氏易譜。環球志略。梅雪廬詩鈔。而於堪輿醫卜星相兵書及三教典籍亦罔不詳加詮釋。多所發明。子萊英。邑庠生。世繼其業。（以上民國順德縣志列傳）

764　東莞縣（漢博羅縣地・東晉東官・南朝宋・寶安・唐至德二載・以寶安更名東莞・明清皆屬廣東廣州府・廣九鐵路經其東・）

明　尹遂祈、字鏡陽。東莞人。幼穎異。抗志高遠。年十五。喜讀參同契。凡河洛圖緯天文律歷。以至風角望氣。六壬太乙之書。靡不研究。既乃遜志江門之學。以致虛守靜爲要。於世故澹如也。年二十一、舉萬歷戊子鄉薦。辛丑、南宮奏名十二。初授閩令。尋改同安。潔已愛民。絕請託。雖權貴不能奪。商稅累民。力請蠲免。至與稅監動色諍之。以此見忌落職。祈、怡然歸至贛州而卒。所著有天文備考。陣法源流。璣衡要旨。天元玉策解。及叢桂堂集。藏於家。（道光廣東通志列傳）

明　彭誼、字景宜。東莞人。正統中鄉舉。歷官右僉都御史。提督紫荊諸關。成化戊子、以右副都御史、巡撫遼東。誼好古博學。通曆律占象水利兵法之屬。平居謙厚簡

默。臨事毅然能斷。鎮遼八年。軍令振肅。年未老。四疏告歸。家居四十餘年卒。（清一統志廣州府人物）

明　劉杰、字春沂。城東人。警。敏。多。藝。能。萬歷中、以歲失度。詔求巖穴知歷者。杰獻所著歷考芻言。御史田生金、聞于朝。部牒徵之。杰以老疾辭。嘗夜觀天象。語人曰。今歲。奎。躔。牛。女。粵。其。出。狀。頭。乎。已而黃士俊果魁天下。著有尺五談天。羅經解略。造葬全書。奇門指示。天文圖。羅經圖。又創作百刻香。袖中日晷。馬上羅經。（嘉慶東莞縣志方技）

明　周覺、字了元。東莞人。性好測驗。精天。文。術。數。之學。嘗言旱乾水溢。皆本五星盈縮淩犯。（淩・音陵・犯也・姓也・借作凌・）而星之失度。雖次直可預計于百年之前。人初迂之。久而四時晴雨。一一服其臆中。崇正初、覺告人曰、主上英敏震厲。而紫微暗。白狼晶晶芒角。賴弧矢張鏑注之。（鏑・音的・矢鋒也・即箭鏃・）今恐不可遏矣。貫索內有星。主多罪臣。元象淩替如此。杞人之憂。其在癸甲間乎。時兩廣總制熊文燦。善談兵。以禮聘不應。強之始出。草冠破履。不修容止。熊與語大悅。餽以百金。出遇貧者。輒贈之。及抵家則金盡

矣。熊使偵之、儆縕如故。益奇之。丁亥度嶺。不知所終。（同治廣東通志方技）

清　袁文桂、字香舟。袁家涌人。屢試列前茅。數奇弗售。究心術數之學。著有續邵子皇極經世圖青囊寶照經註。工畫。墨蝶尤佳。鄰患鼠。嘗戲畫一貓使懸之。鼠卽不至。（宣統東莞縣志方技）

清　林蒲、字龕洲。東莞人。始就塾。卽日誦數千言。十齡喪父。哀毀如成人。經術湛深。天文律呂醫卜諸書靡不窮究。尤工書法。雍正庚戌進士。選庶吉士。授編修。歷翰林院侍讀、及江西督學。性恥奔競。退食之暇。閉戶著述。蕭然如寒素。著有讀史錄。詩文稿等書。（道光廣東通志列傳）

765　新寧縣（明・洪武十一年析新會置新寧縣・屬廣東廣州府・清因之・民國改爲台山縣・）

清　李文曜、字象珍。德行都人。性敏好學。居一室。左圖右書。究心易學。著易學詳原三卷。自序謂童年受易於其大父。後反覆求詳。廢寢忘食。越四十八年而成。其用力可謂勤矣。尤究心於星象。著天地理論四卷。又著河洛理數一卷。生平不求名。

不治產。年七十餘。寓縣西門。以日者術自給。人謂有嚴君平之風云。光緒新寧縣志人物

766 新會縣 漢四會縣地。三國吳分置平夷縣。晉改曰新夷。南朝宋分置盆允縣。屬南海郡。後分屬新會郡。以盆允縣爲治。隋廢郡。爲新會縣。明清皆屬廣東廣州府。新寧鐵路經之。縣境產橙極佳。稱新會橙。頂有紋如圓圈。士人以此辨眞僞。

清 屈杰、新會縣廩生。篤學研經。尤精於陰陽術數。乾隆初、王邑侯植、以經學課士。題爲圖書異同考。杰作、竟發前人所未發。錄取第一。文載岡州課錄。世罕傳本。其略云、善乎程子之言曰。見兔可以畫圖。則亦可以敍書。其殆深知圖書之理者乎。竊謂圖與書爲天地自然之理數。非惟物有之。卽近取諸身。人面可準乎河圖焉。鼻其五十之中土。而居中不動者也。柱之一者中五之奇乎。竅之兩者中十之偶乎。其下爲一六之水。則口應之。一之陽在內。六之陰在外。故能入而吸。以其處下而爲陰地。則受之以五味。味亦陰也。所以上不動而下動者。潤下之勢則然耳。其上爲二七之火。則目應之。二之陰在內。七之陽在外。故能出而視。以其處上而爲陽天。則受之以五色。色亦陽也。所以下不動而上動者。炎上之勢則然耳。至于三

八之木。四九之金。列于兩旁。而左右之耳。取象焉。木能去塞。（塞字疑誤。）耳所以通也。金能作聲。耳所以聽也。水火多動。口目象之而動。木金常靜。則兩耳亦象之而靜矣。更可準乎洛書焉。大抵有竅者陽。故能嗅能視能聽能言語飲食也。鬚眉之類爲陰。則靜而無所取于物矣。中五雖陽而不動。其象爲鼻。耳目皆陽、則何以別之。洛書之點。一在下、爲老陽位。九在上、爲老陽數。老陽能動能變。口目之動以之。三居左、爲少陽位。七居右、爲少陽數。少陽不動不變。兩耳之不動以之。於是又以二四之在角者爲兩眉。二火固有炎上之勢。然憂則聚而喜則舒。又有四金從革之義焉。於是又以六八之在下角者爲髭鬚。六水固有潤下之勢。然髭旁溢、而鬚直垂。又有八木曲直之義焉。王侯評曰、人多摭拾啓蒙剩義。無獨得之趣。此獨從人面上發明圖書之理。縱橫推衍。各有妙詮。河南見兔畫圖之說。想亦爾耳。

清

陳元力、字煥德。號巧亭。水東人。少靈悟。博獵羣書。尤善易。兼通天文洞休咎。嫺擊技諸術。舉乾隆辛卯鄉薦。嘗入京宿瀧船。（瀧、音雙。弃湍也。）舟子瞯其裝、欲害焉。元力知之。篝燈蹲踞。持劍伺艙內。俄聞大聲裂磔。（磔、音摘、裂也。分裂肢體謂之磔。）元力開燈赫視。乃舟人力持巨鑊。（鑊、音獲、釜屬。所以煮食物者。）覆於枕傍。元力持劍大呼、問欲何爲。舟人色戰。諸諸曰、聊相戲耳。元力大恚。欲殺之。慮賈禍。乃亦戲曰、若以鑊。吾以劍。請演之以破岑寂。乃舞劍舟中。鋒鋩四飛。舟人僉懼、曰、請止技。小人拜下風矣。元力舞劍曰止。豎子瑣瑣不足數也。遂去。元力少寒蹇。性倜儻宏達。於讀書擊劍棋酒外。世味淡如也。有屠者曰武煦。奇元力才。往往資給之。遂獲雋。（以上道光新會縣志雜錄）

767 三水縣（漢番禺四會二縣地。唐宋以後爲南海高要二縣地。明嘉靖五年。析南海北境高要地。置三水縣。西江爲一水。北江爲一水。合流而達省城。又爲一水。故名。屬廣東廣州府。清因之。）

宋

張謙光、胥江人。母妊時、彩雲集庭除。俄而生光。奇偉特甚。喜曰、興吾清河門者。必此兒也。年將十歲。能誦孝經。作詩警句。及冠、躬履純誠。潛心洙泗理學。精究淵微。凡兵刑律歷數術方技釋老外書。靡不通究。宋紹興間、魁南省第一人。時金虜入寇。宰相黃潛善、汪伯彥、用事。竊弄威福。異己者不誅則竄。知光負氣節。遣人啖以高爵。光曰、枉己徇人。非吾志也。既而嘆曰、漸不可長。禍且及天下矣。或告之汪黃。度其必入庭對、日中害之。公卽上章引疾歸。杜門謝客。以書史自娛。未幾太學生陳東、歐陽澈、疏諫二臣。懷奸誤國之罪。果爲所殺。衆莫不服光之先見明哲保身焉。卒年六十有三。所著濯纓叢稿七卷。春秋傳註十卷。（嘉慶三水縣志人物）

清

768 四會縣（漢置。明清皆屬廣東肇慶府。縣產乳柑極有名。）

吳顯時、字達朝。號寶書相魁鋪東門人。例貢生。父伯熊、早卒。祖一鳴、特愛之。臨終屬二子仲彪、叔驊曰。長孫性穎異。宜敎之讀。然以家貧故。叔驊、攜往省城學孖氈。（孖。音茲。雙生子也。）孖氈者、習外國語、爲中外交易經紀、譯言通事者也。顯時、惡洋人倨、不肯學。占卜星命相宅相墓。皆叔驊能敎之。念謀食道迂。轉專執工藝。以已少孤、不獲讀書應試。見文人輒欣慕。街鄰有蒙館師、必進見尊禮之。樂爲執役不倦。及生子大猷、年六歲。卽移居佛山敎之讀。大猷再赴郡試歸。請於父曰、或言兒命可致富。不可成名。家綦貧。盍早習工藝。尙可謀升斗以爲養。顯時喟然曰、予方以知命稱。果如若言。猶減衣節食。備束修。俾汝就外傅。胡爲者。若術不精。毋爲若誤。大歆年十七。果以文宗、咸豐癸丑歲試附縣學。丙辰爲增廣生。戊午補廩膳生。辛酉遂以選拔生、中式本省鄉試舉人。顯時、性剛直。好面折人過。而人亦不怨。族內子姪、雖疏遠。管敎不少貸。子姪皆嚴憚之。其他利濟事、無不竭盡心力。家貧如故。晚年。好相地。著有地理指要一卷。年六十有五卒。以子大猷、贈奉直大夫。（光緒四會縣志人物）

769 開平縣（南朝宋分新會置義寧縣。宋改曰信安。尋省。明初置開平屯。其後割恩平新興新會三縣地。置開平縣。屬廣東肇慶府。清因之。）

清　何彬、字公度。號秋客。高要人。歲貢生。讀聖賢書外。通星算。嫻絲竹。尤精鼓琴。既不得於時。乃縱意所之。倏而市廛。倏而僧舍。往往匿姓名自晦。嘉慶丁卯戊辰間。由新寗來長沙賣卜。居數月。人無知者。陽春譚敬昭、遇之於市。握手還舟中。於是長沙富人梁樹棠、梁維祺、梁維斗等。以大宅舍之。令其子弟與之遊。彬所著有詩。詩成、口誦示客。客無論識不識。輒持去。彬亦不復省。其詩超遠粹和。妙中人心。彬卒。同邑彭泰來。輯其散佚而序之。其出貲刻之者。長沙梁維斗也。（民國開平縣志寓賢）

清　吳爾康、字弗泉。樓岡人。光緒乙亥恩科舉人。任潮陽縣儒學。平日於陰陽家言。

冥悟。有心得。光緒中葉、內皮張文襄督粵。相地於西郊。欲建一大書院。以造就兩廣士。而方址未定。文襄固亦精陰陽家言者。乃博詢省內名師。潮陽令張璇、以爾康薦。延見。大加賞識。遂與定廣雅院址。文襄以貢院逼近城根湫隘、少開明。思有所改作。爾康、相地於東郊之牛鼻岡上。節略備陳其優勢。嗣文襄調任。不果行。晚年居家。不入衙門。不接吏胥。於鄉族間齷齪事。恆若不介意。卒年七十有八。以上民國開平縣志人物

770 鶴山縣本新會開平二縣地。清割置鶴山縣。城內有鶴山。因名。屬廣東肇慶府。

清　施通一、竹蓢人。博通易理。精堪輿術。嘉慶丙寅、雙附兩都、議建文昌閣于邑城南門外罩山古勞都爭之。卜於神。延高明區丕烈為斷。通一先作鶴城形勢論以示衆。區見之曰、此定論也。既而卒成之。城中多火災。邑令屢緣事去官。道光癸未毀。人始服通一之先見焉。道光肇慶府志方技

771 德慶州漢置端谿縣。宋於縣置德慶府。元立德慶路。明為德慶府。降為州。以端谿縣省入。屬廣東肇慶府。清因之。民國改州為縣。

清　談翀霄、精堪輿術。著挨星祕竅一卷。光緒德慶州志方技

772 羅定縣漢、端溪縣地。南齊置廣熙郡。治龍鄉縣。梁改置平原郡。平原縣。兼治瀧州。隋廢郡。改平原曰瀧水。大業初。改置永熙郡。唐復置瀧州。改曰開陽郡。復曰瀧州。清因之。直隸廣東省。民國改州爲縣。

清　陳五雲、大戶村人。通雞卜之法。清光緒癸未、某武童列州考案首。拆一也字。五雲判之曰、地無土不能生物。池無水不能養魚。若問功名事。拱手讓與他人。旁人聞之。譁然曰、豈有案首不進武庠之理。後竟被學使葉大焯、以不中箭黜之。有東安諸生應歲試、以卜字問之。判曰、不上不下。君其考列二等乎。揭曉果然。

清　林啓燊、號熙園。金雞人。精堪輿。道光初、著有率性地學二卷行世。燊、音莘。盛貌。从焱在木上。

清　楊文暉、號晴村。光緒丙子歲貢。好吟咏。善堪輿。所作緯千金賦萬言。明人多以爲中肯綮。以上民國羅定縣志方技

773 樂昌縣漢曲江縣地。南朝梁析置梁化縣。又分梁化縣置平石縣。隋改曰樂昌。在今廣東樂昌縣北南二里。明徙今治。屬廣東韶州府。清因之。

明　鄧容、字伯昂。樂昌人。慷慨有志節。不肯詭隨。於書無所不讀。旁通星命術數之

學。所言亦或奇中。及登進士第。觀政戶部。嘗奉命使湖湘勞軍事。不受私饋。時稱其廉。事竣回。授永豐知縣。縣當閩浙之交。時鄧茂七、反於閩。葉宗留、嘯聚於浙江以西。相煽不靖。永豐尤切近。容至率民拒之於其境。接戰十數。衆寡不敵。爲賊所執。罵不絕口而死。歸葬於樂昌戴上平。又名飛鳳岐。事聞。朝命贈光祿寺少卿。諡忠毅。命有司祠於鄉郡及治所。同治廣東通志古蹟略

774 翁源縣漢・曲江縣地・南朝梁・分置翁源縣・因縣界翁水之源・爲名・明淸皆屬廣東韶州府・縣治凡五徙・翁源縣志云・梁時故址・在今縣東北六十里・橫江頭嶺下・今猶稱南門坪・宋淳化中・遷下窖・在今縣北五十里・景祐五年・遷曲江縣濛瀼驛・在今縣西北九十五里・建延三年・又遷細草岡・在今縣東南四十里・元時縣治汀鎮・在今縣西北三十里・俗稱舊縣場・明初縣治長安鄉・卽今治也・

宋

成倬、翁源人。年二十餘。始讀書。通悟經術。尤深易數。熙寧間。王安石、薦爲閤門祗候。終西京左藏庫使。淸一統志韶州府人物

775 英德縣漢・置湞陽含洭二縣地・五代南漢・於湞陽縣置英州・宋名湞陽郡・升英德府・元置英德路・降爲州・省湞陽含洭二縣入之・明初降州爲縣・屬廣東韶州府・粵漢鐵路經之・

宋

石汝礪、英德人。精通五經。尤深於易。嘗進所著易解易圖於朝。爲王安石所抑。蘇軾謫惠州、與論易理。竟日不忍別。又以琴準樂律。著碧落子琴斷。鄭樵稱之。一淸

統志韶州府人物

明

776 連州（漢置桂陽縣。南朝梁。置陽山郡。隋罷郡爲連州。又改州爲熙平郡。唐復曰連州。屬嶺南道。宋曰連州連山郡。元升連州路。尋仍爲連州。淸時爲直隸州。屬廣東省。民國改州爲縣。）

何洲、海州人。仕建文朝。與宋和、郭節友善。素以忠義相勗。金州失守。約棄官爲卜筮。丁亥、與史仲彬至連州、訪郭節。竟客死異域。（同治連州志流寓）

淸

777 澄海縣（晉以後。爲海陽縣地。明析海陽縣及揭陽縣地。置澄海縣。屬廣東潮州府。淸因之。）

余執中、南洋人。放誕不羈。善堪輿術。所言輒中。人號曰半仙。嘗爲許龍祖卜穴。時龍尙幼。余語之曰、願富貴無忘余。自卜穴。穴前有大隄。或以爲嫌。余笑曰、無慮。我葬後、當有爲我改之者。後龍貴、往省余墓。聞其遺言曰、先生其命我矣。因改築焉。（嘉慶澄海縣志方技）

明

778 歸善縣（隋置。故城在今廣東惠陽縣東北五里。南漢時。徙置。明淸皆爲廣東惠州府附郭縣。）

駱斌、字祿元。歸善人。精於箕疇太極陰陽二氣之理。事父母以孝聞。友愛甚篤。一日過解犀橋。有叟墮橋下。衆援之。亡其金。叟窘急。復欲自投。斌探囊金與之。叟

謝而去。道光廣東通志列傳

清　劉炘、字孔光。歸善人。善堪輿。尤精六壬術。每一占。決輒多奇中。用己意、製渾天儀。能旋轉有度。預知死日。戒家人治喪具畢。乃逝。故人呼爲半仙云。光緒惠州府志方技

779 博羅縣 漢置傅羅縣。晉太康地志作博羅。明清皆屬廣東惠州府。

明　張萱、字孟奇。號九岳。別號西園。博羅人。萬曆中、舉於鄉。官至平越知府。生平無他嗜。獨癖書。老而彌篤。藏書萬卷。丹鉛無不遍者。自天地陰陽。以及兵農禮樂。元乘韜鈐。無不探討淹貫。所著述已梓行者、西園存稿。古韻。疑耀。六書故。雲笈七籤。八宅周書。陰宅四書等。道光廣東通志列傳

780 海陽縣 漢揭陽縣地。晉置海陽縣。隋省。尋復置。南濱大海。故曰海陽。明清皆爲廣東潮州府治。民國廢府。改海陽爲潮安。今縣東有海陽故城。蓋晉置縣。初治此。後移今治。

宋　劉允、字厚中。海陽人。胸臆夷曠。於經史百家。以至天文地理醫卜諸書。莫不該貫。甫冠。四薦禮部。登紹聖丁丑進士。爲循州戶曹。改知程鄉。歲旱。州督租如故。允力爭之。得免。復權知化州。歲市玳瑁翠羽以萬計。允至。悉罷之。吳川鹽戶、蓄戎器

以戒不虞。令悉捕爲盜以徼功賞。獄成。允爲辨其寃。全活有五十餘人。（道光廣東通志列傳）

明　柯望、海陽人。甘貧嗜學。凡天文地理卜算之類。無不通曉。尤精於易。窮約終身。人咸稱其清介。（海陽縣志方技）

明　黃愼、字仲修。海陽人。撰堪輿類纂人天共寶十二卷。其書刋於崇禎癸酉。分經傳、論、狀、書、記、篇、說、詩、賦、歌、訣、問答、雜錄、辨斷、穴法、葬法、序、表等目。（四庫術數類存目二）

781 揭陽縣（漢置。故城在今廣東揭陽縣西。晉廢。宋復置。卽今治。明清皆屬廣東潮州府。）

清　程定山、揭陽人。自幼精靑烏術。大埔楊洪葬車頭坪。定山曰、此地不亟遷。必覆宗。洪有子四人。果以奢侈、結匪人致敗。洪竟無後。又爲楊淮營壽域於下坑石。謂淮曰、公得此佳城。子孫富貴綿遠。第恐丁男稀少耳。繼指近山一穴曰、亟圖之。丁旺必矣。因預名其山曰百子窠。迨淮葬下坑石。子墩義葬百子窠。後果繁昌。皆如定山言。今大埔楊氏發祥處也。（乾隆潮州府志方技）

782 長樂縣（宋分興寧長樂鎭置。故城在今五華縣東北。明徙治。淸屬廣東嘉應州。民國改爲五華縣。）

清 徐啓隆、順治辛卯歲貢。當明之季年、學者叛程朱。談釋道。士風靡蔓。啓隆恪守蒙引說約諸書。縣令黃景明、特器重之。從學者滿戶庭。淸輿鄉薦。多出其門。自膺歲貢。念母老家貧。茹素終身。明醫及形家言。性方介。足未嘗登長吏庭。

清 連卓琛、黃龍約人。事孀母孝。年二十六。卽茹長素。善技擊。距躍如飛。然從不與人爭競。集跌打方書二十卷。詳註通身骨節及十二時用藥節候。其方甚驗。兼以形家言遊廣惠間。皆知名。以上道光長樂縣志方技

783 石城縣唐析石龍置。以縣有石城岡而名。改曰廉江。宋廢。尋復置石城縣。故治在今廣東廉江縣北。元徙今治。明淸皆屬廣東高州府。民國改爲廉江縣。

清 江應元、號梅閣。岐嶺人。少聰敏。博通經史。旁究醫卜星算諸書。以廩貢、兩任靈山學。士林愛戴。知縣林贈化雨均沾額。歸里後。凡屬義舉。惟恐或後。著有倫常楷模十卷待梓。光緒石城縣志人物

784 瓊山縣漢初珠崖郡地。後置朱盧縣。後漢田朱崖縣。三國吳。復朱曰盧縣。梁陳時省。隋初爲武德縣。改置舍城縣。唐於縣置崖州。宋州廢。尋省舍城。移瓊山縣來治。清爲廣東瓊州府治。雷瓊鎭總兵亦駐此。明邱濬爲此縣人。學者稱瓊山先生。

宋

劉遁、瓊山道士。精術數。丁晉公謂、舊有園在保康門外。園有仙遊亭。仙遊洞。與遁往來。遁作詩贈之云。屢在仙遊亭上醉。仙遊洞裏杳無人。他時鳴鶴歸滄海。同看蓬來海上春。謂初莫解其意。後南遷。遁往見于崖州。方思其詩。知爲異人也。（同治廣東通志方技）

明

馮明、字南高。瓊山人。少聰敏。通子史百家言。尤精星術。（同治廣東通志方技）

785 文昌縣（漢珠崖郡地。唐分置平昌縣。改曰文昌。故城在今廣東文昌縣北。元徙今治。明清皆屬廣東瓊州府。）

明

林廣、號觀瀾。明初舉經明行修。任本學訓導。復以監生、中洪武甲子、應天鄉試。任盧陵敎諭。造士有方。出其門者多取高第。晚年精形家言。著有地理祕要。

清

林士者、字眉生。白延圖祿篤人。精堪輿學。遠近爭聘。屢辭不就。聞其人長厚。始就之。卒不受謝。著有地理集要。（以上康熙文昌縣志儒林）

786 儋縣（漢置。儋耳郡。尋併入珠崖郡。梁置崖州。隋始置義倫縣。於縣置珠崖郡。又改儋耳郡。唐改曰儋州。又改爲昌化郡。尋復曰儋州。五代因之。宋改縣曰宜倫。廢州爲昌化軍。改曰南寧。元因之。明復改爲儋州。以州治宜倫縣省入。屬廣東瓊州府。清因之。民國改爲儋縣。）

清　郭有經、字其養。檳榔村人。精青囊術。尋龍定穴。皆得楊廖眞諦。（民國儋縣志方技）

787 昌化縣（漢儋耳郡地。隋分置昌化縣。故城在今廣東昌江縣東南。宋移治縣南十里。明又徙治。民國改爲昌江縣。南有昌江。故名。）

清　郭元任、貢生。人品端正。星學精通。晚年廢書推算。無有差忒。闔邑宗之。

清　柏松年、邑廩生。深知大義。明星學。通地理。鄉人有求者。惟盡其所長。不取値。（以上光緒昌化縣志方技）

廣西省

廣西省、在我國南境。爲粵江流域之中部。禹貢荊州南徼。春秋時爲百粵地、以別於粵東、故又稱粵西。秦置桂林郡於此、故別稱曰桂。漢置蒼梧、鬱林等郡。晉爲廣州地。唐屬嶺南道、尋分置嶺南西道。宋置廣南西路。元置廣西等處行中書省。明置廣西布政使司。清置廣西省。民國仍之。其地東與南界廣東。東北界湖南。北界貴州。西界雲南。西南界法屬安南。省會曰桂林縣。

788 臨桂縣（漢置始安縣。唐改臨桂縣。明清皆爲桂林府治。廣西舊時省會也。民國改爲桂林縣。仍爲省治。）

明　朱永吉、字飛之、桂林人。精天文術數。初客黔、投傳宗龍幕中。安邦彥圍黔。永吉解圍有功。又隨宗龍至滇。崇禎間、滇撫王位、討普名聲、題授遊擊。屢破賊衆。爲名聲所憚。後以吳必奎通賊。永吉身被重傷。力戰不已。會諸軍皆潰。自刎死。偏將趙能、馮忠葬於路側。趙能亦自刎。事平。題請廕一子世襲百戶。

明　陳邦修、字德卿。邦稱從弟。少孤。究心經史天文地理律歷諸書。登嘉靖乙未進士。初授行人。改刑科給事中。歷戶禮兩科。劾翊國公郭勛、尚書嚴嵩、張瓚、都御史胡守忠等不職。又極論楚世子逆悖等疏。上皆嘉納。內艱歸。廬墓三年。復補工科。遷南太僕寺少卿致仕。以上嘉慶廣西通志列傳

清　陳宏謀、字汝咨。臨桂人。雍正元年癸卯、舉鄉試第一。成進士、改庶吉士、授檢討。由知府累官工部尚書。卒謚文恭。宏謀早歲刻苦自勵。治宋五子之學。而易學尤精。占休咎輒驗。然不輕卜。撫山西時、韓城王文端杰客其幕中。乾隆己卯、將旋陝鄉試。宏謀先夕潛爲之卜。次晨告文端曰、子此行必售。余已爲子卜得佳兆。且知

名次之高下矣。文端固請示之。宏謀曰、余書諸箋。緘字某幕客手中。待君捷後驗之。文端就試。榜發中副車。仍至館。謂卜不驗。宏謀曰、息壤在彼。可證也。因問某幕客。索觀拆封。則有中式副榜第八名七字。文端大奇。次年庚辰、舉行恩科。復歸試。乞再卜。卜後。告之曰、今科正榜無疑。但似元非元耳。迨榜發中式第七。是科解元爲雷爾杰。蓋文端名杰。與解元名稍雷同也。辛巳春、文端入都應禮部試。復先期爲之卜。語之曰、此行必可連捷。然萬不宜得會元。儻中十名以外。則大魁可必。自此前程遠大。福壽無量。文端謝曰、杰年四十矣。敢妄想耶。公其善頌善禱乎。宏謀曰、有數在。決不誑子。子其勉之。是年春闈、文端中第十一名。廷對果第一。後官至東閣大學士。享全福。臻上壽。果如所言。（清史稿本傳清稗類鈔方技○阜按・此與浙江省會稽縣・所載王先生云云・似爲一事・可參觀之・）

張其鍠、字子武。號兇竟。臨桂人。敏悟異常。才華夯出。涉獵成學。博覽爲豪。旁通技藝。百家尤精。子平六壬三式之學。光緒甲辰、成進士。歷官湖南芷江等縣知縣。民國戊午、入湘。佐譚延闓軍。嘗率兵一團。扼永州險要。與吳佩孚死戰。吳卒不得入永州。吳以是大賞其才。羅爲己用。吳自衡州退。遂隨北去。參戎機。癸亥、特任廣西省長。在桂四月。辭去。吳既敗。避雞公山。復往依焉。信任益專。遂爲專使居京師。主聯奉攻馮之計。煊赫一時。吳再失勢。見部曲多引去。獨追隨不離。勸吳入蜀依楊森。行次新野之灰店。遇匪被害。時丁卯五月。年五十一。（新命第一集）

清

789 灌陽縣（漢零陵縣地。三國吳置觀陽縣。隋改爲灌陽。故城在今廣西灌陽縣西。後徙今治。明清皆屬廣西桂林府。）

嚴亨、灌陽人。爲陰陽學訓術。請築都江四十四堰。蓄水以資灌溉。邑人德之。（同治廣西通志列傳）

明

790 永福縣（漢始安縣地。三國吳。爲始安。永豐二縣地。唐分置永福縣。清屬廣西桂林府。）

章潤、字良玉。永福人。宏治甲子舉人。刻意文翰。尤長詩律。雖陰陽醫卜之術。靡不精究。歷任德慶、海陽、四會教諭。所至日進士於庭。誨以明體適用之學。於聲利泊如也。解官家居。賦詩飲酒。怡然終日。所著有荆石吟稿。（嘉慶廣西通志列傳）

791 柳州（唐置昆州。又改爲柳州。尋亦曰龍城郡。又改爲柳州。即今廣西馬平縣治。）

唐　秦諷、柳州人。賣卜於市。趙弘智曾孫、名矜。擧明經。調舞陽主簿。吳少城反。矜以縣歸。徙襄城主簿。歷襄陽丞。客死柳州。官爲殯葬。後十七年。子來章始壯。自襄陽往。求其喪不得。野哭再閱旬。秦諷爲筮曰、金食其墨而火以貴。其墓直丑。在道之右。南有貴神冢。土是守。宜遇西人。深目而鬚。乃得其實。明日有老人過其所。問之。得矜墓直社北。遂歸葬。時人哀來章孝。皆爲出涕云。新唐書趙弘智傳藝術典卜筮紀事○阜按、甘肅秦州新志、所載秦諷云云、與此同爲一事、惟誤諷作調非是、諷、直廉切、音兲、鹽顏、言美利也、

792 賓州漢置賓州、五代梁置領方郡、隋廢、唐又置賓州、天寶初曰安城郡、至德二載、又改曰領方郡、宋曰賓州安城郡、元初升賓州路、後降爲州、明曰賓州、屬柳州府、清曰賓州、屬思恩府、民國廢府、改爲賓陽縣、

清　雷友蘭、湖廣人、清康熙間來粵、精青烏白鶴之術、所相地、百不失一、同時有梁愛、與之齊名、梁遊府江、雷遊大江。康熙賓州志流寓

793 平樂縣漢荔浦富川二縣地、三國吳置平樂縣、故城在今廣西平樂縣西南、宋徙今治、明清皆爲廣西平樂府治、桂江至桂林、凡三百六十灘、以平樂爲中分之地、自此以上、險惡尚少、以下則兩岸懸崖、中多碎石、水甚湍急、溪洞林樾、猺人深據、自明嘉靖間、深入搜討、隨山刊木、開通道路、土族失險、始漸馴服、

明

莫遺賢、字賓廷。平樂人。（一作蒼梧人）少以孝聞。邃精易學。嘉靖辛卯舉人。授武緣敎諭。日與諸生講求象數。於吉凶消長。尤致意焉。擢上海知縣。以母老不赴。（嘉慶廣西通志列傳）

清

794 鍾山縣、（舊爲富川縣治。明時。縣徙置鍾山鎮。民國析置鍾山縣。並以昭平縣。防樂地方入之。）

廖篤堅、字羅石。喜讀孫吳司馬及三式諸書。有韜略。吳作逆亂。大將軍傅宏烈、帶領隨征有功。匾其門曰、黃石青箱。授平樂協、副總戎職銜。未補而卒。（民國鍾山縣志鄉賢）

歷代卜人傳卷三十五終　江都孔憲錡校

宋范文正公仲淹詩集「題爲贈都下隱者」梅福隱市門。嚴平居卜市。乃知神仙徒。非必烟霞地。異哉西山人。逍遙京洛塵。門多長者車。察脈如有神。（善醫）軒皇萬餘載。此術了然在。精意洞五行。飛名落四海。（善卜）結舍擬滄洲。東池接御溝。蘭芳披幽徑。琴樽在小舟。清夜泛月華。苑是江湖遊。他日上雲去。茲爲黃鶴樓。

中國歷代卜人傳卷三十六

潤德堂叢書之八

鎮江袁阜樹珊編次

雲南省

雲南省、在我國西南部、據長江上游、地當雲嶺之南、故名。境有滇池、故別稱曰滇。古百濮之地。秦爲西夷滇國。漢置益州郡。三國蜀漢分置雲南郡。唐沒於南詔、號大禮國。五代時改大理、元滅大理國、立雲南行中書省。明置雲南布政使司。清置雲南省。民國仍之。其地東界廣西、貴州。東北界四川。西北界西康。西與西南界英屬緬甸。南界法屬安南。省會曰昆明縣。

昆明縣漢建伶・穀昌二縣地・唐置益寧縣・元置昆明縣・明清皆爲雲南雲南府治・雲南省亦治此・今仍爲省治・縣治在滇池之北・山川之勝・甲於全省・地味頗沃・法人所築之滇越鐵路・自勞開入雲南境・至此爲終點・商埠在城之東南・清光緒三十一年自行開放・

明

江天水、昆明人。善數學。奇中如神。居羅漢山蝙蝠洞。及沙酋將叛。天水預告親識曰。某年月爲始。此地當作戰場四十年。可居此危險中乎。遂隱去。卒如其言。

清　張發潛、字見五。昆明人。諸生。性純孝。喜讀書。每多心得。而於數學尤精。人莫知也。但慕六壬名。而來者隨求隨決。無不應。嘗見重於當道。有大疑必延之決。年逾八十。無疾而逝。以上光緒雲南通志方技

清　李應麒、雲南昆明人。遘亂、與其父相失。被略至滇東。乞食歸。喪母、勸父再娶。後母至。遇應麒虐。應麒賣卜以養。失後母意。輒笞楚。跪而受杖。後乃被逐。事父母愈謹。父生日。賣卜得雞米。持歸爲壽。佃人田。方耕。聞後母病、輟耕走三十里求醫藥。後母生三子。友愛無間。後母久乃悟。卒善視焉。清史稿孝義

796　宜良州　漢滇池縣地。唐爲昆州地。後蠻酋羅氏。築城於此。號羅裒龍。元立太池千戶。升宜良州。治太池縣。尋省州爲縣。省太池入焉。明屬雲南雲南府。清因之。

明　劉福欣、字一德。號元崖山人。浙江開化人。善風角推步。正統初丙辰、從王驥征麓川。再從侯璡征貴州。多所贊畫。寇平。予之官不受。附籍宜良。年八十餘卒。光緒雲南通志寓賢

清　孔興東、宜良人。嘉慶庚午舉於鄉。精星學。通邵子數。爲人卜休咎。皆奇效。里中咸以神仙呼之。光緒雲南通志方技

清　謝詔、字丹書。臨安人。少業儒。長學道。精岐黃堪輿術。兼工詩畫。中年往來三迤間。既而雲遊海內。徧歷名山。晚年回滇。鶴髮童顏。飄然有神仙之度。常隱居湯池迎仙菴、以壽終。民國宜良縣志隱逸

清　羅萬福。貴州廣順人。嘉慶間遊幕至滇。歷二十餘年。所交皆知名士。詩酒唱酬。蘊藉風雅。尤工畫。善撫琴。精易理。卜筮多奇中。嘗著書自娛。有知音便覽天星月會。地輿諸圖。後以疾、卒於滇。諸名流重其品學。悉以詩悼之。光緒雲南通志寓賢

797　呈貢縣　漢滇池縣地。有呈貢故城。元立呈貢千戶。尋置呈貢縣。屬晉寧州。明屬雲南雲南府。清因之。康熙八年。裁歸化縣入焉。

明　文祖堯、字心傳。號介石。呈貢人。天啓辛酉選貢。操履嚴正。敦崇實學。初任四川名山縣訓導。刊進修日程。以古道訓士。士習爲之丕變。崇禎癸未、晉江南太倉州學正。首輯黌宮。整祭器。修祀典。刊儒學日程。頒諸生。俾日記善過。月朔考其進退。

躬行以率之。一時咸謂安定復生。甲申國變後。人情洶洶。孺人郭氏。倉卒偕女赴水死。先生棄官。從中峯寺蒼雪師遊。僑寓曇陽庵。服僧服。以靑烏術自給。婁人無賢愚貴賤。愈益敬愛。周以粟帛。吳浙獨行君子。爭相延致。歲會講學。後還鄉。士大夫競爲詩歌送行。繪像作傳以誌思慕。既聞先生道卒。因就其所常居室爲位以哭。顏曰思賢廬以祀之。私謚貞介先生。（師範滇繫人物）

明

798 易門縣（漢烏蠻所居。宋大理高智昇。使高䘵守其地。元立洟門千戶。改爲易門縣。故城在今雲南易門縣南三十里。明徙今治。淸屬雲南雲南府。）

柳逢陽、易門人。善堪輿術。萬曆二年甲戌、巡撫鄒應龍、平喬甸賊。至馬頭山。曰、此山雄峻。後必有復爲寇者。當扼其要以制之。遂埋金環於地。明日召逢陽謂曰、吾昨埋環爲兆。汝以金鍼試之。逢陽插鍼啓視。已在環中。但稍偏耳。應龍笑而謂曰、可遂斬一馬首與賊首共瘞。立石柱以鎭之。（光緒雲南通志方技）

明

799 楊林縣（本雜蠻枳氏、車氏、斗氏、麼氏、四種所居之地。城東門內有石如羊形。故又作羊林。唐羊林部落卽此。元立楊林千戶。改爲縣。明省。故城在今雲南嵩明縣南。）

蘭茂、字廷秀。楊林人。潛心理道。淹通經史。術數之書。靡不窮究。後尚書王驥、征

麓川。茂佐以方略。遂成功。所著有元壺等書。清一統志雲南省雲南府人物

明

800 晉寧縣漢置滇池縣。南朝梁後。沒於蠻。隋置昆州。尋廢。唐復置晉寧縣。天寶後。入於蒙氏。爲陽城堡部。段氏因之。元置陽城堡萬戶。改爲晉寧州。明屬雲南雲南府。清因之。民國改州爲縣。

黃拱斗、字文極。晉寧人。性穎異。多讀書。旁及百家技藝。無不精究。初以計偕游京師。遇隱者。授以觀象之祕。及歸。每豫書雨暘風雷地震妖異之事。無不符合。將卒。先知月日。遍別親識。盡焚其書而沒。光緒雲南通志方技

清

801 安寧州漢置連然縣。南朝梁後。沒於蠻。唐置安寧縣。元改爲安寧州。明屬雲南府。清因之。民國改爲安寧縣。

段槩、安寧人。諸生。通天文地理陰陽律呂諸書。著述甚富。尤精岐黃術。多有奇驗。光緒雲南通志方技

清

802 武定州唐姚州地。天寶後。入於南詔。元內附。後爲武定路。明改爲武定府。在今雲南武定縣東七里。後移建獅山之麓。即今縣治。清因之。屬雲南省。乾隆三十五年。改爲直隸州。民國改州爲縣。

張璜、元謀人。精青烏術。游歷四方名山五十餘年。其術愈精。爲人營葬卜地。決休咎。皆奇驗。光緒雲南通志方技

清

803 祿勸縣唐爲羈縻州。蠻名洪農碌券甸。雜蠻所居。元置祿勸州。清改爲縣。屬雲南武定州。

清　董懿、字千美。祿勸之緝麻人。少有雋才。尤精於術數。為人慷慨。喜功名。顧不遇。康熙甲午、舉恩貢。齒已艾矣。而意氣不衰。庚子二月、大兵三路進西藏。懿請於當事。自備鞍馬口糧從軍。於時都統五哥、副都統吳納、噶錫、總兵趙坤、馬會伯、咸器重懿。有事必曰請董先生卜。無不神。其年八月、遂破走策凌敦多布。復西藏。董先生功多。而限於階。議敘予縣丞。雍正甲辰、謁選丞浙之常山。歷署常山令。移署淳安。而宮保李衞督閩浙。尤重懿。舉卓異。權秀水令。已改平湖。未三年。告歸。年八十六。乾隆己巳卒。懿性廉明。在官多異政。網罟漏規。漕糧積弊。胥吏視為利藪者。革除殆盡。鄰邑有疑獄。數年不決。懿治辦。立雪其枉。邑嘗旱。禱之卽雨。嘗火。祝之卽滅。其去也。民建祠立像。且著其治行於碑。時人以為實錄。錢儀吉碑傳集雍正朝守令中

804　南甯州本三國蜀・建寧郡・晉改寧州・唐曰南寧州・改郎州・尋復故・後沒於蒙氏・故治在今雲南曲靖縣西十五里・

明　傅秉忠、江西人。寓居郡城。精天文。預推算來年水旱豐歉。毫髮不爽。其弟秉安。亦精其術。後徙居武當山。咸豐南寧州志方技

清　胡官禮、南甯人。善數學。精六壬。知府某、入覲。頻行就決休咎。筮定。驚曰、大凶。戒以豫防。弗聽。後果遇難。其平生所占者。百無一爽。時人稱之曰胡半仙。（光緒雲南通志方技）

清　戴澤溥、字均仁。號古味。邑人。歲貢生。官雲南府訓導。宏通該洽。工書詩。善畫。旁及醫卜音律青烏之術。皆融會而貫其通。研窮而盡其妙。而於天文歷數爲尤精。（咸豐南甯州志文學）

805 霑益州（唐初置西平州。改爲盤州。天寶末。入於蠻。爨刺二種居之。後又爲摩彌部所據。元改置霑益州。故城在今雲南曲靖縣東北二百十三里。明徙交水縣。即今治。屬雲南曲靖府。清因之。民國改州爲縣。）

唐　閉珊居集、霑益烏蠻也。精卜筮之學。其法用細竹四十九枚。以代蓍艸。或以鷄骨爲之。占驗如神。夷中稱爲筮師。（光緒雲南通志方技）

806 馬龍州（晉置西安縣。唐天寶末。沒於蠻。爲撒匡部爨刺居之。尋爲盤瓠蠻納垢所據。元初置納垢中戶所。改爲馬龍州。明屬雲南曲靖府。清因之。民國改州爲縣。○爨字典不載。）

唐　阿晌、（晌青蚼。晌町。西南夷也。）馬龍納垢酋之後。棄官職。隱山谷中。撰爨字。形如蝌蚪。二年始成。字母一千八百四十。號曰韙書。爨人至今習之。占天時人事。亦多驗。（光緒雲南通志方技）

清　朱承謨、馬龍人。業儒。兼習日者術。言人窮通壽夭。奇中。（光緒雲南通志方技）

807 陸涼州（漢平夷縣地。晉置同樂縣。唐初置平夷縣。天寶末。入於蠻。南詔時號落溫部。元初置落溫千戶所。改置陸涼州。故城在今雲南陸良縣東北二十五里。明增置陸涼衛。清康熙初。州城廢。而衛城堅完如故。後裁衛移州治於衛城內。）

清　劉毓麟、陸涼人。貢生。精卜筮堪輿術。屢驗。（光緒雲南通志方技）

808 羅平州（漢滇臥宛溫二縣地。唐天寶後。入於蠻。名塔敝納夷甸。尋為羅雄部。元初內附。改為羅雄州。明改土設流。為羅平州。屬雲南曲靖府。清因之。民國改州為縣。）

清　劉飛雲、羅平人。國初時居享召村里。有毒龍為祟。病者輒禱之。飛雲持巨斧伐潭上古樹一株。樹流血。潭為之赤。患遂息。當龍川陰雨時。水漫河深不可測。飛雲乘騎自水而過。如履平地。人皆奇之。尤精堪輿術。凡羅平世家吉壤。飛雲所卜者居多。（光緒雲南通志方技）

809 河陽縣（南詔置河陽郡。元置州。降為縣。故城在今雲南澂江縣東。明徙治澂江府治。清因之。民國改為澂江縣。）

清　葉文波、原名覲光。河陽人。少應童子試。有星士推曰、君當因名而入庠。旋因名而被黜。文波未之信。後學使見其名。為更覲光。果游泮。次年學使為鄭覲光。怒其同名。黜之。文波遂棄家游中州。遇前所識星士。盡得其術。返里。終身不娶。以星命隱肆中。日得錢數十。即下簾。與友人談。皆洞達性命之言。平居惟勸人行忠孝事。蕭然自得。一日詣一達官。曰願與一棺。明日辭公去矣。次日果沐浴更衣而逝。（光緒雲南通志）

810 東川縣（宋時段氏置東川部。後烏蠻閟畔據之。號閟畔部。元初內附。置萬戶府。尋改東川路。明改為東川軍民府。清因之。為東川府。屬雲南省。置會澤縣為府治。民國廢府。改會澤為東川縣。尋又復故名。）

清

朱應元。字子楷。東川營參將亮之父。精岐黃術。所遇雖奇疾必愈。嘗以藥餌濟人。且精數學。有問吉凶。教之趨避。多奇中。將卒。豫知其期。作對聯於門。曰。奉旨來丁未。呼回去甲辰。蓋生於丁未。果卒於甲辰也。平日與親友往來詩最多。皆有應驗。先卒之二年。與其妻舅詩曰。傲骨幾根堅且重。拋在他鄉擡不動。準於明年自負歸。煩君挖下埋人洞。後悉如其言。（光緒雲南通志方技參滇南雜志）

811 會澤縣（漢堂琅縣。南齊後。沒於蠻。雍正五年。清置會澤縣。治巧家。尋移東川府治。民國廢府改縣為東川。尋復故名。）

清　吳桂良、浙江紹興人。咸豐間、爲知府汪之旭幕賓。因遭亂。流寓東川。日與郡人爲文字交。學問淵雅。善詩古文詞。尤精天文地理。嘗爲舉人彭啓商、卜地葬母。書鈐記以付之。後皆驗。亂平歸里。不知所終。光緒雲南通志寓賢

812 尋甸州　漢滇國地。後爲剌蠻居此。號仲扎溢原部。晉爲烏蠻之裔。號新丁部。語譌爲仁地。唐蒙氏時。爲仁地部。烏蠻居此。宋時段氏因之。元初置仁地萬戶府。改爲仁德府。故城在今雲南尋甸縣東五里。明改尋甸軍民府。尋改設流官。爲尋甸府。徙今治。清降爲州。屬雲南曲靖府。民國改州爲縣。

明　張神卜、不詳其名。尋甸人。精數學。觸物能知其終。不失時刻。與人言。初若不經意。後悉驗。人遂以神卜呼之。

清　馬百良、尋甸人。精數學。並堪輿術。相墳卜居。決吉凶。無不奇驗。人有求爲卜地者。必先觀其德行。然後徐爲指授。嘗服習吐納。晚年愈見矍鑠。人呼爲馬半仙。以上光緒雲南通志方技

813 鎮雄州　周時爲烏蒙子芒部所居。漢屬牂牁縣。唐宋爲烏蒙所據。元置芒部路。明設芒部府。後改鎮雄軍民府。屬四川故治。在今雲南鎮雄縣西南七里。清雍正五年。改隸雲南移今治。六年降爲州。屬昭通府。後升爲直隸州。民國改州爲縣。

清 傅姓、失其名。鎮雄人善風鑑。雍正間、居羅海場。言人休咎。無不奇中。謁者接踵。一日方隱几臥。一人席帽帀衫。帀。作答切。音洓。合韻。謂倒之也。凡物順逆往復。則周徧矣。來呼之相傅驚覺凝視久之。謂曰、君神清氣爽。得非仙乎。其人大笑數聲倏不見。市中咸嘖嘖稱異。光緒雲南通志方技

814 楚雄縣唐時南詔置威楚縣。後爲蠻爨所據。元初置千戶所。改置威州。降爲威楚縣。明改曰楚雄縣。爲雲南楚雄府治。清因之。民國廢府留縣。

清 張維焯、楚雄人。舉人。生平好學。坊表自飭。且精岐黃堪輿家術。主講鳳山書院。生徒景從。年八十、會試賜國子監學正。九十歲卒。光緒雲南通志方技

815 琅鹽井在雲南鹽興縣東。本定遠縣之寶泉鄉。明初置琅井鹽課司。分屬安寧黑井二提舉。尋裁。移雲南安寧州之安寧提舉於此。改爲琅井提舉司。屬雲南楚雄府。清康熙時。改直隸提舉。民國於黑鹽井置鹽興縣。以琅井屬之。

清 王體元、琅井人。諸生。精天文地理。望氣占雲之術。兼工詩畫。士林中稱多藝焉。光緒雲南通志方技

816 建水縣漢賁古縣地。唐時烏蠻地。元和間。蒙氏築城名惠歷。漢語曰建水。元改建水州。故城在今雲南建水西半里。明徙今地。爲雲南臨安府治。清因之。乾隆三十五年。改州爲縣。民國廢府改縣爲臨安。尋復舊名。

清　劉德厚、建水人。諸生。精於易卜。光緒雲南通志方技

817　通海縣　唐置通海鎭。後爲阿僰蠻所居。蒙氏於此置通海郡。段氏改爲秀山郡。尋復爲通海郡。元立通海千戶所。改通海縣。明屬雲南臨安府。清因之。

清　陳文藻、通海人。少貧。躬耕養親。比壯。游四方。學天文地理陰陽星卜之術。俱得其解。晚歸鄉里。專以醫活人。藥不望酬。視有病者。如痛在己身。惟恐除之不速。後孫浩、以康熙甲午。涵、以雍正甲辰。先後舉於鄉。光緒雲南通志方技

清　李維新、通海人。諸生。家貧授徒。彌勤。遇異人傳以六壬術。卜之多奇驗。舅父沈熹、官蔚州時。有賣油者被殺於塗。捕賊久不獲。維新至。令卜之。曰、賊匿東南村中。未走也。贓亦現藏土竈內。宜遣亢姓隸、從陰人探消息。捕之必獲。隸果有亢某者、如言遣之往。亢夜宿處。卽賊姊家。偵得其迹。果贓賊並獲。以上光緒雲南通志方技

818　石屛州　漢益州郡地。蠻曰舊欣。漢言林麓。唐時烏蠻、居之。段氏時阿僰蠻奪據。闢地得石坪。聚爲居邑。因名石坪。元改邑爲州。明改曰石屛州。屬雲南臨安府。清因之。

清　龔布、字黃石。四川人。任思南府同知。棄官遊滇。善相地數學。尤精。一日報賊警。龔在坐。曰、當獲賊首四。暮望軍書不至。龔曰、戌時至。當有印信文書五。悉如其言。

著有地理諸書。以上

清　劉騰蛟、號潛菴。進士。精天文地理術數。博涉三易洞機。勾股算法。兼通詩賦。以上乾隆石屏州志方技

清　畢山人、初不言其生平。遊至屏。愛異龍湖島。遂寓焉。常爲人相地。許得科甲。有奇驗。人比之賴布衣云。一日危坐。對人言曰、予逝矣。揀書籍詩草焚之。仍遺陰符、南華、莊老、諸手鈔。同鄉友江泳、窆之黑龍坡山人歙縣人。名熙甯。字坤一。亂後廢產。棄家。曾官武崗知州。後程封、銘其墓云、畢君熙甯新安巨族。官於武崗。歿於萊玉。高義江君。遷壙而哭。樹之豐碑。移之墓木。勿侵坏土。勿驅黃犢。嗚呼畢君。爾子若孫。可能招其魂。舁其骨。返而葬之烏聊之麓。

清　游席珍、字龍潭。四川人。明季遊臨安。有觀風望氣之術。其相地甚精。康熙年間、修臨安天王寺、於龕頂、得其遺書十數紙。皆言臨安、及屏中形勝。至今傳之。以上乾隆石屏州志流寓

819 廣南縣（元爲廣南西路宣撫司・明置廣南府・清增置寶寧縣・仍爲廣南府治・民國廢府・改寶寧爲廣南・）

唐　夏侯生、別號羅浮處士。廣南劉僕射崇龜、常有台輔之望。必謂罷鎮。便期直上。崇龜重夏生有道。因問將來之事。夏生言其不入相。發後三千里。有不測之事。洎歸闕。至中路得疾而終。劉出甫、亦蒙夏生言示五年行止。事無不驗。蓋飲啄之有分也。（太平廣記相術、）

820 景東廳（唐時南詔蒙氏・立銀生府・爲六節度之一・尋爲金齒白蠻所陷・移府治於威楚・白蠻遂占其地・歷大理段氏莫菲服・元平之・置開南州・明改爲景東府・清乾隆三十五年・改爲直隸廳・屬雲南省・民國改廳爲縣・）

清　饒時佐、字輔堂。性率直坦易。人樂近之。精堪輿術。有延之者。雖百里遙。皆徒步往。年八十卒。（光緒雲南通志方技）

821 騰越廳（唐時南詔蒙氏置軟化府・後白蠻徙居之・改騰衝府・元內附・改藤越州・又置藤越縣・尋增置騰衝府・仍置藤越縣・後州廢・府縣如故・尋又省縣入府・改騰衝守禦千戶所・升爲騰衝軍民指揮使司・又改置騰越州・清爲騰越廳・屬雲南省・騰越鎮總兵駐此・民國復名騰衝府・尋改爲縣・地當檳榔口支流・與英領緬甸之八莫・遙遙相對・爲雲南與緬甸陸路通商之埠・本省西部門戶也・岡巒環繞・中抱平原・土地肥沃・雞犬相聞・清光緒二十三年・中英續議緬甸條約・允英駐劄領事・並允英人居住貿易・與通商各口無異・出口貨以四川黃絲爲大宗・硫黃次之・）

清　許爾超、字子經、騰越人、性簡默、得異傳奇門術數、精堪輿術、嘉慶癸酉遊京師、詣王府驗舊陵屢效、上聞、賜檢討職銜、旋里後、閒爲人卜地、皆奇驗、年八十餘、無疾而終。（光緒雲南通志方技）

822 永昌縣（在雲南保山縣南百里・唐時蒙氏・爲銀生府北境・宋時段氏・置廣夷州・元置石甸長官司・後訛爲施甸・明因之・土官莽姓・清省・改設永昌縣・民國改爲保山縣）

明　楊元、字務本、永昌人、潛心理學、沈默靜坐、頓悟邵子先天數學、人有叩者、應驗如響、爲諸生、遊太學、歸隱居不仕、從學者甚衆、當道重其爲人、時有饋遺、悉辭不受、强之則封識以待其去、任還焉、所著有納甲圖九圭數學基指南行世。（師範滇繫人物）

清　李應宣、字明南、郡貢生、精奇門、多應驗、前郡守稽玫、以維西兵餉告急、遣使賫（賫・同齎・音躋・與賫同・）召宣卜之、果有奇驗、令其子點與明經率⿰火雋。（⿰火雋・音俊・慧也・）俱衍其傳焉。（道光永昌縣志方技）

清　吳觀國、施甸人、文生、精天文望氣、觀星、所占必驗、咸豐辛酉歲、彗星見西方、占之、謂城不久當失、須十年後、方能克復、遂遠遊、不知所終、後蔡逆果於是歲陷城。

至同治辛未克之。竟符其言。光緒雲南通志方技

823 太和縣元置。明清皆爲雲南大理府治。民國改爲大理縣。

清 楊增、太和人。諸生。博洽經書。尤專言周易。及星學大全。天象算術。

清 董以忠、字行之。太和人。幼業儒。父策、精天文。以忠繼其業。益研究。由是悟河洛祕奧。占卜輒應。尤能望氣占雲。著有天機總括。地理發祕。以上光緒雲南通志方技

824 雲南縣漢置。晉兼置郡。齊因之。唐置匡州。後沒於南詔。爲雲南州。元仍之。尋降爲縣。故城在今雲南祥雲縣南八十里。明徙今祥雲縣治。屬雲南大理府。民國改爲祥雲縣。

明 楊體仁、字向春。別號野崖。世居雲洱之北門。少而穎悟。志在道德。不慕聲華。爲邑增廣生員。潛心易學。上紹五聖心傳。近接堯夫正派。蓋先天後天之數。固已得之心悟。而非言說所能盡矣。極深研幾。言必有中。然人猶未之奇也。明學憲出巡。於報優劣最爲緊要。故凡報劣者、俱被箠革焉。時値歲試。行催報劣甚嚴。邑學師欲以貧者當之。體仁曰、嘻、彼貧士也。何可當此累。自願以身代之。學師曰、汝品行端方。報劣無可措詞。體仁曰、但言左道惑衆。擅吃民間雞酒。足矣。學師然其說。以

報之。迨學憲按臨榆郡。歲試甫畢。於報劣者嚴加考詢。一見體仁。卽作色言曰。汝爲士子。左道惑衆。可乎。體仁答曰。生員非左道惑人者。若謂生員左道惑人。易經不該命題。學憲色和。曰。汝知易數。其能明吾意乎。體仁曰。請書一字。學憲於案上書一由字。體仁曰。是問六甲。蓋由字倒看。則甲字也。學憲故意喝之曰。非也。體仁曰。恭喜老宗師。所生是個公子。但這聲喝得不好。稍頃。報信人至。果舉一男。惟經過觀音塘。馬忽折足。學憲撫然曰。撫。文甫切。音武。撫然失意貌。世俗譏評。何足爲定。吾幾屈一佳士。此後報劣之令遂弛。但存其意而已。由是名聞省會。沐上公尤重之。卽軍旅大事。亦與相商。於賊敗之期。皆預定焉。體仁又預卜雲邑路當孔道。五十年後。必罹兵燹。遂挈家屬遷於姚城。後乃雲遊不返。莫知所終。著有心易發微六卷。隆慶間。已行世。心易發微野崖傳○阜按。康熙大理府志隱逸。載楊向春。號野岩。雲南縣人。初爲諸生。習舉子業。久之。棄去。究邵子先天之學。遂能前知。著有皇極經世。心易發微。格物篇諸書。後遍游名山。自稱孔道人。過袁了凡。授以易學。至武當。不知所終。觀此足證撰府志者。未見心易發微野崖本傳。故所敘詳略不同也。

825 趙州 唐時蒙氏。使趙康居此。因名趙川瞼。置趙郡。尋改爲州。段氏時。曰天水郡。元復置趙州。明淸因之。屬雲南大理府。民國改縣。尋又改爲鳳儀縣。

清　蘇于垣、字鞏之。趙州人。貢生。多聞博學。精於天官書皇極數。爲人占卜。無不應驗。

清　許超、趙州諸生。精易學。遭回亂。挈家避難。所至輒卜之。以決休咎。鄉人賴以脫禍者甚夥。

清　沈德全、字耀西。趙州人。精卜易。尤善堪輿術。知州趙揩丞、署內失金環。疑婢竊之。尋詰幾窮。使人卜於德全。占曰、爲婢誤頃盆水。失於東北。物尚存。尋之立獲。其卜驗神妙率類此。卜葬亦屢著奇驗。（以上光緒雲南通志方技）

826 劍川州（唐時爲羅魯城。又名劍川。顯慶初。浪穹與南詔戰不勝。走保劍川。後爲南詔所并。置劍川節度。宋段氏時。改爲義督瞼。元初置義督千戶。改爲劍川縣。故治在今雲南劍川縣南。明升爲州。徙今治。清屬雲南麗江府。民國改州爲縣。）

清　楊纁、號蓼村釣叟。劍川人。少慕丹術。精導養。尤深於算數。踵其門者、占靡不驗。乾隆間、某大帥西征。抵劍川。瀾滄江水暴漲。不能渡。當事謀造巨艭。（艭。音雙。船也。）延纁卜其事。纁端策前決曰。無須此。隨書江未過。敵先破二語以進。不數日捷音果至。

神其術。因厚贈之。年八十餘。無疾而終。

清　趙東周、字潤岐。劍川諸生。精青烏術。爲人卜地。必告以修德爲先。心田陰地相爲表裏。積善之家自能獲福。否則雖有言壤亦屬無濟。嘗著地理論。以仁義忠信配龍穴砂水。識者韙之。以上光緒雲南通志方技

清　827 中甸廳 唐吐蕃鐵橋節度使地。元爲麗江路地。明爲麗江府地。清雍正五年。移劍川州判。駐防其地。乾隆二十六年。改同知。名中甸廳。屬雲南麗江府。民國改縣。

阿吉、中甸人。幼時入山樵採。遇異人授以方術。及長遂精卜筮。所斷吉凶皆奇驗。光緒雲南通志方技

清　828 姚州 唐置姚州都督府。故城在今雲南姚安縣北。天寶末。沒於南詔。宋時大理段氏。仍置姚州。元移今姚安縣治。明爲姚安府治。清廢府。以州屬雲南楚雄府。民國改爲姚安縣。

郭先生、名失考。姚州人。精奇門六壬。爲人卜休咎。有奇驗。人呼爲郭半仙。後遷省垣。寓武候祠。問卜者盈門。及亂不知所終。光緒雲南通志方技

清　829 鎮南州 南漢益州郡地。撲落蠻所居地。名欠舍。有城曰雞和。唐置西宗州。後沒於蒙氏。置石鼓縣。又置俗富郡於此。元置欠舍千戶。改爲鎮南州。明屬雲南楚雄府。清因之。民國改州爲縣。

陳礪才、字若金。州平黃家山人也。讀書有能悟性。靜寡言。遇事從容能斷。日以

講學授徒爲事。門下士入泮者以數十計。又精占卜之學。言事果應驗。光緒丁亥。以歲貢授訓導。未幾卒於官。（光緒鎮南州志文學）

貴州省

貴州省、在我國西南部、據西江上游。殷爲鬼方地。戰國時爲黔中地。故別稱曰黔。秦屬黔中郡。漢初爲南夷地、尋置牂牁、武陵兩部。晉屬荊、益、甯、三州。唐置黔中道。宋屬夔州路。元置貴州、思州、等宣撫使。明置貴州布政使司。淸爲貴州省。民國仍之。其地東界湖南。南界廣西。西界雲南。北界四川。省會曰貴陽市。

830 貴筑縣（漢故且蘭縣地。隋置牂牁縣。唐改建安縣。元置貴州等處長官司。明初改爲貴筑長官司。改置新貴縣。淸康熙二十六年。改置貴筑縣。與新貴同爲貴陽府附郭縣。三十四年省新貴入貴筑。民國改貴陽府爲縣。移貴筑治札佐。又移治息烽城。改名息烽。○筑。竹亦切。音逐。屋韻。）

明

顧璇、字良玉。郡人。明敏工詩文。凡醫卜諸書。以及繪事。靡不精究。以親老侍養。

隱逸　不求聞達。晚年尤好黃老。構來仙樓以居。巡撫孔鏞嘗造其家。爲作東樓記。（康熙貴陽府志）

清　劉子章、字道闇。別號豹南。貴筑人。康熙辛酉、以第一人舉於鄉。兩試春官不第。出知襄城縣。有循聲。擢監察御史。年五十二卒。子章少貧。讀書蕭寺中。炊爨不繼。常從僧寄食。飲益發憤攻苦。博極羣書。久之其學益進。經史大家外。以及星命地理。皆能通曉。著同聲堂文集。耐堂詩集若干卷。（錢儀吉碑傳集科道下之上）

831　貴定縣（漢故且蘭縣地。宋爲麥新地。改曰新添。元置新添葛蠻安撫司。明置新添衞。又置貴定縣。屬貴州貴陽府。清康熙二十六年。省新添衞。入貴定縣。今貴定縣西南四十里。有貴定舊城。明時置縣於此。地名舊縣場。清康熙時。始移今治。）

明　黃鳳、衞廩膳生。需次將貢太學。以母老辭不試。侍養終身。人稱孝焉。鳳又精醫卜。之業有奇效。當道皆知其術精。咸欲致之。鳳絕不與見。曰、不幸而多能。豈可復持以爲贄乎。遂逃入林中。人以此高之。（鈔本貴定縣志隱逸）

832　廣順州（元置金竹府。明改置金筑長官司。尋升爲安撫司。後置廣順州。清屬貴州貴陽府。民國改州爲縣。今廣順縣東北北岡。有新廣順城。明萬歷中置州無城。崇禎二年。始建土城。尋復議廢土城。而改建新城於北岡上。清時州仍治舊城。而以新城駐防兵。）

清　潘清逸、庠生。性鯁直。遇事敢言。乾隆間、大旱。率衆開義倉以濟饑民。州主怒。詳撫憲三司、會訊。清逸上公堂講孟子齊饑一章。大憲以瘋魔了之。後與馬洞神仙往來。得遁甲之術。占風雨。卜吉凶甚驗。乙未歲、清逸作古風一篇。中藏玄語。驗後始知。將卒一切喪祭事宜。書單藏篋。後人如命果無或遺。道光廣順州志方技

833 甕安縣宋紹興初。開甕水寨。爲黃平府地。明置甕水安撫司。改置甕安縣。清屬貴州平越州。

清　傅瑤光、字靈川。性敏。多技能。自象緯醫卜、樂律書畫之屬。皆所通曉。尤工詩賦、及駢儷之文。入縣庠後。再應鄉試不售。著白雲詩賦集。民國甕安縣志文苑

834 湄潭縣本播之苦竹壩三里七牌地。明萬曆十八年。以湄潭川當川貴之險要。置湄潭縣。清屬貴州平越州。

清　任開泰、經里任家橋人。性善行端。精青鳥術。凡爲人造葬。無不盡心。享年九十三。一方稱仰。

清　夏正邦、經里人。生平樂善。精青鳥術。並精岐黃。兵燹時、與曾祖芳、立砦東溪。砦音寨。藩落也。山居木柵爲砦。施藥濟人。著有產科心法行世。年八十無疾終。以上光緒湄潭縣志方技

835 遵義縣漢置鱉縣。宋齊後廢。唐置恭水縣。改曰羅蒙。又改曰遵義。宋建遵義軍及遵義縣。尋廢爲砦。故城在今貴州遵義縣西。明置播州長官司。後復置遵義縣。爲貴州遵義府治。清因之。即今治。民國廢

府存縣·

清　趙廷華、字重宣。遵義平水里人。生員。精堪輿術。爲人易戶樹冢。門刻日而取驗。人稱曰。趙神仙。遭亂避去貴陽。人爭奉贄。不責厚報。曰、同丁亂世。吾以是濟人耳。何報之足云。子弟豔請其術。則曰、四書五經。爾輩所宜讀。胡及此。絕不輕示人。年七十餘。無疾而卒。民國續遵義府志術數

836 桐梓縣漢牂牁郡地·後沒於蠻·唐開山洞·置夜郎縣·宋沒於蠻·後復置夜郎縣·尋廢·明置桐梓驛·後改驛置縣·屬貴州遵義府·清因之·

明　文利道人、不知何許人。遊至桐梓。精堪輿說。常見負一神像。曾於鼎山寺、題迴文詩云。閒雲野鳥宿村煙。唳鶴驚眠不似眠。參細細功禪密密。坐深深地露涓涓。三更五會空拋像。半夜初鐘火出蓮。關外不行修佛事。南巖寄興寫詩篇。後不知所往。道光遵義府志方技

837 仁懷縣宋置·尋廢·明復置·卽今貴州赤水縣·清移仁懷縣於李博里之亭子鋪·屬貴州遵義府·卽今仁懷縣治·民國因之·

清　楊書臺、字鍾山。仁懷布衣。苦學積行。治家有法。事繼母羅。數十年無間言。羅嘗

曰。書臺之事我過於其父。家貧。恃授徒作事畜。課餘、雜家人操作。歷三十餘年。家漸裕。其敎人也。以端本力行爲主。故從之者。多成謹厚之士。暇輒殫心術數之學。尤精堪輿。好施與。有告貸。家雖無多儲。亦必騰挪與之。貸而弗償。亦弗問。遇災歉。則集饑民。或修治道路。或穿濬溝渠。而供其日食。力不足。則勸募助之。頗少流亡。里中有爭者。多方勸息。匙成訟事。人稱爲善士。書臺之先。本湖北麻城人。展轉徙家於縣之南鄉。家譜散亡。至是書臺乃遠徵近紹。纂修家乘。稿未刊。無疾卒。年七十四。殯葬日期。皆其預定。從容以逝。其數理之精如此。（民國續遵義府志文學）

清

張太虛、仁懷人。常披虎皮、行乞市中。與人談休咎輒應。後死、鄉人共舁葬之。未幾人復於蜀之綦江見之。仍披虎皮乞於市。（道光遵義府志方技）

33 天柱縣（唐朗溪縣。南獠地。宋爲會同縣地。明置天柱千戶所。又置天柱縣。崇禎十年。移治龍塘。在今縣東十里。改名龍塘。清併天柱所入焉。屬貴州鎮遠府。縣北十五里。有柱石山上有石如柱。縣以此名。）

月[illegible]

蕭雲山、城坊人。萬曆初年少得異人授以奇門之法。知人世吉凶。本所千戶徐、苗捉去地良山中。雲山、止衆勿驚。乃于某日統軍數十。作法夜行。越數寨。直抵山中取回千戶徐弘。雞犬不驚。歸始日出。苗人駭以爲神。其家淸貧。毫無所取。冬不爐。夏不扇。日惟歌吟。後尸解。有人從黔中來。見其飄然而去。歸而言之。始知其仙遊也。諸仙錄有云。蕭雲山、住天柱峯。康熙天柱縣志仙釋

839 黃平州 漢唐爲牂牁蠻地．宋爲黃平府地．明初改黃平府．爲黃平安撫司．後改爲黃平州．故治在今貴州黃平縣西北三十五里．今名老黃平．淸康熙二十六年．徙州治於興隆衞．卽今治．屬貴州鎭遠府．民國改州爲縣．

明

張懷陽、綿竹人。有道術。雲遊至黃平。視病卽知死生。可療者藥之立愈。年八十三。將卒前三日、謂門弟子曰。某日某時。吾當逝矣。至期談笑而終。淸一統志貴州省平越府仙釋

840 黎平縣 宋誠州地．元置上黎平長官司．明改置黎平．新化二府．後省新化入黎平．淸因之．屬貴州省．民國改府爲縣．

淸

王建極、郡庠生。性仁孝。力學不倦。凡經史子集星歷諸書。悉究其奧。生平砥德勵行。纖毫不苟。梅友月、何騰蛟、與爲莫逆交。當道咸欽慕之。稱曰古之玉界尺也。光緒黎平府志儒林

841 永從縣 唐爲溪洞福祿州．宋改福祿永從軍民長官司．元因之．明初改永從蠻夷長官司．後改爲永從縣．屬貴州黎平府．淸因之．

清　向昌國、永從人。爲永邑諸生。棄衿學堪輿。得青囊祕訣。凡阡葬皆能預識吉凶。尤精易卦先天之數。光緒黎平府志藝術

842 銅仁縣唐置萬安縣。改曰常豐。唐末沒於蠻。宋置錦州砦。明初改銅仁長官司。尋置銅仁府。後置銅仁縣爲府治。清因之。後移銅仁縣治江口汛。民國改銅仁爲江口縣。改銅仁府爲銅仁縣。

明　徐宰六、字北樓。江西臨川諸生。嘉靖初游銅。喜其山水佳勝。乃遷居焉。生平善青烏術。于銅得吉壤二。一葬陳行人珊之父。陳珊。字鳴仲。嘉靖進士。授行人。以不附嚴嵩。官終兗州郡丞。嘗銘其座右曰。士大夫能以居鄉之心居官。天下必無冤民。能以居官之心居鄉。天下必無請託。人以爲名言。四世科甲蟬聯。爲一郡冠。一自葬。後以孫穆貴贈按察使。累代簪纓。較陳氏尤緜遠。郡學宮官署。皆宰六所酌定。著有詩集未梓行。黔詩紀略、錄其二章。今讀其詩。殆亦高士之流歟。光緒銅仁府志流寓

清　張潛光、號薊門。生數歲。神姿秀澈。讀書過目不忘。其父宮諭公。字之曰小農。蓋不欲其卿相富貴。而望以帶經掛角。相隨于東阡南陌間也。同時汪退谷、周相埜、繆湘芷、諸公。皆賦小農詩以贈。年十七。宮諭卒。遺書數萬卷。潛光下帷自勵。甫數年。誦覽已徧。與武陵楊孟班輩。作竹林游。往往以議論傾座客。學既博。氣益豪。遇

事慷慨問託之詩歌。阮嗣宗、劉公幹、殆所心追而力摹者也。好堪輿。醫卜之術。星學。尤精。不計生產。不願婚娶。不習舉子業。嘗慨然有慕于司馬子長。欲縱覽名山大川。以充拓其懷抱。乃歷湘衡。過洞庭。浮江而東。未幾、以母太宜人病。遂匍歸居嘗怏怏。忽析產置湖田數頃。自駕扁舟。往來湖上。販魚為業。或有以非計言者。潛光曰、若眞謂我學陶朱、作販豎耶。吾特愛浮家泛宅。如家志和、綠蓑青笠。放跡于煙波耳。是時年二十有奇。太宜人亟謀娶婦。潛光固沮之、曰。兒與世相遺者。且壽短。無富貴子女相徒瑣瑣。何為待過三十四娶未晚也。後竟卒于是年。著有遠游草未梓。光緒銅仁府志隱逸

843 婺川縣 隋置務川縣。唐置高富縣。後廢。宋復置務川縣。元曰婺川縣。明屬貴州施南府。清因之。

明

胡學禮、婺川人。庠生。素精邵堯夫數學。志向清潔。淡泊自如。不求仕進。有古隱士風。道光思南府志隱逸

844 安順縣 本安順府直轄地。清時安順府。與普定縣同城。民國移普定治定南。改府為縣。縣境山谷幽深。林箐蓊鬱。城在渚魚河南。商貨自廣西輸入。必先集此。然後輸入貴陽。

明　周大行、籍無考。精地理。相傳郡城基址方位陰陽。為大行所定。光緒安順府志方技

845 安平廳唐宋羅甸國地。元金竹府地。明置平壩衛。清康熙二十六年。改為安平縣。屬貴州安順府。民國改為平壩縣。○德誠按。清一統志貴州省安順府。載有安平縣。並無安平廳。茲據道光朝。安平廳志所載。至改縣為廳。究在何時。容再考證。

明　嚴俊明、末湖廣公安人。別號冷水。博通經史。尤精天文。居平壩數年。士人多宗之。後寓偏橋之雲臺山。從學者益衆。一日與諸生立階下。見日邊一星。問諸生曰、知此星否。對曰、此所云太白晝見者耶。曰、非也。此名天狗星。漢七國之變。此星晝見。今復見。西南其有事乎。遂飄然不知所往。一云、薙髮遁去。未幾。天啓間、有奢崇明、安邦彥之亂。崇正間、有李自成、張獻忠之亂。貴陽平壩之間。焚燬殆盡。貴州通志　道光安平廳志流寓

846 普安縣元普安路地。明置新城新興二千戶所。清順治十八年。置普安縣。初治新城所。屬安順府。即今貴州新仁縣治。康熙十一年。移治新興所。即今治。屬貴州南龍府。

清　田澤霖、字雨村。二區鷓鴣村人。貢生。初失怙。貧不就外傅。既長。伯兄澤海。季兄澤深。送盤城肄業。勤憤猛進。為同儕冠。竟績學成名。書法松雪道人。舉業力追天

崇。蹭蹬不售。凡醫卜星相堪輿雜學。無不窺其門徑。性耿介質直不墮流俗。舌耕養母。獨力負責。教人以孝弟忠信。修德行仁。而後致力於文藝。年七十六。卒於家。民國普安縣志文學

847 興義縣 舊爲普安州地。清移平越府治之平越縣來治。改爲興義縣。屬貴州興義府。○德誠按。何炳與覽云。興義府。國朝南籠府。改今名。又云。興義縣。苗疆。國朝建置。查清一統志。乃乾隆二十九年敕開。故是書只載有南籠府。並無興義府。而亦並無興義縣也。

清

劉鍾嶠貞豐州人。性穎異。好讀書。以能文隸州學。旁覽醫卜諸書。醫術尤精。醫人輒活。不受謝。卜亦多中。衣冠整肅。步履不苟。里有端人之目。咸豐興義縣志藝術

歷代卜人傳卷三十六終

鎮海金宗城校

清、紀文達公曉嵐家書。「訓次兒語誡勿於舊壁間擅闢窗櫺。櫺音靈。」風水之說。雖非君子所尚。然而堂堂翰林院中。尚且諸多避忌相傳。翰林院堂。不啓中門。啓則不利於掌院。癸巳開四庫全書館於翰林院。質郡王臨

視。不得已啓中門延之。俄而掌院劉文正公逝。又傳原心亭中之西南隅。有父母之翰林。不可設座。坐則必有刑尅。陸耳山學士素惡風鑑。毅然設座。時未兩月。竟丁母艱。其餘步院。亦各有禁忌。相傳禮部甬道屏門。舊不加搭渡。錢籜石前輩不信。偏設搭渡而行。以免旁繞。旋有天壇登杆之事。帝都部院尙如此。何況臣下門庭。爾因臥室中黑暗。擬將後牆拆去。改作窗戶。既經風鑑相宅。力言東向不利。不宜改作。爾竟固執大寒無忌。竟置兄嫂之言若罔聞。頑固已極。古語云。暗房亮竈。臥室愈暗愈妙。何竟獨持異議。爾因夏令房中酷熱。以致生子出痘而夭。然而此宅建自爾先高曾祖。在爾臥室中長大者。不下十餘人。死生本屬大數。豈能歸咎於房屋耶。畢竟不願居是室。儘可與兄嫂易室相居。勿許擅闢窗戶。毋違特諭。

中國歷代卜人傳卷三十七

潤德堂叢書之八

鎭江袁阜樹珊編次

遼寧省

遼寧省、我國東三省之一、古青、幽二州之域。漢遼東、遼西、玄菟三郡地。唐入渤海。五代及宋入契丹、後入於女眞蒙古。清初曰盛京。順治十四年、置奉天府府尹。乾隆初、設盛京將軍。光緒三十一年、裁府尹。三十三年、裁將軍、設巡撫、並設東三省總督駐焉。民國十八年、又改省曰遼寧。其地東界吉林。東南以鴨綠江界朝鮮。南臨黃海渤海。西界熱河。北界黑龍江。省會曰瀋陽縣。

848

滿洲（即今東三省・本名滿住・乃文殊之音轉・以佛名爲名也・明之中葉・有建州衞酋長李滿住者・由朝鮮咸鏡道・移居興京・其後清太祖統其部落・以滿住爲尊號・是爲滿州汗・至太宗始以滿州爲部族之名・後又用爲國號・世人因東三省爲太祖太宗所侵略・遂稱其地爲滿州・今又分稱南北滿洲・以吉林長春縣爲分界線・）

清

德格勒、字子諤。滿洲人。康熙初、著稱理學。以翰林入直內廷。清風亮節聞天下。

賡與友、則徐文定公元夢、湯文正公斌、李文貞公光地。文貞榕村語錄、自云其學問、過德子謗、徐善長兩先生而後有進。嘗扈從巡行、明珠奉萬金爲裝。固辭。天久不雨。上命筮之遇夬。深言小人在上之當去。又以京師地震。與魏明果相繼言二相植黨之應。明尤憾之。會格勒删定起居注稿。明、嗾人劾其私抹起居注。論死。會時公主出降科爾沁。乃使盡室以從。遂死於塞外。（震鈞天咫偶聞）

清 高其倬、字章之。號芙沼。漢軍鑲黃旗人。康熙甲戌進士、改庶吉士。散館授檢討。歷官雲貴閩浙兩江總督。所至有學。後官工部尚書。調戶部。卒謚文良。雍正丁未入覲。上以其倬通堪輿術。命詣福陵相度。其倬還奏陵前左畔水法因溢流、更故道。弓抱之勢、微覺外張。當順導河流。方爲盡善。下大學士等。如所議修濬。庚戌復召至京師。令從怡賢王、勘定太平峪萬年吉地。進世職三等。其倬、少時又以詩名。稱一代作手。著有奏疏及味和堂詩集。（清史稿列傳）

849 瀋陽縣（秦以前肅愼氏地。漢晉迄唐。屬挹婁國。後爲渤海瀋陽地。遼金仍之。元屬瀋陽路。明置瀋陽衞。清天命十年。自遼陽遷都於此。稱曰盛京。入關後。順治十四年。釐置奉天府尹。盛京將軍守之。康熙三年。設承德縣附郭。光緒三十一年裁府尹。設奉天府知府。宣統二年裁承德縣。以府直割。民國初。裁府。仍置承德縣。尋改今名。爲奉天省治。十八年改奉天省爲遼寧省。仍以瀋陽爲省治。地在瀋河之陽。北寧遼海南滿安遼諸鐵道。交會於此。商務甚盛。清光緒二十九年。中美通商條約。中日通商航海條約。均訂定開作商埠。

清　范宜賓、字寅旭瀋陽人好藏古籍研究堪輿輯乾坤法竅三卷乾隆庚辰果親王爲之序刊行世。乾隆法竅序

850 鐵嶺縣　周秦肅愼氏地。漢晉屬挹婁。隋屬靺鞨。唐渤海取越喜地。改富州。屬懷遠府。遼改銀州富國軍。金改新興縣。屬延平府。元省縣。明洪武中。置鐵嶺衛於鐵嶺城。屬遼東都指揮使司。在今縣南五百里。後徙今治。清康熙三年。置鐵嶺縣。屬奉天府。光緒三十二年。依三十一年中日新約。開爲商埠。民國初。屬奉天遼瀋道。今屬遼寧省。地據遼河東岸。南滿鐵路經此。凡由遼林往吉林者必過之。爲省北門戶。附近産鐵。故製鐵業甚盛。凡大豆雜穀等。聚集於此。舊時必在城西遼河畔之馬風口。由水路輸出營口。今則多由南滿鐵路運載。

清　金世鑑、字萬含鐵嶺人以門蔭入仕歷官有聲凡八遷而至工部侍郎。及註誤左遷。又四遷而爲京兆尹甫一載。遘疾而卒世鑑少秉粹姿卓犖不羣既長好讀書諸子百家無不博涉尤精於天官家言康熙戊午地震世鑑條上五事具言陰陽災沴由人事怨讟於下而後天變感應於上今大小臣工不可謂不上負朝廷。下負生靈矣。請乾斷勸善懲惡以弭天變人皆服其敢言。張文貞公松蔭堂集金公神道碑

851 遼陽州 秦置遼東郡。漢因之。晉大興初。爲慕容廆所據。後燕時。地入高句麗。至隋因之。唐貞觀中。克高麗。以其地爲遼州。遼初。建東平郡。治遼陽縣。後升爲南京。尋又改爲東京。置遼陽府。金因之。元改遼陽路。明初廢縣。設遼東都指揮使司。清順治十年。設遼陽府。領遼陽海城二縣。十五年罷府爲遼陽縣。康熙四年升縣爲州。屬奉天府。民國仍改縣屬遼寧省。地濱太子河。東距南滿州鐵路。僅里餘。繁盛亞於瀋陽。汽船可自營口溯太子河達此。清光緒三十二年。依三十一年中日新約。開爲商埠。日俄之役。劇戰於此。

漢 王仲、琅邪人。故城在今山東諸城縣東南一百五十里。好道術。明天文。諸呂作亂。齊哀王謀討之。嘗決於仲。及濟北王興居反。又欲劫仲爲將。仲乃浮海東奔樂浪山中。因家焉。乾隆盛京通志流寓。○阜按。此即山東省即墨縣之王仲。可參觀之。

北魏 高謙之、遼東人。少事後母。以孝聞。精天文曆算。孝昌中、爲河陰令。有囊盛瓦礫。詐市人馬逃去。詔令追捕。謙之乃僞枷一囚立於市。宣言是前詐馬賊。密遣腹心察市中。有二人忻曰、無復憂矣。執究之。悉獲其黨。後奏復縣令面陳得失。疏將帥非才。疏。修梁書十卷行於世。明嘉靖全遼志人物

北魏 閔宗、遼東人。善占候。高颺時居東裔。生孝文昭皇后。幼時恆夢在堂內立。而日光自牕中照之。灼灼而熱。避之不得。如是數夕。以白其父颺。颺以問宗。宗曰、此奇

徵也。日者君人之德。帝王之像。光照女身。必有恩命及之。避猶照者、主上來求女不獲已也。此女必將被帝命。誕育人君。後果入掖庭。生世宗。（乾隆盛京通志方技）

遼　呼拉布、善卜。常爲耶律庶成卜、曰。官止林牙。因妻獲罪。後庶成官至林牙。果爲妻呼都克所誣。奪官、使吐番十二年。淸寧間始歸。仍爲林牙。悉如所占。（國語·呼拉布·令其呼喚也·原作胡呂不·今譯改·〇乾隆盛京通志方技）

元　石抹繼祖、字伯善。遼人。條刺曾孫。襲父職。爲沿海上副萬戶。馭軍嚴肅。平寧都寇。有戰功。且明達政事。講究鹽策。多合時宜。爲學本於經術。而兼通名法。縱橫。天文。地理。術數。方技。釋老之說。見稱縉紳間。（元史附石抹也先傳）

淸　黃雅林、初名俊。字石咸。遼陽人。學問淵博。矜才使氣。醫。卜。藝術之書。無不周覽。詩畫仿鄭板橋。有意矯俗。館於寧邸。時貝勒承福、已襲封。雅林督責甚嚴。時有倨色。乃勃然曰、爾冠則朝庭貴爵。爾身猶吾弟子也。命免冠。重責數十。至跽謝罪。乃已。其古道如此。（汲修主人嘯亭續錄）

後魏

852 襄平縣（戰國燕地。築長城自造陽至此。漢置縣。爲遼東郡治。後漢晉。皆爲郡治。永嘉後。屬慕容氏。亦謂之遼東城。慕容廆。使其子翰。鎮遼東。即是城也。後入高句麗。故城在今遼寧遼陽縣北七十里。）

晁崇、字子業。襄平人。家世史官。崇善天文術數。知名於時。爲慕容垂太史郎。從慕容寶敗於參合。獲崇後。乃赦之。太祖愛其技術。甚見親待。從平中原。拜太史令。（魏書術藝　乾隆盛京道志方技）

853 遼中縣（向爲新民。遼陽。海城。分管地。清光緒間。析置遼中縣。治遼陽州之阿司牛彔鎮。屬奉天府。民國因之。今屬遼寧省。）

清　史易、字卜堂。邑東北小新民屯人。清乾隆丙戌科進士。歷任教授。官至直隸知州。學精於易。闡陰陽之理。窮體用之微。著有遁甲武學編。及測量算數等書。板存瀋陽萃升書院文昌閣。後奉天督部堂依尙爲之印刷。傳行於世。（民國遼中縣志文學）

清　靳鴻發、字振芳。世居邑北二道岡子村。兄弟二人。鴻發居次。七歲失恃。家貧。無力讀書。爲人牧羊。稍長。習農事於壠畝間。嘗攜皷詞本。向人問字。識字既多。漸通講義。並習醫書。因業岐黃。亦通地學。清同治壬戌、疫大作。醫者不肯臨病者之門。懼傳染也。鴻發則有求必往。先施以鍼。繼之以藥。無不霍然。以是晝夜無暇、全活

甚衆。（民國遼中縣志鄉型）

854 蓋平縣（周屬朝鮮·秦時爲燕人衛滿所據·漢屬元菟·魏屬平州·晉隋屬高句麗·爲蓋牟城地·唐置蓋州·遼改辰州·金爲蓋州奉國軍·元爲蓋州路·明置蓋州衛·屬遼東都指揮使司·清康熙三年·置蓋平縣·屬奉天府·民國因之·有輕便鐵路·由此接南滿鐵路·）

清　耿昭忠、字信公、號在良。世籍山東。後徙遼東蓋州。繼茂、次子。康熙間、授鎭平將軍。駐福州。代兄精忠、治藩政。官至太子太保。光祿大夫。昭忠、技勇猷略。超邁絕倫。又雅擅文章。旁及書法繪事琴弈醫筮之類。往往精詣。至於敦念舊故。虛已下賢。拯困救難。汲汲如不及。卽千金列駟。贈之不惜也。康熙丙寅卒。得年四十七。諡勤僖。（清史稿列傳附耿仲明、錢儀吉碑傳集國初功臣下。）

清　于葆中、字柄衡。邑南三道溝村、宿儒于華春、字天墀之族孫。千總于九齡之子也。爲人沈毅寡言。有宿慧。沖齡失怙。寄養外祖家。從舅氏馬文貴學易。研鑽天文。歸家遂與堂姪兆鐸、字金聲。同習卜筮堪輿經緯數理諸學。兩人各有心得。不同俗學。而人未之知也。先是其祖天墀在時。著有經書評註及天文學遺稿。葆中得而讀之。學究天人。獲益良多。而猶以爲未足。於是遠遊博訪。垂三十年。學術益進。如觀天象。卜風雨晦明。災變禍福之徵。各盡其能事。前清將軍依克唐阿、見而奇之。賞予五品職銜。後僑居海龍縣、黑咀村。民國戊辰、與前洮南縣知事張光亞、談政變。預測多奇驗。遂愛其才。曾薦之懇殖委員會。著有堪輿流別略說一篇。剖折分明。義扼宗要。而謂蔣平階之書。專以元運對象爲主、偏重虛理。以致用蔣盤者。奉爲神聖。而薄用汪盤者爲僞學。不知蔣盤理象虛懸。殊無實用。每屢按驗。遵蔣盤名地師、所用之地。多屬平常。可見蔣盤之空理玄虛。反不若汪盤之確合古法。自有實驗也。堪輿家當悉心探索。勿徒爲蔣說所誤爲是。

清　丁顯鴻、字化南。邑南老虎峪村人。性直爽。持公道。通地理。陰陽。星命。各學。後經湖北棗陽人何玉册、傳授蔣學。早歲遇異人、得養生術。茹素數十年。以是年逾古稀。鶴髮童顏。精神矍鑠。想見調攝功深。洵非偶然。

清　孫步雲、字閬仙。邑北曹家窩堡人。性質直。少習儒者業。博通五經。數應試未遇。

設教多年。偶從秦剛烈藏書中、檢得三才揭要一編。上論治國。下及藝術。讀之灼然。識其綱要。洞悉堪輿諸書之眞僞。涵泳久之。出其術。爲人度地相宅。往往奇中。遇有營造犯凶煞者。可拆毁則拆毁之。以是人每呼爲孫爬房。婦孺猶能道之。居常怏怏。痛恨數術家半習僞書。先入爲主。不自知其非。誤人每至數世。雖極口詆之。以冀破除迷信。而資挽救。究之足跡所至。難遍寰區。卽舌敝脣焦。所濟者終鮮耳。每思將三才揭要所載。何書爲眞本。何書爲贋造。何法宜確守。何法不可用。印本傳觀。俾彼談風水陰陽者。知其得失。辨其是非。庶免貽害於無窮矣。

清

邢崇陽、字煦庭。邑城廂人。習數術。設先覺卦館多年。光緒戊戌、士人陳翰升來占。路見一蛤蟆。因寫一蛙字。測曰、蟾宮折桂。利於求名。答問考試。復用奇門占之。本命値開門。得鳥跌穴格。許應試必獲售。陳生言、王兆林師、屢促赴考。因父有恙。特來決疑。斷云按令尊命在死門。夏間尙屬旺氣。入冬恐難免。可速去應試。斯科果入泮。及冬、其父故。又邑南孔家莊孔某、占身命得伏吟卦。不吉。告以切忌妄動。

出入宜謹慎。不然、有大凶。孔聞言忿忿去。行數武返。再占得返吟卦。回頭尅盡。更凶。斷存性命之憂。宜速歸休養。孔竟不以爲然。終日在城、沈溺於酒。一日乘醉用巨盤行酒。沽酒家恐其醉。且盤非盛酒物。勸使他往。竟觸其怒。酗醟奮拳。酗・音煦・遇韻・同酗：醉醟也。醟・音詠・敬韻・酒失也。櫃夥拒鬭。足踢中其下部。立斃。宋祝三宮保、軍退蓋平縣值亢旱。其喈官李象賢占雨。用六壬卦。得寅木初傳發用。風伯雨師均透。預推至二十二日。先風後雨。屆期果驗。邑公安局高局長、因攻胡匪不下。其兄渤川、係邢硯友。邀與卜之。選一時、以太乙奇門演成一課。得太白入熒之格。示由某方驚門打入必勝。果斃匪數人。生擒匪首。占驗多如此類。蓋人謂其渾身是卦。亦垂簾中之僅見也。

清

曲醞厚、字忠堂。邑城廂人。得異人傳授子平卜筮諸術。善摸骨相法。以尺度之。遂知其人貴賤窮通。妻室若何。子嗣賢否。均能確鑿言之。往往奇中。以上民國蓋平縣志方技

855 海城縣 周秦屬朝鮮・漢屬玄菟・後改屬樂浪・東漢置都尉・以封沃沮・魏屬牟州・晉及隋・屬高句驪・唐平高麗・屬蓋州・入渤海・爲南海府・遼置南海軍・金改澄州・元屬遼陽路・明置海州衛・清順治・置海城縣・屬遼陽府・尋改屬奉天府・民國因之・南滿鐵路經之・

清　嬌晨憘、字子陽。號四大山人。又號卓卓子。原籍山東黃縣。父一桂、業儒。晨憘少孤。事母孝。初習帖括。既而厭棄之。專務高遠神奇之術。凡天文地理。及醫卜星相諸書。無不窺其奧祕。尤邃於易。受數理於戚允菴先生。術益精。平生特立獨行。與世不苟合。遂以卜隱於市。推測多奇中。日得千錢足自給。卽閉市下簾。陶然以讀書自樂。有嚴君平風。年六十五卒。著學術書甚多。經兵燹遺稿散失。僅存奇門括囊集待刊。

清　李玄眞、邑北將軍屯人。性聰慧。有異才。從江南某術士。受形象祕訣。並卜筮針灸諸術。決疑多奇中。遇疾施砭。隨手奏效。人稱其術入神云。

清　姜欒園、城北甘泉鋪人。初業儒。後嫻堪輿卜筮諸術。爲吾邑術學名家。（以上民國海城縣志）

方技 856

北魏

徒河縣（漢置・三國魏廢・故城在今遼寧錦縣西北・相傳虞舜時已有此城・劉恕外紀・周惠王三十三年・齊桓公救燕破屠河・卽徒河也・晉初慕容廆・遷於徒河之青山・）

屈拔、徒河人。尚書道賜子。少好陰陽學。世祖追思其父祖。年十四。以爲南部大

夫。後獻文帝、又以其爲功臣子。拜營州刺史。卒。（魏書附屈遵傳）

857 廣寧縣（漢置無慮縣。晉廢。後魏爲營州東境。唐置巫閭守捉城。遼置顯州奉先軍。金升爲廣寧府。元改廣寧路。明置廣寧衛。清康熙三年。改置廣寧縣爲廣寧府治。四年。龍府存縣。改屬錦州府。民國廢府。改爲北鎮縣。）

遼　耶律純、爲翰林學士。統和二年甲申、八月十三日。奉使高麗議地界。因得彼國國師傳授星躔之學。著有星命總括三卷。其書議論精到。剖晰義理。往往造微。爲術家所宜參考。（四庫提要子部術數類二）

遼　耶律倍、太祖長子。幼聰敏好學。神冊元年丙子春。立爲太子。首請建孔子廟。天顯間、從征渤海、破之。改其國曰東丹。命倍主之。太祖崩。倍知太后意。讓位於弟德光。是爲太宗。太宗既立、見疑。以東平爲南京。（東平郡。遼置。後升爲南京。又改爲東京。即今遼寧遼陽縣治。）徙倍居之。又置衛士、陰伺動靜。倍既歸國。命王繼遠、撰建南京碑。起書樓於西宮。作樂田園詩。後唐明宗帝、聞之。遣人跨海持書。密召倍。倍因畋海上。（畋。音田。田獵也。）使再至。倍謂左右曰、我以天下讓主上。今反見疑。不如適他國。以成吳太伯之名。立木海上。刻詩曰、小山壓大山。大山全無力。羞見故鄉人。從此投外國。攜高美人載書浮海而去。唐以天子儀衛迎倍。既至汴。賜姓名李贊華。鎮滑州。常與故國通問。爲李從珂所害。時年三十八。世宗立。謚讓國皇帝。統和中。更謚文獻。廟號義宗。倍通陰陽。知音律。精醫術。善畫。嘗市書萬卷。藏之醫巫閭山。（遼史宗室列傳）

元

耶律楚材、字晉卿。遼東丹王突欲八世孫。金尚書右丞履之子也。三歲而孤。母楊氏教之學。及長。博極羣書。旁通天文地理律歷術數及釋老醫卜之說。金貞祐乙亥、爲中都行省員外郎。中都陷。太祖（鐵木眞）聞其名。召見之。處之左右。己卯夏六月、帝西討回回國。禡旗之日。雨雪三尺。帝疑之。楚材曰、玄冥之氣。見於盛夏。克敵之徵也。庚辰冬大雷。復問之。對曰、回回國主當死於野。後皆驗。壬午八月、長星見西方。楚材曰、女直將易主矣。明年金宣宗果死。帝每征討。必令楚材卜。帝亦自灼羊胛。以相符應。指楚材謂太宗（窩闊台）曰。此人天賜我家。爾後軍國庶政。當悉委之。甲申、帝至東印度。駐鐵門關。有一角獸。形如鹿而馬尾。其色綠。作人言。謂侍衛者曰。汝主宜早還。帝以問楚材。對曰。此瑞獸也。其名角端。能言四方語。好生惡殺。此天降符以告陛下。陛下天之元子。天下之人皆陛下之子。願承天心。以全民命。帝卽日班師。丙戌冬、從下靈武。諸將爭取子女金帛。楚材獨收遺書及大黃藥材。旣而士卒病疫。得大黃輒愈。帝自經營西土。未暇定制。州郡長吏、生殺任情。至孥人妻女。取貨財。兼土地。燕薊留後長官、石抹咸得卜尤貪暴。殺人盈市。楚材聞之泣下。卽入奏請禁州郡非奉璽書不得擅徵發。囚當大辟者必待報。違者罪死。於是貪暴之風稍戢。太宗時、拜中書令。事無鉅細。皆先卜之。凡蒙古陋風。悉爲改革。元之立國規模。皆楚材所定。卒贈太師上柱國。追封廣寧王。諡文正。著有湛然居士集。（元史本傳　民國北鎮縣志耆舊）

清　艾向榮、字欣然。城內人。恩貢生。工帖括。尤好術數。凡堪輿醫卜星相諸書。無不窺其奧旨。人有求其選塋地建宅舍者。預言吉凶。每多奇中。爲本邑術數名家。

清　李萬春、字香閣。邑南甎台人。性灑脫。善恢諧。有東方曼倩遺風。於醫卜堪輿靡不宣究而測字尤出人意表有以妻病問者書一合字萬春曰祇賸人一口矣未幾其妻卒有欲詣賊巢者不往恐失盜歡往又恐陷不測時值十三夜月卽書月字以問萬春曰此行必得圓滿結果謂此後正月光圓滿時也已而亦驗其靈敏類此年七十餘偶得微疾自知不起凡身後事悉預爲料理卒之日忽問曰日已中乎曰中再撫之已逝矣

清　蕭露濃字本之城西蘸蘸堡人畢業軍需學校性好術學凡壬遁堪輿諸書無不博覽旁搜研究有得尤精於地理之學一時業堪輿者多宗仰之

清　孟昭謙字益山邑南黑魚溝人幼穎悟絕倫於三式星命諸書靡不涉獵而尤邃於醫以上民國北鎮縣志方技

858　義縣漢無慮縣地唐爲營州地遼置宜州崇義軍金改義州元仍之明改義州衛隸東都指揮使司康熙末移錦州通判駐此雍正十年改設同知十二年升爲義州屬奉天錦州府民國改縣錦朝鐵路經之

遼　焦希贇贇紆綸切音奫眞韻美好貌宜州處士也精堪輿聖宗開泰間相度風水於城之東北

建咸熙寺。（即大佛寺。）又建塔於城之西南。相傳爲用意深遠。後歷金元明各朝兵燹。城果無恙。

清　陳世隆、字與齋。漢軍旗人。以堪輿術知名。所言輒驗。博多勒噶台親王、曾贈匾額一方。文曰。行。端。術。愼。（以上民國義縣志方技）

859　綏中縣（向爲寧遠州西境地。清光緒間。析置綏中縣。治中後所。屬奉天錦州府。京奉鐵路經之。）

遼　耶律乙不哥、字習撚。幼好學。尤精堪輿卜筮。不樂仕進。每爲人擇葬地。吉凶盡如其言。嘗爲失鷹者占曰、在汝家東北三十里。濼西榆上。求之果得。（遼史方技　乾隆盛京通志方技）

860　錦西縣（本爲錦縣西境地。清光緒三十二年。析置江家屯撫民通判。改名錦西廳。屬奉天錦州府。民國改縣。今屬遼寧省。）

清　張恆春、字香風。清道光時人。聰明天亶。穎悟逾恆。讀書目十行。精于天文藝術奇門等書。嘗自製渾天儀一具。爲錦縣令、周良卿攜之而南。頗獎譽之。再製未就。以會試卒於京師。年僅二十有六。其平居驅役丁甲。占算未來。有奇驗。偶失財物。浼恆春占之。無弗得者。相傳恆春得有奇門眞傳一書。故研究有得。卒後其妻投

烈火中因不傳焉。錦西縣志方技

861 安東縣唐屬安東都護府。明爲鎭江堡地。清初隸岫巖廳。光緒二年。析大東溝以東至靉河地。置安東縣。治沙河鎭。屬奉天鳳凰廳。今屬遼寧省。地瀕鴨綠江。對朝鮮新義州。爲自彼國渡江入我之孔道。安瀋鐵路。與朝鮮之釜義鐵路。銜接於此。光緒二十九年。中美通商條約。及中日通商航海條約。訂定開爲通商港。長白山之木材。浮江而下者。多自此輸出。甲午甲辰兩役。日兵皆由此渡江侵入我境。宣統二年。且於鴨綠江上。架鐵橋以通車焉。

民國

劉世銘、字鼎三。一區太平村人。初學星命。熟於淵海子平三命通會等書。爲人推休咎無不奇驗。繼習堪輿術。初習地理五訣地理祕竅入地眼鉛彈子諸書。後知其僞。終學地理辨正疏。識其隱語。究其眞旨。深得河洛之理。於先天之精奧。九星之祕訣。既已明白曉暢。復習古本巒頭山洋指迷等書。研究既久。於理氣巒頭二端。皆了然胸中。兼以實地經驗甚富。眼界擴充。於龍穴砂水。皆認得眞切。而不茫然於目。相人墓宅吉凶。多奇中。有似管郭。與尋常形家迥殊。然深自矜愼。不輕出爲人選擇。凡經選擇者。皆吉壤。性廉介。不受人酬謝。家業富饒。不求聞達。惟課農敎子。正道治家。有朱柏廬之遺風。民國甲子卒。壽七十有八。子長甲、長連、長第、

均承庭訓。能習其術。爲堪輿專家。民國安東縣志藝術

862 鳳城縣漢玄菟郡地。晉屬平州。隋爲高麗慶州地。唐平高麗。屬安東都護。後渤海大氏據之。爲東京龍原府。遼改置開州鎭國軍。金爲石城縣地。元屬東寧路。明爲東寧衛之鳳凰城堡地。清順治元年。置鳳凰城城守官。乾隆四十一年。以岫巖理事通判。兼轄鳳凰城。道光七年。改爲岫巖鳳凰城海防通判。光緒二年。改置鳳凰直隸廳。民國改爲鳳凰縣。又改今名。清甲午甲辰。中日。日俄。兩役。皆以此地爲戰場。光緒三十二年。依三十一年中日新約。開作商埠。舊時朝鮮貢使來華我國。常於此招待。今安奉鐵路經之。

清

管文奎。居城北老黑山下。以堪輿名。人爭邀之。凡塋原無大凶煞。不輕令人遷移。與人得吉地。必以心地相勸勉。每年春出冬歸。足跡所經。幾遍關東三省。人稱管平先生。卒年七十有二。子萃超。同治癸酉科舉人。歷任懷德霸州等處教諭。

清

薩弼。本城正紅旗爽伯人。兼通滿漢文字。以蓍草占周易。多奇中。甲午亂將作。城守尉敬。詣問吉凶。越三日卦成。按經文字句斷之。後事悉應。以上民國鳳城縣志術藝

863 復縣周秦爲朝鮮地。漢屬玄菟郡。魏屬平州。晉至隋。屬高句驪。遼置復州懷德軍。元屬葢州。後入遼陽路。明置復州衛。清初屬葢平縣。雍正五年。設復州通判。十二年陞爲州。屬奉天府。民國改縣。

清

張俸。字經池。隱於城市。精堪輿學。相地外。輒從事吟詠。一時名士如張乙青、陳笙伯、多與之倡和。著有經池詩草六卷。民國復縣志隱逸

清　李浩年、字豐廷。城東南窩落人。操醫術。甚精。僑寓省垣。時就診者。悉應手奏效。於堪輿星卜諸學。亦有經驗。世以此重之。民國復縣志藝術

864　莊河縣（清時，原爲岫巖，鳳凰兩廳地，光緒間，析置莊河直隸廳，屬奉天省，治大莊河，民國改縣，地在岫巖縣西南海濱。）

清　馮華國、字邦民。縣東六區保安村馮家屯人也。於光緒癸卯、遊上海吳淞口。於香蕉港東門郭家疃。（疃，土緩切，湍上聲，禽獸所踐處。）得識堪輿名家郝樂天、郭玉傑二先生。遂從學焉。專習三載。於巒頭星學理氣演卦。俱得薪傳。莫不各臻其妙焉。

清　王兆槐、字香三。邑西北長嶺子興元屯人。通堪輿之學。名著一方。善事嫡母。尤以孝稱。以上民國莊河縣志方技

吉林省

吉林省、我國東三省之一。古肅愼地。漢晉挹婁地。唐渤海地。宋爲契丹女眞地。元開原路北境。清代卽崛興於此。清人入關定鼎後、歷置將軍、及副都統鎭守之。光緒末、置省。其地東界蘇聯。東南界朝鮮。南與西界遼寧。北界黑龍江。省會

曰永吉縣。

865 吉林縣 在北京東北·古肅愼地·漢晉爲挹婁地·後魏勿吉·隋靺鞨·唐渤海地·宋爲契丹女貞地·元置軍民萬戶府五·明初屬建州毛憐等衛·其後滿州崛興於此·順治十年·設寧古塔昂邦章京·康熙元年·改鎮守寧古塔等處將軍·十五年·將軍移駐吉林·留副都統鎮守寧古塔·光緒以後·始陸續增設府廳州縣·迄三十三年·裁將軍副都統等官·改設吉林巡撫·復分設各道·行省規模·於焉大備·是年又依中日協約·訂定開作商埠·民國十八年·國民政府·改爲永吉縣·仍爲吉林省治·地勢長白山脈·及其相續之元達山脈·自西南綿亘於東北·爲一大高原·中多森林·惟松花江下游兩岸·平疇沃衍·宜牧宜耕·中東鐵路·自黑龍江逾松花江入境·東達俄境之海參威·南達長春·以接於南滿鐵路·自省治西達長春·東南達敦化者·有吉長吉敦兩鐵路·氣候純係大陸性·動物多虎豹熊鹿·松花江之鰱魚·蘇里江之鰉魚·甚饒·農產略同遼寧·森林尤多·金鑛亦旺·惜多未開採·

清

戚麟祥、浙江德清人。康熙乙丑進士。改庶吉士。授翰林院編修。累官侍講學士。值南書房。通數學。每祈禱晴雨。聖祖輒命占焉。不淹晷刻。世宗嗣位。尤重之。嘗奉先皇帝遺硯以賜。既引疾歸矣。乃以事謫戍寧古塔。至戍所、語人曰、吾不能逆覩以免於禍。亦數也。雖然。某年吾當歸。及期、其第三子踆文宰連江。請於大府。爲之奏聞乞恩。果賜環。光緒吉林通志寓賢清稗類鈔方伎

866 雙城縣 金爲上京會寧府之西南境·元爲廢地·明爲阿憐部·清嘉慶間·置協領於雙城堡·管理駐京八旗移墾事宜·隸阿勒楚喀副都統·光緒間·置雙城廳通判·宣統初升府·屬吉林省·民國改縣·

清　姜永德、字郁周。行潔口訥。通儒也。歲科求試。雖未博得一衿。後專精青烏術。有特識。隱於鄉。以術自閟。然人多挽求相宅卜兆。咸慶安居。不計利。且不望報。民國雙城縣志

867 藝術

寧安縣古肅愼氏地。其後爲挹婁。爲勿吉。渤海時。置上京龍泉府。遼爲天福城。旋移其民。而墟其地。金置呼爾哈路萬戶。元初置呼爾哈軍民萬戶府。明奴兒干都指揮使治此。統轄野人諸衛。清太祖崛起於此。爲清都發祥地。順治十年。設寧古塔昂邦章京於今治西北五十里。康熙初。改將軍。從今治。十五年將軍移駐吉林。改設副都統。雍正五年。置泰寧縣。旋廢。光緒間。移綏芬廳於此。後裁副都統。宣統初。升綏芬廳爲府。屬吉林省。尋改名寧安。民國改縣。城濱瑚爾哈河之曲。中東鐵路經其北。爲水陸要衝。舊時氣候酷寒。邇來殖民稍繁。氣候已漸變溫和。清光緒三十一年。依三十一年中日協約。與依蘭同時開爲商埠。

金　高仲振、字正之。遼東人。其兄領開封鎭兵。仲振依之以居。既而以家業付其兄。挈妻子入嵩山。博極羣書。尤深於易及皇極經世諸書。安貧自樂。不入城市山野小人亦知敬之。金史隱逸 乾隆盛京通志隱逸 民國寧安縣志氏族

清　李瑞昌、字克齋。以讀書積善聞於鄉里。自幼穎異。且孝。年八歲失怙。哀毀過於常人。繼從馮進士游。馮固齊魯名宿。見其慧。經史而外。以唐宋八家文授之。克齋

輒領會。無問難。年十五。嫡慈寧、生慈楊、相繼謝世。家境不豐。不得已棄舉子業。而究心靈素之學。嘗慨然曰、大丈夫不爲良相。當爲良醫。古人豈欺我哉。遂取內經難經、及張長沙、劉河間、張子和、李東垣、朱丹溪、柯韻伯、趙養葵、張隱庵、葉天士、徐洄溪之書。朝夕寒暑。簡練揣摩。五十年如一日。常語人曰、醫雖薄技。實操生殺之權。惟在審證確。用藥當。始能生死人而肉白骨也。且病萬變。藥亦萬變。若拘古方以治今病。執死法以治活人。有不草菅人命者幾希。故其療病時多奇驗。然性慈好施。與人療病。不較值。惟薄收藥資而已。好藏書。凡經史子集。醫卜雜家之書。及金石碑帖之屬。靡不廣爲搜羅。至盈兩屋。善周易。能扐蓍草。與人決疑。扐。音勒。筮者著蓍指間也。蓍。音尸。又音脂。蒿屬。生千歲三百莖。易以爲數。天子蓍九尺。諸侯七尺。大夫五尺。士三尺。見說文。按羣芳譜云。蓍。神草也。能知吉凶。蘇頌云。上蔡縣白龜祠旁。其生如蒿作叢。高五六尺。一本一二十莖。至多者五十莖。生便條直。秋後有花。出於枝端。紅紫色。形如菊花。結實如艾實。常謂世俗以錢代筮。乃權輿於火珠林。實非古法。光緒庚子。其子鍾華明經擬率其門人吳澂泉秀才同赴順天北闈鄉試。克齋以爲不可。因謂汝師徒此去。功名不但無望。且有意外之虞。復書一偈曰、山河四塞。遏流徑路。欲前不得復歸故處。明經未敢行。而吳徑往時三月初三日也。未幾、義和團起。吳至都二日。仍卽返寧。其先見多類此。並精於小楷。其秀逸處。已登松雪之堂。計手鈔醫宗金鑑一全部。參同契一部。奇門祕旨六壬眞傳各一部。均係端書正楷。無一字行書者。（民國寧安縣志書舊）

868 長春縣（遼黃龍府地。金濟州地。明兀良合部。淸內蒙古。郭爾羅斯前旗地。嘉慶間。因墾民日衆。置長春理事通判。設廳治於新立屯。道光間。移治寬城子。光緒間。改撫民同知升爲府。屬吉林省。民國改縣。爲南滿洲鐵路。與中東鐵路分界處。吉長鐵路。亦交點於此。淸光緒三十二年。依三十一年中日協約。闢作商埠。其地濱伊通河。水陸運輸便利。吉黑兩省貨物。皆以此爲集散。貿易之盛。過於省城。其北曰北滿洲。南曰南滿洲。附近土地平沃。面積亦廣。爲東三省五穀第一產地。）

淸 恆裕、字益亭。一字惇夫。滿洲人。嘉慶進士。官中允。性孤介。善詩及書。兼通醫卜。有墨卿堂集。（尚友錄）

熱河省

熱河省、在我國北部東境、省境有熱河故名。古爲山戎、東胡地。明初屬北平府、後爲察哈爾所併。淸初內附、康熙四十二年、建避暑山莊於熱河。雍正初、設熱河廳、尋改設承德府、別置熱河道統之。民國三年、劃爲熱河特別區域。十七年、置省。其地東與東北界遼寧。南界河北。西與西北界察哈爾省。會曰承德縣。

869 承德縣 明初爲興州衛。後廢入朵顏衛。清朝建都。名曰盛京。順治十四年。設奉天府。康熙三年。設承德縣爲首邑。雍正元年。設熱河廳。尋改承德州。屬直隸布政司。乾隆初。罷州復廳。嗣復改設承德府。屬熱河道。民國改縣。爲熱河之首邑。地濱熱河。山多田少。鄉無鎮市。在熱河區域爲最瘠。然山精發秀。四時不同。清代因建避暑山莊於此。園林臺榭。亙五十餘里。熱河遂爲勝地。商業亦因之發達。

元

張庭瑞、字天表。庭珍弟。幼以功業自許。讀書力學。經史之餘。兵法地志星曆卜筮。無不推究。以戰功累官潭州路總管。卒。庭瑞初屯青居。青居衛。在四川東南三十里。爲通武勝縣孔道。其土多橘。時中州艱得蜀藥。其價倍常。庭瑞課閒卒日入橘皮若干升。儲之。人莫曉也。賈人有喪其資不能歸者。人給橘皮一石。得錢以濟。莫不感之。家有愛妾。一日見老人與之語。乃其父也。妾以告庭瑞。召視之。其貌甚似。問欲得汝女歸耶。其人以爲幸。侍左右。非敢求與歸。庭瑞曰、汝女居吾家。不過羣婢。歸嫁則良人矣。盡取奩裝書劵還之。時人以爲難。元史本傳。牧菴文集張公神道碑。承德府志人物

870 大寧衛 大寧故城。在熱河平泉東北一百八十里。別有大寧新城。在平泉縣北一百里。明洪武二十四年築。留兵居守。置新城衛。永樂初廢。

清

張翼星、字三明。大甯左衞人。崇禎丙子舉人。精理學。尤長於易。受業者百餘人。家貧不仕。隱於卜。肆日獲百錢以自給。衣履常不完。盛夏猶峨冠氈笠宴如也。從弟元錫、官總制。屢迎不一往。有所遺。擇小且劣者受之。曰爾我見意。爾常語人云、我靜坐只思己往。不思未來。其定力有如此。乾隆河北志隱逸

察哈爾省

察哈爾省、在我國北部東境、古爲葷粥地。漢爲上谷、雁門諸郡地。東漢及晉爲烏桓、鮮卑所居。唐爲武新、嬀雲諸州外境。明爲插漢部所據。清爲察哈爾八旗駐牧地、嗣爲直隸省口北道、及山西省歸綏道轄境。民國三年、置察哈爾特別區域。十七年、改置省。其地東界遼寧、熱河。南界河北、山西。西界綏遠。北界外蒙古。省會曰萬全縣。

871 萬全縣 張家口在直隸。今爲萬全縣治。北接察哈爾張北縣界。爲外邊長城之要口。京綏鐵路之中樞。有上下二堡。皆明時築。以興蒙古互市。下堡名張家口堡。宣德四年築。上堡名來遠堡。萬歷四十一年築。開馬市與蒙古貿易。清雍正十年。與俄訂恰克圖通商條約。亦以此爲通蒙古軍臺。及恰克圖陸路商埸要道。至咸豐十年。中俄新約。逕定開爲商埠。劃地五百萬方尺。歸俄專管爲租界矣。有坦道西北通庫倫。

汽車可逕達其地。本爲萬全縣之一鎮。縣治在西三十里。近以商務大盛。縣遂移治下堡。察哈爾都統。及興和道則駐上堡。

明

皇甫仲和、睢州人。（睢州故治。在今安徽宿縣北二十里。）精天文推步之學。文皇北征。仲和以占從。一日師至漠北。（大漠之北。即外蒙古也。）不見寇。上意疑欲還。召仲和占之。曰、今日未申間寇至。自東南方。問勝負何如。曰、王師始却。終必勝。召袁忠徹問之。皆如仲和言。上怒械之。曰、今日寇不至。二人皆死。日中不至。復召二人占。對如初。頃之。寇大至。直前以神鎗衝之。寇按兵不動。頃之。寇衆齊發。上登高望之。召總兵譚廣曰、東南不少却乎。廣率精兵舞牌。斫其馬足。寇稍退。已而疾風揚沙。兩不相見。寇始引去。詔欲乘夜班師。二人曰、不可。明日寇必來降。請待之。至期果詣軍門納款。帝始神其術。授仲和欽天監正。英宗將北征。仲和時已老。學士曹鼐問曰。駕可止乎。胡王兩尙書已率百官諫矣。曰、不能也。紫微垣諸星已動矣。曰、然則奈何。曰、盍先治內。曰、命親王監國矣。曰、不如立儲君。曰、皇子幼。未易立也。曰、恐終不免立。及車駕北狩。景帝遂即位。寇之薄都城也。城中人皆哭。仲和曰、勿憂。雲向南。大將氣至。寇退矣。明日楊洪等入援。寇果退。一日出朝。有衞士請占。仲和辭。衞士怒。仲和笑曰、汝室中妻妾正相鬭。可速返。返則方鬭不解。或問何由知。曰、彼問時。適見兩鵲鬭屋上。是以知之。其占事率類此。明史方技乾隆口北三廳志雜志

872 赤城縣 漢、上谷郡北境。遼置望雲縣。元升爲雲州。明時州廢。置赤城堡。清改置赤城縣。屬直隸宣化府。今屬直隸口北道。

晉

卜珝、珝音禹。字子玉。匈奴後部人也。少好讀易。郭璞見而嘆曰。吾所弗如也。奈何不免兵厄。珝曰、然吾大厄在四十一。位爲卿相。當受禍耳。不爾者亦爲猛獸所害。吾亦未見子之令終也。璞曰、吾禍在江南。甚營之未見免兆。雖然在南猶可延期。住此不過時月。珝曰、子勿爲公吏。可以免諸。璞曰、吾不能免公吏。猶子之不能免卿相也。珝曰、吾此雖當有帝王。子終不復奉二京矣。琅邪可奉。卿謹奉之。主晉祀者。必此人也。珝遂隱於龍門山。劉元海僭號。徵爲大司農侍中。固以疾辭。元海曰、人各有心。卜珝之不欲在吾朝。何異高祖四公哉。可遂其高志。後復徵爲光祿大夫。珝謂使者曰、非吾死所也。及劉聰嗣僞位。徵爲太常。時劉琨據幷州。聰問何時

可平。翊答曰、幷州陛下之分。今茲克之。必矣。聽戲曰、朕欲勞先生一行。可乎。翊曰、臣所以來不及裝者。正爲是行也。聽大悅。署翊使持節平北將軍。將行。謂其妹曰、此行也。死自吾分。後愼勿紛紜。及攻晉陽。爲琨所敗。翊卒先奔。爲其元帥所殺。晉書

清

藝術

張文衡、字聚奎。赤城人。先世以指揮隸開平衞。早孤。事母以孝聞。通天官輿圖風角之學。尤邃易術。能前知禨祥。禨、音機。福祥也。順治間、累官僉都御史巡撫甘肅總督孟喬芳、調烱兵往征川。其酋米喇印、丁國棟、結連生羌。來間至蘭州爲亂。執總兵劉良臣。文衡巷戰。文武十餘人。俱不屈死。清一統志畿輔通志列傳

北魏

873 蔚州 北周置。治靈丘。卽今山西靈丘縣。隋廢。唐武德復置。寄治陽曲。又寄治繁時。又寄治秀容。北恆州城。貞觀時。還故治。天寶初。移置安邊縣。改曰安邊郡。尋復曰蔚州。宋以後因之。卽察哈爾蔚縣治。

燕鳳、字子章。代人。代爲古國名。在今蔚州。好學博綜文史。明習陰陽讖緯。昭成待以賓禮。後拜代王左長史。參決國事。又以經授獻明帝。嘗使符堅。不辱命。符堅存立道武。鳳之謀也。道武卽位。拓拔珪。歷吏部郎、給事黃門侍郎、行臺尚書。甚見禮重。太武初、以

舊勳賜爵平舒侯。魏書本傳清一統志山西省大同府志乾隆宣化府志人物

北魏

許謙、字元遜代人少有文才善天文圖讖之學建國時、將家歸附。昭成嘉之擢爲代王郎中令兼掌文記與燕俱授獻明經登國祿丙戌、與張袞等參贊始基累官爲曲陽護軍賜爵平舒侯皇始元年丙申、卒時年六十三。魏書本傳乾隆宣化府志人物

明

眞中山西人出家五臺山戒行精嚴嘗募建桑乾渡口橋行旅便之後居蔚之東五臺山以壽終工詩於醫卜陰陽星曆皆能通曉。光緒蔚州志雜記

清

趙占鼇、字六峯平定州人歲貢嘗應京兆試不得志以醫遊蔚樂其風土遂家焉博覽多藝精堪輿家言而深自韜晦有造請者雖重幣弗往、曰吾直以若爲寄耳烏能爲人僕僕作葬師哉劬學至老手不停披著有地學集要醫奧義若干卷六峯詩一卷卒年七十。光緒蔚州志寓賢

清

徐爾壽、字靜巖歲貢博學多藝精堪輿家言尤喜讀易家徒四壁有子慧而夭婦喬氏以節著井臼躬操不以累翁爾壽日焚香著書爲娛不知有西河之慼也。

人以倜儻目之。著有靜巖易說二卷。（光緒蔚州志列傳）

清

武之烈、自號奇窮子。南蔚州人。尙書魏象樞、嘗爲作奇窮子傳云、武之烈、字承之。號動忍子。性疏懶。見不義人。輒狂笑。讀書博古。漢魏以上。唐宋以下。年月姓氏。世系爵里。悉成誦。通術數學。與人卜多驗。四方之人入蔚者。無不知有動忍子者。幼喪母。長事其父。備色養。父疾。晝夜侍牀榻。衣不解帶。父卒。晨夕奉木主。一羹一菜。必整衣冠。揖而獻之。既撤乃食。垂三十年如一日。作五噫歌。追念庭訓。跬步不肯苟。嘗指天問曰、性命形骸。皆主人翁予我者。我敢效賈客之營利。而忘本耶。論古今事。有才辨。頗類滑稽。聞人有過。面諍不少假。人多銜之。時攜妻子居荒村。不入城市。獨與魏象樞、以道義相勉。偶來京師。不數日輒告去。曰、吾與飛狐山下耕者有約。亦不敢固留也。柏鄉魏裔介、聞其名。每就而問之。得所著詩文一集。名曰動忍齋小言。爲行於世。曰、荊卿梁鴻之儔也。（徐世昌畿輔先哲傳高士）

保安州（遼奉聖州。金升爲德興府。元復降爲奉聖州。又改曰保安州。清屬直隸宣化府。民國改爲涿鹿縣。）

清　湯昭、廩生。家貧。精君平之術。以賣卜爲業。與人談休咎。無不響應。日得錢數百。下帷讀書。貧不計利。晏如也。

清　董崇德、庠生。善虛中之技。推五行生尅。無不脗合。河洛精微之妙。言之鑿鑿可據。（以上道光保安州志藝術）

寧夏省

寧夏省、在我國中部之西。民國十七年、析甘肅省屬寧夏、寧朔、靈武、鹽池、平羅、中衞、金積、豫旺等八縣。合西套蒙古之阿拉善額魯特、額濟納土爾扈特二部之地。置寧夏省。東界綏遠。自南及西、界甘肅。北界蒙古。省會曰寧夏縣。

875 寧夏縣（漢北地郡・富平縣地・北周置懷遠縣・宋入於西夏・元爲寧夏路東境・明置寧夏前衞・及左右二屯衞・清初因之・雍正二年・改置寧夏縣・爲甘肅寧夏府治・有汽車路自綏遠包頭鎮達此・地當甘肅之北・蒙古之南・黃河至此・淩爲平流・流渠灌漑・收穫豐足・黃河常爲中國患・而寧夏獨受其利・漢唐以來・常爲重鎮・西夏據此・南抗趙宋・東拒遼金・享國數百年・始爲蒙古所滅・城中街市繁榮・貿易勝於蘭州・西寧百貨中以羊皮爲大宗・產於黃河灘地者尤爲珍品・有寧夏灘皮之稱・）

清　王覲光、字見青。原籍紹興人。爲寧夏道、于從濂幕客。博涉多能。善談論。尤精于堪輿有言葬地吉凶者或就其穴撥正之輒有驗所著有地學正誤寧夏河西堪輿論。

清　王生蘭、寧夏人精堪輿術不受謝儀持齋修行門徒極衆五世同堂一鄉稱之壽八十餘終。以上民國朔方道志技藝

876 寧朔縣 漢靈武縣地，隋唐爲懷遠縣西境，元爲寧夏路，西境，明分置寧夏右屯衞，清雍正二年，改置寧朔縣，與寧夏縣同爲甘肅寧夏府治，民國廢府，移寧朔縣駐滿城，與寧夏縣分治。

清　張映槐、字樹滋朔邑增廣生嗜學多能尤精周易課卜事輒驗民國朔方道志技藝

877 中衞縣 後魏靈州地，隋靈武郡地，唐靈州鳴沙縣地，宋沒於西夏，元置應理州，明廢，置寧夏中衞，清雍正二年，改置中衞縣，屬甘肅寧夏府，地當黃河北岸，有汽船自此東達綏遠托克托縣之河口鎮。

明　劉寬甘州中衞人刻意經史尤精於星曆卜筮之學嘗建議開高臺所從學者甚衆。清一統志甘肅甘州府人物

清　康繩周、任後衞教授精風鑑寧夏巡撫薦至京視皇陵有功賜銀幣授欽天監博士。民國朔方道志技藝引中衞縣志

878 靈武縣 後魏，薄骨律鎮，後改置靈州，故城在今寧夏靈武縣西南，隋改爲靈武郡，唐復置靈州，改曰靈武郡，又改靈州，宋陷於西夏，元復曰靈州，明置靈州所，移今靈武縣治，清又爲靈州，屬甘肅寧夏

府。民國改為靈武縣。

宋

斡道沖、靈武人。其先從夏主遷興州。（興州、西夏趙元昊置、號興慶府。即今寧夏通南境。）世掌夏國史。道沖通五經。為蕃漢教授。譯論語注。別作解義二十卷。又作周易卜筮斷。行於國。（按尚友錄作斡道沖此從奇姓通）

新疆省

新疆省、在我國西部之北、古為雍州外地。漢時始通中國、號西域。全境以天山分山南山北兩路。漢時山南分三十六國、設都護統轄之。山北為匈奴、烏孫諸國地。唐時山北置北庭大都護府。山南設安西大都護府統之。中葉以後、盡入吐蕃。宋時盡入於遼。清初山北為準噶爾部、山南為回部。乾隆時、次第收入版圖。號曰新疆。光緒十年、置新疆省。民國仍之。其地東北界蒙古。東界甘肅。東南界青海。南界西藏。西南界克什米爾。西界帕米爾。西北界蘇聯所屬之中亞細亞。省會曰迪化縣。

879 迪化縣清初爲準噶爾部東境。乾隆間。平定準部。設屯堡。名烏魯木齊。土名紅兒廟。三十八年。設迪化州。直隸甘肅省。光緒七年。依俄約。開爲商埠。十年建新疆行省。十二年升府。並置迪化縣附郭。民國裁府留縣。仍爲省治。地當天山北麓。東南三峯。積雪瑩白。入夏雪水下注。流爲多數小渠。水草豐美。田疇墾闢。出關人民咸集於此。工商繁盛。市街整齊。有繁華富庶。甲於關外之稱。城西一帶。沙岡環繞。產煤甚旺。清光緒七年。中俄改訂條約。準俄商前往貿易。縣境大道四達。北由綏來而達承化寺。南由吐魯番而達南路諸大城。東由奇台而達鎮西哈密。西由綏來而達綏定。

元 阿錫貢、西域佛哩人。通諸部語。工星歷醫藥二司。後改廣惠司。仍命長之。至元十三年丙子。奉詔使西北。崇王鄂勒歡所。還拜同平章政事。固辭。擢祕書監、領宗福使。大德元年丁酉、授平章政事。民國新疆圖志人物

歷代卜人傳卷三十七終　　鎮江張伯薰校

宋史方技傳。昔者少皞氏之衰。九黎亂德。家爲巫史。神人淆焉。顓頊氏命南正重司天、以屬神。北正黎司地、以屬民。其患遂息。厥後三苗復棄典常。帝堯命羲和修重黎之職。絕地天通。其患又息。然而天有王相孤虛。地有燥溼高下。人事有吉凶悔吝。疾病札瘥。聖人欲斯民趨安避危。則巫醫不可廢也。

中國歷代卜人傳卷三十八

潤德堂叢書之八

鎮江袁阜樹珊編次

列女

晉　劉夫人、南陽人。尚書令躭之女。桓玄妻也。聰明有智鑒。嘗見劉裕。因謂玄曰、劉裕龍行虎步。瞻視不凡。恐不爲人下。宜早爲之所。玄曰、我方欲平蕩中原。非裕莫可付以大事。待關隴平定。然後當別議之。玄卒爲裕所滅。宋書本紀武帝太平御覽術數相中

唐　李夫人、子王珪。字叔玠。太原祁人。始隱居時。與房玄齡杜如晦善。母李嘗曰、而必貴。然未知所與游者何如人。而試與偕來。會玄齡等過其家。李闚大驚。敕具酒食。歡盡日。喜曰、二客公輔才。汝貴不疑。珪後歷官禮部尚書。諡懿。唐書王珪傳載珪世居郿。舊唐書王珪傳載珪太原祁人

唐　劉夫人、南華人。漢・離狐縣・唐改南華・金時爲黃河淹廢・在今河北東明縣東南・父晏、官吏部尚書。乃侍郎潘炎之妻也。

有知人鑑。京尹某、有故。伺候累日不得見。遺閽者三百縑。夫人聞知。謂潘曰、豈爲人臣京尹願一謁見。遺奴三百縑。其危可翹足而待也。遽勸夫避位於其子孟陽。後孟陽爲戶部侍郎。夫人憂惕謂曰、以爾人材相貌論位列丞郎。官不稱形。吾懼禍之必至也。潘公解諭再三。乃曰、不然。試會同列吾觀之。因遍招同寅客至。夫人垂簾視喜曰、皆爾儔也。不足憂。問末座綠衣少年何人。曰、補缺杜黃裳。夫人曰、此人相貌全別。必至有名卿相。汝默誌之。後果如其言。新唐書潘孟陽傳。神相證驗○皐按。新唐書云。潘炎進禮部侍郎。以病免。殆夫人勸其避位於子孟陽也。及孟陽爲侍郎。而夫人又憂其人材相貌不稱。後果譽望大喪。年未四十而卒。唐書本傳。杜黃裳。萬年人。擢進士第。官至河中晉絳節度使。封邠國公。卒謚宣獻。

唐

盧母范陽人。母瑯琊王氏。於景龍二載戊申、撰天寶回文詩凡八百一十二字。誡其子曰、吾歿之後。爾密記之。若逢大道之朝。遇非常之主。當以眞圖上獻。至元宗朝、東平薛太守始上之。高適代爲之表。言其性合希夷。體於靜默。精微道本。馳騖玄關。騖、音務。馳也。旁通天地之心。預記休徵之盛。循環有數。若寒暑之遞遷。應變無窮。類陰陽之莫測。果爾、則王氏不特詞華巧思。亦且未事先知矣。畿輔通志列女

唐　苗夫人、乃太宰晉卿之女。累代台鉉。張延賞之夫人也。壺關人。時選子壻、無當意者。夫人幼習相人書。有慧鑑。別英銳。見韋皐秀才。字城武。萬年人。曰、此人五岳相朝。四瀆連接。眉有伏彩。眼有眞光。鼻既直。耳亦厚。口方聲響。足短手長。乃是貴徵。遂以女妻之。韋初爲殿中侍御史、權知隴州行營留後。連拒泚僞命。迭斬其使。拜奉義軍節度使。貞元間、竟代延賞爲劍南西川節度使。經略滇南。諸蠻皆內附。封南康郡王。順宗立、詔檢校太尉。卒贈太師。諡忠武。苗夫人預言其貴。誠不誣也。新唐書韋皐本傳雲溪友議神相證驗

唐　婁千寶、呂元芳二女生。婺人也。有異術。所言輒驗。浙東李尙書襄、聞其名。發使召之。既到。李公便令止從事廳。從事問曰、府主八座。更作何官。元芳對曰、適見尙書。但前浙東觀察使。恐無別拜。千寶所述亦爾。從事默然。罷問。及再見李公。李曰、僕他日何如。二人曰、稽山聳翠。湖柳垂陰。尙書畫鷁百艘。鷁音逆。水鳥也。似鸕鷀而色白。善翔而不畏風。人因畫其象於船頭。正堪遊觀。昔人所謂人生一世。若輕塵之著草。何論異日之榮悴。自後李歸

義興。未幾物故。是無他拜也。又杜勝給事在杭州之日。問千寶曰、勝爲宰相之事。何如。曰、如筮得震卦。有聲而無形也。（周易・卜得震卦・如聞雷・不見其形・凡事皆不成遂也・）當此之時。或爲陰人所譖。若領大鎭。必憂悒成疾。可以修禳之。後杜公爲度支侍郎。有直上之望。草麻待宣。府吏以上、於杜公門構板屋。將布沙隄。忽有東門驃騎。奏以小疵。而承旨以蔣伸侍郎拜相。杜出鎭天平。憂悒不樂。去乃嘆曰、金華婁山人之言。果驗矣。欲令召千寶、元芳、或曰、婁呂二生。孤雲野鶴。不知棲宿何處。杜、尋亦終於鄆州。（鄆・唐運・鄆州・在今山東鄆城縣境・）○圖書集成術數部名流列傳光緒浙江通志方技

唐　吳女、士父仁璧。少能詩。兼明玄象陰陽之學。天復中、仁璧登進士。居越中甚貧困。問常佯狂乞於市。女曰、大人愼出入。恐罹網羅。已而錢武肅王命撰其母墓銘。仁璧不從。遂繫。女泣曰、文星失位。大人其不免乎。遂併女沉之東小江。女年十八。康熙紹興府志方技

宋　丁氏、司封員外郎之女。乃尚書右丞胡宗愈夫人。自幼穎慧。無所不能。其善相

人。蓋出天性。在西府時。嘗於窗隙遙見蔡丞相確。謂右丞曰。蔡相全似盧多遜。或以盧蔡肥瘠色貌不同詰之。丁氏曰。吾雖不及見盧。但嘗一覩其畫像。與今丞相神彩相似。其後蔡果南竄。又戶部尚書李常除老龍尹成、都途中貽右丞書。丁氏一見其字畫。驚曰。此人身筆已倒。不久數盡。須病咽喉而死。李公行次鳳翔。中毒而卒。如此之類不一。（宋方勺泊宅編）

元　陳潤、字汝玉。奉化人。乃慈谿黃正孫、字長孺之妻也。潤於夫婦之間。相成以道。執箕帚侍巾櫛。無違禮。治絲繭縫衣裳。無廢事。主饋食共祭祀。無曠典。而又不憚劬勩。（勩。音曳。勞苦也。）致養于姑。得其歡心。詩書語孟及女誡、女則等篇。皆能成誦。子男二人。長曰玠。次曰瑋、年方幼。口授以書。程督嚴於外傅。尤喜觀易。所占多驗。間作小詩。亦有思致。嘗爲二子賦詩若干韻、有關於倫紀。可裨於治化。學士大夫咸稱誦之。泰定丁卯卒。年六十三。（元黃溍文集慈溪黃君墓誌銘）

元　李金姬、名金兒。章邱人。（章邱縣。今屬山東省。）李素女也。明敏妙麗。誦經史仙佛百家書。父得張明遠之傳精於醫卜悉以其術授之遂極玄妙言禍福皆響應張士誠之亂舉家被俘兒未及笄侍僞大妃曹氏帳中以卜藝見知士誠據高郵、爲元丞相脫脫所圍城垂破李卜之謂當固守敵且退更二夕當時忽聞殷雷夜起賀曰、陽氣發城中明日可以戰矣登樓仰觀良久曰、龍文虎氣見我營上急擊勿失俄報、脫脫削官爵鐵甲軍、皆散去遂開門縱擊大破之術既屢驗其父母皆受重賞乙未、士誠將遣兵渡江、窺姑蘇問之姑曰、江南不可居且有大患並以隱語託爲詩諷士誠不悟遂取常熟破姑蘇改爲隆平府三月、士誠移兵赴之召問引古今興衰成敗大計以對曰、入吳之後方將爲國家深思耳姑見士誠横驕每爲高論動之久不敢犯及是、册爲金姬曰、事成進爲妃次皇后下姑知不免往辭於曹出而拜跪祝天須臾閉目奄然父母驚赴抱起呼之已絕矣士誠葬之福山江口悉以珠玉殉未幾大明兵來士誠屢敗思其言加封仙妃祠而卜之其夜士誠妻劉氏夢姬泣曰、國家舉事大錯難爲計矣他日又夢姬、撫士誠二子曰、有不測當陰祐之姑蘇被圍將破。劉以二子付姬母、及二乳母。匿民舍。兵事稍定。母出城。潛行。如葬所。則先爲亂兵所發。屍已蛻去。（蛻・音稅・霽韻・按淮南精神訓・蟬蛻・蛇解・顏氏家訓・夫神滅形消・遺聲餘價・亦猶蟬殼蛇皮耳・）惟衣衿存焉。掘其旁。珠玉尙在。盡取還章邱。二子長、冒李姓。亦不復知有張也。洪武末、其季繇荐赴都下。母誡子曰、京師某所。有盲姆、殆八十餘。可密訪問之。猶在。寄聲我。猶無恙。速報我。如其言得之。盲姆聞聲。捫其面。披二掌曰、何物小子。聲音似我弟也。國亡。幸留此孽。敢不畏死來此耶。卽擁出。拒其戶。蓋姆卽士誠姊。得赦不死。當時預聞託孤者也。明日、李遂稱疾歸。其子孫至今編章邱籍。而常熟西北二十五里。有金雞墩。蓋訛以姬爲雞。遂妄言下有金寶。其氣化爲雞。時夜鳴其上云。（明朱國禎湧幢小品）

明

馬蓬瀛。邑女士。東光貢士劉公直。歷官禮部主事、戶部郎中。元季兵火。宦遊過昌黎。娶之。蓬瀛幼聰慧。隨父讀書。精通歷數天文。洪武壬申。差內臣陳二仔、捧寶二百錠。四表裏。召授尙宮司宮正。授冠佩。縣歲給米六十石。戊寅差內臣穆和、錫一女使。送還寧家。永樂卽位、召二次。屢賜寶楮表裏。官其子政、爲本縣儒學訓導。

終其身。民國昌黎縣志方技

清

王貞儀、字德卿、江寧人。宣化知府者輔孫女。錫琛女。宣城詹枚妻。記誦淹貫。最嗜梅氏天算之學。著書甚富。嘉興錢給事儀吉、序其術算簡存五卷。略云、予姑適吳江蒯氏者。嘗僑居金陵。姑能詩畫。信厚而明達。貞儀一見如故。常以文字相往來。姑言貞儀。於學無不聞。夜坐觀天星言晴雨豐歉輒驗。尤精壬遁。且知醫。其卒也、謂其夫曰、君家門祚薄、無可為者。妾今先死。不為不幸。吾平生手藁、其為我盡致蒯夫人。蒯夫人能彰我於身後。夫如其言、則盡以致我姑。時嘉慶二年丁巳也。予省姑於黎里、得見之著德風亭初集十四卷。二集六卷。繡紩餘箋十卷。星象圖釋二卷。籌算易知、重訂策算證訛、西洋籌算、增刪女蒙拾誦、沈痾囈語各一卷、及此書。姑總為一縑囊珍貯之。未嘗示人。其詩文皆質實說理。不為藻采。又有象數競餘四卷。文選詩賦參評十卷。則未之見也。貞儀歿時。年止三十。後數年、詹枚亦亡。無子。他日遺編不泯。其終賴我姑之彰之也。余不獲徧錄其書。惟存此種。序而

之惠姬之後、一人而已。（諸可寶疇人傳三編）

清 張屯、字麗然、婁縣人、國子監生、褚念劬妻、精研易理、善卜筮、適念劬二載而寡、侍姑撫遺腹子、教之成立、著易道入門二卷、自箴語一卷、與其第三妹昭、第四妹瑾、相倡和、爲小華萼集二卷。（宜興吳德旋初月樓續見聞錄）

清 李素貞、唐縣人、李愍肅公卿穀之女、武愍公孟羣之妹也、幼知書、長工騎射、熟孫吳兵法、於天文占驗之學、靡不窮究、父兄皆奇之、咸豐三年癸丑、武愍討賊楚北、女在軍中、戎裝畫策、累建奇功、武愍嘗被圍十餘重、他將不能救、素貞怒馬獨出、於鎗林礮雨中、突圍殺賊、護其兄以歸、甲裳均赤、賊衆驚爲天神、後胡文忠攻漢陽、城堅不下、女與武愍謀夜襲之、孤軍深入、中伏血戰死、年二十餘耳、庸閒齋筆記、謂爲忠孝家風、瀕被閨閣、紅顏碧血、允宜祔食崇祠。（鄞陳康祺郎潛二筆）

方外

漢 魏伯陽、吳人、性好道術、作參同契、五行相類等書、詳見江南通志方外。

後漢　王遠、字方平。東海人。舉孝廉。除郎中。累遷至中散大夫。博學。尤明天文圖讖河洛之要。逆知天下盛衰之期。漢桓帝嗣位。聞之。連詔不出。使郡國上載。以至京師。但低頭閉口。不答詔。乃題宮門板四百餘字。皆說方來。帝惡之。歸鄉里。同郡故太尉陳耽、爲方平駕道室。旦夕事之。方平在耽家。四十餘年。後語耽云、吾當去。明日日中發。至明日果卒。耽知仙去。曰、先生捨我矣。（太平御覽道部引眞誥）

後漢　左慈、字元放。廬江人。明五經。通星象。學道精思於天柱山。得石室中、九丹金液經。是太清中經法也。曹操聞而召之。問學道之由。慈不答。操怒欲殺之。乃爲置酒。俄失慈。建安末。渡江尋山入洞。在小栝山。顏色甚好。（小栝山在處州府城西。眞誥以爲左慈元放所治。○後漢書方術光緒浙江通志仙釋）

晉　僧法願、精卜筮。善相人。判吉論凶。每多奇中。詳見神僧傳。

晉　僧上藍、明陰陽精術數。詳見晉書張華傳。

孔靈產、會稽山陰人。稚圭父。宋泰始中罷晉安太守。有隱遁之志。於禹井山、立

[illegible]事道精篤。頗解星文。好術數。齊高帝輔政。沈攸之起兵。靈產白高帝曰、攸之兵衆雖强。以天時冥數而觀。無能爲也。高帝驗其言。擢遷光祿大夫。以篚盛靈產上靈臺。令其占候。餉靈產白羽扇素隱几。曰、君有古人之風。故贈君以古人之服。當世榮之。（南齊書孔稚圭傳光緒浙江通志方技民國嘉泰會稽志技術）

梁 劉勰、字彥和。莒人。早孤。篤志好學。家貧不婚娶。依沙門僧祐居處積十餘年。遂博通經論。天監中以東宮通事舍人遷步兵校尉。昭明太子、好文學。深愛接之。後與慧震、撰經於定林寺。功畢。遂求出家。先燔鬢髮自誓。敕許之。乃變服。改名慧地。未幾卒。所撰文心雕龍。論古今文體及文之工拙。沈約謂其深得文理。又著新論。論相法最精。其言曰、相者或見肌骨。或見聲色。賢愚貴賤。修短吉凶。皆有表診。故五岳崔嵬。有峻極之勢。四瀆皎潔。有川流之形。五色鬱然。有雲霞之觀。五聲鏗然。有鐘磬之音。善觀察者。猶風胡之別刃。孫陽之相馬。覽其機妙。不亦難乎。（梁書文學新論）

北齊 僧曇遷、俗姓王氏。年十三。初學于舅氏權會。後以周易隨言即曉。始學其半。餘牛自通。有一嫗失物。求曾決之得兌卦、曾令遷試辨之。遷曰、若如卦判。定失金釵。嫗驚喜曰、實如所辨。遷曰、兌是金位。字脚兩垂。似于釵象耳。舅曰、更依卦審悉諡者爲誰。對曰、失者西家白色女子。奉口總角。可年十四五者。將去尋可得之。後如言果獲。有問其故。遷曰、兌是西方少女之位。五色分方、西爲白也。兌字上點。表總角之象。內有尖形。表奉口之相。推測而知。非有異術。舅乃釋策而歎曰、方驗後生可畏。宣尼不誣矣。續高僧傳

北齊

僧元暢、金城人。漢置金城縣。故城在今甘肅皋蘭縣西南。應劭曰、初築城得金。故曰金城。後魏省。尋復置子城縣。隋改爲金城。又改曰五泉。即今皋蘭縣治。往涼州出家。復至揚州。洞曉經律。深入禪要。占判吉凶。無有不驗。遊成都。止大石寺。入齊后山。結草爲庵。齊太子遣使徵迎。曰、吾數盡矣。至京而死。清一統志甘肅省蘭州府仙釋

五代

僧祖肩、善陰陽五行之術。楊行密將攻杭州。潛令至城下偵險易。反報曰、是腰鼓城也。擊之不下。又聞其鼓角聲。曰、錢氏子孫貴盛。未易謀也。後悉如其言。清一統志江蘇省江寧

僧貫休、字德隱。俗姓姜氏。婺州蘭谿人。（蘭谿縣。屬浙江省。）投本邑和安寺、圓眞禪師出家。日誦法華經一千字。耳所暫聞。不忘於心。受具之後。往洪州（洪州。卽今江西南昌縣。）傳法華經起信論。皆精奧義。蔣瓌開洗懺戒壇。命貫休爲監壇。乾寧交。謁吳越武肅王。獻詩云、滿堂花醉三千客。一劍霜寒十四州。武肅命改爲四十州。乃可相見。休曰、州亦難添。詩亦難改。（預言如此。故難添難改。）閒雲孤鶴。何天不可飛。遂擔簦游荆南。（簦音登。笠之有柄可手執以行者。如今之傘。）與吳融相遇。往復酬答。心相得也。已而入蜀。至成都、獻詩孟知祥有云、一瓶一鉢垂垂老。萬水千山得得來。又稱得得和尚。知祥厚遇之。著有西嶽集。（浙江通志仙釋）

隋

智山、河東人。劉氏女。爲比邱尼。有戒行。沉靜寡談。成敗吉凶皆驗。文帝（卽楊堅。）初生於馮翊般若寺。紫氣充庭。智山自河東至。謂皇妣曰、此兒所從來甚異。不可於俗間處之。尼將帝舍別館。躬自撫養。皇妣嘗抱帝、忽見頭上角出。偏體鱗起。大駭。墜之地。智山自外入見曰、已驚吾兒。致令晚得天下。帝既踐阼。（阼。音祚。天子之位曰阼。言爲天下主也。）每以神尼爲言。歿後。卽葬寺中。爲起金浮圖。仍令天下舍利塔內各造智山像。（隋書帝紀淸一

（統志山西省蒲州府仙釋）

唐　吳嶠、（光緒烏程縣志、嶠誤作喬。）霅溪人。（霅、音治。霅溪、在浙江吳興縣治南。）年十三、作道士。時煬帝大業元年乙丑、過鄴中。（今河南臨漳縣。）告其令曰、中星不守太微、主君有嫌。而旺氣流萃於秦地、子知之乎。令不之信。至神堯即位。（即唐高祖。）方知不誣。嶠精明天文。乃袁天綱之師也。（唐柳宗元龍城錄、光緒浙江通志仙釋）

唐　王遠知、系本琅琊。後居揚州。父曇選、爲陳揚州刺史。母晝寢、夢鳳集其身、因有娠。浮屠寶誌謂曇選曰、生子當爲世方士。遠知少警敏。多通書傳。事陶宏景。傳其術爲道士。又從臧兢游。陳後主聞其名、召入。甚見咨挹。隋煬帝幸揚州。遠知謂帝不宜遠京國。不省。高祖尙微、遠知密語天命。武德中、平王世充、秦王與房元齡微服過之。遠知迎語曰、中有聖人。非王乎。乃諗以實。遠知曰、方爲太平天子。願自愛。太宗立。欲官之。苦辭。貞觀乙未、詔潤州即茅山爲觀。俾居之。遠知多怪言、謂其弟子潘師正曰、吾少也有累。不得上天。今署少室伯、吾將行、即沐浴加冠衣若寢者、遂卒。或言壽蓋百二十六歲云。著易總十五卷。高宗時、追贈大中大夫。謚升眞先生。武后時復贈金紫光祿大夫、改謚升元。（新唐書方技附袁天綱傳・宣統山東通志藝術・光緒浙江通志仙釋）

唐 尼范氏、乃衣冠流也。善風鑑星命。知人休咎。魯公顏眞卿妻黨之親也。魯公尉于醴泉。（秦谷口邑・漢置谷口縣・後漢廢・後魏置寧夷縣・隋改曰醴泉・以縣界有周醴泉宮・因以爲名・唐初廢・尋復置・故城在今陝西醴泉東北十里之泔北鎮・宋徙今縣東稍南三十里・元末移今治・明清皆屬陝西西安府・）因詣范氏尼問命曰、某欲就制科。乞師姨一言。范氏曰、顏郎事必成。自後一兩月。必朝拜。但半年內、愼勿與外國人爭競。恐有譴謫。公又曰、某官階盡得及五品否。范笑曰、鄰於一品。顏郎所望。何其卑耶。魯公曰、官階盡得五品。身著緋衣帶銀魚。兒子補齋郎。某之望滿也。范尼指坐上紫絲布食單曰、顏彩色如此。其功業名節稱是。壽過七十。已後不要苦問。魯公再三窮詰。范尼曰、顏郎聰明過人。問事不必到底。逾月大酺。（酺・音蒲・大酺・飲酒作樂也・）魯公是日登制科高等。授長安尉。不數月遷監察御史。因押班中有諠譁無度者。命吏錄奏。次即哥舒翰也。（次・次第也・凡言等第・最上者以下・皆曰次・）翰有新破石堡城之功。因泣訴玄宗。玄宗坐魯公以輕侮功臣。貶蒲州司倉。驗其事

跡。歷歷如見。及魯公爲太師。奉使於蔡州。乃歎曰、范師姨之言。吾命懸於賊必矣。(太平廣記相類)

唐　僧泓師、以道術聞。於睿宗時、常過李林甫。即李靖宅、謂人曰。後之人有能居此也。貴不可言。其後久無居人。開元初、林甫官爲奉御。遂從而居焉。人有告於泓師曰、異乎哉。吾言果如是。十有九年、居相位。稱豪貴於天下者。一人也。雖然、吾懼其易製中門。則禍且及矣。林甫果相元宗。恃權貴。爲人觖望者久之。(觖、音決、不滿也。)及末年、有人獻良馬。甚高。而其門稍庳。(庳、音卑、下也。)不可乘以過。遂易而製。既毀焉。其簷忽有蛇千萬數。在屋瓦中。林甫惡之。即罷而不能毀焉。未幾、林甫竟籍沒。其始相至籍沒。果十九年。三月。泓師之術。可謂神矣。(唐張讀宣室志)

唐　普滿。大歷中潞州僧也。善相言事。往往有驗。建中初庚申、題潞州佛舍曰、此水連涇水。雙珠血滿川。青牛將赤虎。還號太平年。人莫能解。及賊泚稱兵。方悟此水者、泚字。涇水者、自涇州兵亂也。雙珠者、泚與滔。青牛者、興元二年乙丑歲。乙木青、

丑牛也。明年改元貞元、歲在丙寅。丙火赤、寅虎也。至是賊已平。故云。（光緒山西通志方外）

唐　五明道士、不知何許人。長慶之代在鄴中。（鄴郡即今河南安陽縣治）善陰。陽。歷數。尤攻卜筮。成德軍節度田弘正。御下稍寬。而冒於財賄。誅求不息。民衆怨咨。時王庭湊爲部將。遣使於鄴。既至。忽有微恙。數日求醫未能愈。因詣五明、究平生否泰。道士卽爲卜之。卦成、而三錢並舞。良久方定。而六位俱重。道士曰、此卦純乾變爲坤。坤土也。地也。大夫將來秉旄不遠。兼有土地山河之分。事將集矣。宜速歸乎。庭湊聞其言。駭之。遽自掩其耳。是夜又夢白鬚翁、形容偉異。侍從十餘人。皆手持小玉斧。召王公而前。謂曰、患難將及。不可久留。既覺。庭湊疑懼。卽辭魏帥而迴。比及還家。未踰旬。値軍民大變。弘正爲亂兵所害。士大夫將校、共推庭湊。庭湊再三推讓。衆不聽。擁脅而立之。翌日、飛章上奏。朝廷聞之大駭。徵兵攻討。以裴度爲元帥。趙人拒命二年。王師不能下。俄而敬宗卽世。文皇帝嗣位。詔曰、念彼生靈。久罹塗炭。雖元兇是罪。而赤子何辜。宜一切赦而宥之。就加節制。仍詔庭湊子元逵、入侍。因以壽春公主妻焉。庭湊既立。甚有治聲。朝廷稱之。五世六主、一百餘年滅。初庭湊之立也。遣人詣鄴。取五明置於府爲營館舍。號五明先生院。公曾從容問曰、某今已忝藩侯。將來祿壽。更爲推之。道人曰、三十年。願明公竭節勤王。愛民恤物。次則保神嗇氣。常以清儉爲心。必享殊壽。後裔兼有二王。皆公餘慶之所致也。春秋所謂五世其昌。八世之後。莫之與京。公曰、幸事已多。素無勳德。此言非所敢望。因以數百金爲壽。道士固辭不受。公亦固與之。載歸其室。數日盡施之。一無留焉。二王景崇封常山王。鎔爲趙王也。唐張鷟耳目記

唐　僧釋雲涉、長沙人。幼歷大潙山門。潙音規。水名。湘水之支流。在長沙府。參禪外、學易。光啓年夏、偏游嵩華、回商山道中。見一人身貌魁偉。負空擔一條。以繩繞兩頭。同行數日。雲涉詰曰、長者行李負空擔何用。又不擔物。答曰、有者卽擔。無如何擔。雲涉不能對。問涉曰、吾師杖頭結何文書。答曰、筮卜書。擬往蜀中問易。道人曰、僕近蜀中來。蜀自嚴君平後。少人知易。師切於問。依吾指一徑而去。勿憚遠近。必遇奇人。雲涉至依言

而行。歷水涉山。衝風犯雨。行兩餘月日。其徑微微。望遠百步。虛見似一人非人。靠一枯杉而坐。雲涉行將近。其人遂起。入一草庵之中。雲涉至庵側。整頓衣帔。聞內將錢擲卦之聲。卦成。曰、蒙之師。復移時間消停卦。曰、宗廟丙寅動木。世在丙戌土。應在戊寅木。曰、童蒙求我。我求蒙師者。師貞丈人吉。無咎。君子以容民畜衆。且寅木伏。癸酉金來。酉字有木邊作目。移三點其旁。卽湘字也。世歸戊午火。七日、卦東南方。荊湘人也。世丙戌土伏。癸丑土來。屬陰。飛伏相刑。八月卦建酉。酉自刑。又屬陰。此毀形之人。可是僧也。既相刑剋。來應不反。卽云乃吾弟子。自湘南來也。雲涉伺斷卦畢。遂入庵中。見一女子道士。結草爲衣。狀雲帔。遂問雲涉曰、何由至此。答曰、幼攻易道。未遇奇人。乃自湘中游歷京闕。因自商山道中、遂至此。得遇仙者。喜忭交深。又問何人指示此來。涉具對之。女眞曰、識此人否。對曰、雖同行數日。未知姓字。曰、此乃華山學士王生。乃俠客之祖。亦吾學易弟子。近此自去。便輕指示生來。來甚當之。因留涉坐。細論易道飛伏微妙之理。曰、吾師不可久住此間。便可速歸湘楚。有人問易。當爲決疑。便陰功延其夏臘。涉稽首致謝。問曰、願聞師之姓。答曰。吾乃商山李五姊也。涉辭之。遂歸湘。栖止道林。大行易道。爲高下所共仰。（夷堅續志）

唐　殷九霞道士。來自青城山。（山在四川灌縣西南。）有知人之鑒。時張侍郎爲河陽烏司徒從事。烏公問已年壽官祿。九霞曰、司徒貴極藩服。所望者秉持鈞軸。封建茅土。惟在保守庸勳。苞貯仁義。享福隆厚。殊不可涯。既而遍問賓僚。九霞曰、其間必有台輔。時烏公器重裴副使。應聲曰、裴中丞是丞相否。九霞曰、若以目前人事言之。當如尊旨。以某所觀。即不在此。時夏侯相孜爲館驛巡官。形質低悴。烏因戲曰、莫是夏侯巡官否。對曰、司徒所言是矣。烏公撫掌而笑曰、尊師莫錯否。九霞曰、某山野之人。早修眞道。無意於名宦金玉。蓋以所見任直而道耳。曰、如此。則非某所知。然其次貴達者爲誰。曰、張支使雖不居廊廟。履歷清途。亦至榮顯。其後譙公顯赫令名。再居台鉉。（譙音樵。鉉音炫。）張果踐朝列。出入臺省。廉察數州。（嘉慶四川通志藝術）

唐　僧一行、姓張氏。先名遂。魏州昌樂人。（昌樂縣。即今河北南樂縣治。）少聰敏。博覽經史。尤精曆象。

陰陽五行之學。時道士尹崇、博學先達。素多墳籍。一行詣崇、借楊雄太玄經。將歸讀之數日、復詣崇還其書。崇曰、此書意指稍深。吾尋之積年。尙不能曉。吾子試更研求何遽見還也。一行曰、究其義矣。因出所撰大衍玄圖、及義決一卷以示崇。崇大驚。因與一行談其奧賾。（賾。音責。幽深也。）甚嗟服之。謂人曰、此後生顏子也。一行由是大知名。武三思慕其學行。就請與結交。一行逃匿以避之。尋出家爲僧。隱於嵩山。師事沙門普寂。開元五年丁巳、玄宗令其族叔禮部郎中洽、齎勅書就荆州强起之。一行至京。置於光太殿。數就之訪以安國輔人之道。言皆切直。無有所隱。一行尤明著述。撰大衍論三卷。調攝伏藏十卷。天一太一經、及太一局、遁甲經、釋氏系錄各一卷。開元末、滅度於嵩山。年四十五。賜謚曰大慧禪師。（舊唐書方技列傳正河南通志光緒浙江通志仙釋○藝術典相術部）

紀事云。唐一行嘗語人曰。吾得古人相法。相人之法以洪範五福六極爲主。觀其所由。察其所安。可得大概。若其人忠孝仁義。所作所爲。言行相應。顚沛造次。必歸于善者吉人也。若不忠不孝。不仁不義。言行不相應。顚沛造次。必歸于惡者凶人也。吉人必獲五福之報。凶人必獲六極之刑。不于其身。必于其子孫。若出于風骨氣色中。料其前程休咎。豈能悉中也。○金元好問續夷堅志云。劉太博機。貞祐兵亂後。自管湖州刺史。遷濟州。民居官舍皆被焚。機復立州宅。掘一黃土坡。偶值古塚。乃唐一行禪師墓。有石記云。劉機當破吾墓。

唐　僧處弘、習禪於武當山。（山在湖北均縣南一百里。）王建、（字光圖。）微時。販鹺於均房間。仍行小竊。號曰賊王八。處弘見而勉之曰、子隆眉廣顙。骨相異常。他日位極人臣。何不從戎。別圖功業。而夜遊晝伏。沽賊之號乎。建感之投忠武軍。後建、在蜀。弘、擁門徒入蜀。爲搆精舍以安之。卽弘覺禪院也。（太平廣記相類蜀檮杌）

唐　司馬頭陀、名曦。唐時人。習堪輿家言。歷覽洪都諸山。鈐地一百七十餘處。迄今猶驗。一日至奉新。參百丈。曰、近於湖南得一山。乃一千五百善知識所居。百丈曰、老僧可往否。曰、不可。和尚骨相。彼骨山也。時華林覺爲首座。詢之。不許。見典座靈佑。曰、此爲山主人也。後往住山。連帥李景讓、率衆建梵宇。（梵、帆去聲。陷韻。梵唄。釋氏誦經聲也。）請於朝。賜號同慶寺。天下禪學輻輳。竟如其言。（光緒江西通志方術）

唐　僧道泓、黃州人。幼爲沙門。與天官侍郎張敬之善。所言吉凶。無不驗。嘗爲燕國公張說相宅。見東北隅有三坎丈餘。泓驚曰、公富貴一世而已。諸子將不終。後說子均、垍、（垍、巨至切。音洎。寘韻。堅土也。）俱以汙安祿山貶斥死。道泓又云、五害不侵高山忌石巉然。

平原。忌水衝射。土脈膏潤。草木暢榮。來龍迢遙。結穴端正。水環沙護。即吉地也。近泥天星卦例方向。不顧龍穴沙水。多斜側反背爲之主。家微福不悟也。且親存享爽塏華居。歿葬形勝吉地。親體安。子心安矣。（新唐書方技圖書集成堪輿部紀事光緒黃州府志藝術）

唐　僧子畝、精太乙數。其驗如神。詳見同治南昌府志方技。

唐　僧神秀、善卜筮。有道行。詳見異聞集。

唐　僧惟瑛、明經典。通術數。詳見雍正陝西通志方技。

後梁　廣微者、華州僧也。（秦置鄭縣。後魏。置華山郡又置東雍州。西魏改爲華州。隋州郡皆廢。唐仍名華州。改曰太州。尋復故。宋曰華州華陰郡。金仍爲華州。元以州治鄭縣省入。淸屬陝西同州府。民國改州爲縣。）知術數。末帝瑱、在河中。廣微嘗密謂房暠曰。（暠。音皓。同皓。白也。）相公極貴。然明年丁未、有大厄。如得濟此、凡事不可言。明年果有楊彥溫之變。（雍正陝西通志方技）

後周　僧麻衣、綿上人。（綿上未詳。襄垣乃漢置。趙襄子所築。因以爲應。後魏置襄垣郡於此。北齊郡廢。故城在今山西襄垣縣北。唐徙縣於甘羅水南。即今治。明淸屬山西潞安府。）雲遊至紫巖山寺。日夜趺坐。人生之富貴貧賤壽夭。遭際一見立斷如神。所著有相書金鎖賦。銀匙歌。行世。今寺內遺像尙存。（雍正山西通志藝術乾隆襄垣縣志方技）

後周

麻衣和尚、姓氏不傳。惟以好著麻衣。卽以之爲名焉。考寺碑云、此寺爲麻衣上人修住之地。貞珉尙存。且上人昔在華山。相錢若水。人咸奇異之。因有麻衣相法。流傳於今。然則麻衣爲高人。此刹卽爲勝地也夫。（民國和順縣志仙釋　和順縣屬山西省）

吳越

僧德韶、姓陳氏。龍泉人。能以山川岡壠形勢。辨地之吉凶。凡作圖以志浙東西州之宜爲墓地者千有三百。德韶旣示寂。世罕傳其圖。葬而偶值其處。徵應率與圖合。何其神也。（元黃學士文集地鈐序）

宋

麻衣道者、錢若水爲舉子時。見陳希夷於華山。（華山在陝西大荔縣）希夷曰、明日當再來。若水如期往。見有一老僧與希夷擁地鑪坐。僧熟視若水久之不語。以火箸畫灰作做不得三字。徐曰、急流中勇退人也。若水辭去。希夷不復留。後若水登科爲樞密副使。年纔四十致政。希夷初謂若水、有仙風道骨。意未決。命老僧觀之。僧云做不得。故不復留。老僧麻衣道者也。希夷素所尊禮云。（雍正陝西通志方技○阜按、乾隆襄垣縣志、及雍正山西通志、均載後周麻衣僧、雲遊至紫巖山寺。民國和順縣志、載考寺碑云、此寺爲麻衣上人修住之地。又云、昔在華山、相錢若水、人咸異之。與雍正陝西通志、所載麻衣道者、相錢若水、以火箸畫灰、不謀而合。以此證之、三者殆同爲一人也。）

宋　僧含暉道人、居鳳翔重雲山。臨清王彥超、少事後唐魏王繼岌。從繼岌討蜀。還至渭南。會明宗卽位。繼岌遇害。左右遁去。彥超乃依暉爲徒。暉善觀人。謂彥超曰、子富貴人也。安能久居此。給資帛遣之。時晉祖帥陝。乃召至帳下。委以心腹。入宋爲金吾衞上將軍。封邠國公。雍熙三年丙戌、卒。年七十三。贈尚書令。（宋史王彥超傳圖書集成相術部紀事）

宋　僧化成、在京師賣卜。能推人命貴賤。魏泰、嘗以王安國之命問之。化成曰、平甫之命絕似蘇子美。（子美・舜欽字・）及平甫放逐。逾年復大理寺丞。旣卒年四十七。與舜欽官職廢斥年壽、無小異者。（東軒筆錄○宋徐度却掃編云・熙寧元豐間・有僧化成・以命術聞京師・蔡元長兄弟始赴省試・同往訪焉・問命者盈門・彌日方得・語以年月・率爾語元長曰・此武官大使臣命也・他時衣食不缺而已・餘不可望也・語元度曰・此命甚佳・今歲便當登第・十餘年間・可爲侍從・又十年爲執政・然決不爲眞相・晚年當以使相終・然是年兄弟竟同登科・相繼貴顯・於元長則大謬・而元度終身無一語之差・清俞樾茶香室四鈔云・余謂推命有驗有不驗・固事理所有・惟此僧於蔡卞則盡言之・於蔡京則幽謬其詞・恐別有微意・）

宋　袁惟正、道士。閬中人。其所住觀、與余永泰山居、相距才百里。予昔在鄉里時、已聞袁君能用六十四卦。推五行。配六神。使七十二煞。言人禍福。已發未兆之應。一一。若目見。然竟未識袁君之面也。後余典校中祕書。幸與士大夫遊。近日往往有爲予言道士自蜀來者。善以爻象消息休咎。嘗與某人占某事某事。約時指日。無不如其說。郭景純、管公明之流也。予雖舊聞袁君之術甚精。而未敢以是必爲袁君以對之爾。暇日納涼於城南道宇。有道士出西廡下。高顴廣顙。狀貌怪偉。肅予以入坐堂上。予因問其所從來。曰、來自蜀。問何以居此。曰、往年嘗以占驗得權貴人意。遂喜以紫服奏我館我於是。問其術誰師而如此。曰、自居蜀時、已得異人授祕記。後復走天下。東西南北殆遍。聞某所有某人善此術者。雖數千里必往咨焉。質吾所學、而遂無疑。凡今所言、若牛刃虱鏃。見則洞然矣。問其姓。曰袁氏。乃予昔在鄉里時所聞。與近日士大夫爲予言者。袁君是矣。遂與之往還。一日詣予言諸友皆以字相稱。我獨無。敢以字請。予曰、惟正者、君名歟。夫正者道之所由立也。凡在天地間涉形迹、該事爲者。莫不保之。以全其用者也。或失之、則傾側邪辟。龐雜乖盭於不善。（盭・音麗・與戾同・很也・）無不至矣。今君方以是術有名於時。爲人信嚮。如能正以行之。守之以固。不爲利欲撓其心。若莊遵季主之所爲。君之道高矣。宜以行之爲字。袁君踸而言曰、（踸・音技・跪也・）方外之人、未聞此語。幸而君子字我。又因而規我。敢不佩服以終世書以贈之。（宋文與可丹淵集袁惟正字行之序）

宋　僧達、姓劉氏。居安福下邨水南院。善地理。著有撼龍經、天元一炁諸書。（光緒江西通志方術）

宋　鐸長老、俗姓辜。（一云託長靜老和尚・）南昌人。精形家術。嘗爲南昌劉長老相地葬其夫婦。觀者殊易之。久之。劉族繁昌。又爲豐城李姓卜兆。初啓土。鐸辭去。且戒曰、返寺鳴鐘。始可窆棺。行未至。偶他寺鳴鐘。遂窆棺。鐸震死於途。李族自後始大。明初南昌劉子南、新建趙子方、豐城何野雲、亦其亞也。（光緒江西通志方術○皐按・淸萬樹華・字仁邨・刊有地理入地眼一書・據其凡例所云・即辜託長靜老和尚遺著也・）

宋　僧宗淵、紫閣院住持也。精相人術。頗爲士大夫所欽仰。（古今類事相兆門）

宋　僧克愼、相人術極精。詳見太平廣記相類。

宋　僧妙應、六合人。姓李氏。受業於釋迦院。誦經典。欲造佛殿。化緣揚州市。有道人。

以相法授之。遂精其術。遊京師。以東明二字贈蔡京。京始謂其字無益。後貶潭州。卒於東明寺。始驗。嘗遊湖湘間。都督張魏公遇於大梁。師一見奇之。請公必爲國家建功立業。後公爲作塔銘云。行純而勤。心亦以誠。修有爲果。證無漏身。岳之麓。湘之濱。是爲師墳。我揭以銘。百世莫遷。考我以文。（圖書集成藝術典相術部名流列傳）

宋　僧智緣、（緣疑作圓）精太素脈法。斷人壽夭吉凶極驗。詳見宋史方技。

宋　白雲片鶴、金明人。（金明郡在今陝西安塞縣地）爲道士。自稱白雲片鶴。宣和初、游汴。見趙鼎大呼曰。中興名相也。他日又遇鼎曰、吉陽相逢。鼎紹興五年乙卯、爲相。有重名。晚竄吉地。忽與道士相見。謂鼎曰、憶疇昔之言乎。公將歸矣。未幾鼎果卒。（淸一統志陝西省延安府仙釋）

宋　僧超善、善相人。陳去非與義、送超善歸廬山詩云。九疊峯前遠法師。長安塵染坐禪衣。十年依舊雙瞳碧。萬里今持一笑歸。鼠目向來吾自了。龜腸從與世相違。酒酣欲更煩公說。黃葉滿山錫杖飛。（簡齋集）

宋　僧德光、俗姓彭。有道行。能相人。詳見宋寶慶四明志。

宋　僧普明、閩人。喜爲人相葬地。尤袤、（字延之・無錫人・）父、時亨卒、普明遍相吳塘山之陽而葬之。廬於墓者三年。其始葬方十日。月夜見萬燈滿湖。叱聲震地。袤懼、與二三僮僕、棲隱喬松之下。空中問曰、此地發福三百年。彼人子有何德而畀之速。令發去。又聞空中高聲應曰、尤時亨累世積德。袤又純孝之子也。空中又曰、世德純孝、可當此地矣。其善護之。此紹興十四年甲子秋事也。袤、服闋、即登上第。祖孫皆尚書。凡六世、金紫未絕。（楊家麟史餘萃覽）

宋　于道士、朐山人。（朐・音劬・朐山・在東海縣南・）年已耄耋。李全據淮海時。迎致之。全攻宋揚州。于初見全。即歎曰。我業債合在此。償全強之占事多驗。尊爲軍師。及全因軍敗、焚誥敕。道士謂人曰、相公死明日。我無今日矣。人問之曰、朝廷以安撫提刑討逆。然爲逆者、節度使也。豈有安撫提刑、能擒節度使哉。誥敕既焚。則一賊爾。盜固安撫提刑所得捕。不死何爲。入見全曰、相公明日出帳、必死。全怒斬之。翌日果敗見殺。（宋史叛臣李全傳　嘉慶海州志方技）

宋　布袍道者、不知何許人。賈似道嘗馳馬出游湖山。小憩棲霞嶺下。道者瞪目視曰、官人可自愛重。將來功名不在韓魏公下。賈意其侮而去。既而醉博平康。至於破面。他日復遇。道者頓足。驚嘆曰、可惜可惜。天堂已破。必不能令終矣。德祐乙亥年、似道被殺。其後悉驗。圖書集成藝術典相術部名人列傳

宋　僧常泰、通術數。詳見唐于逖聞見錄。

宋　僧居簡、善相人。言多中。詳見圖書集成、藝術典、相部紀事。

宋　僧癲、有相人術。敬仰者甚衆。詳見宋方勺泊宅編。

宋　僧月洲、識相知人。談言微中。文信國公有詩贈之、詳見文山全集。

元　張留孫、字師漢。貴溪人。少時入龍虎山爲道士。有道人相之曰、神仙宰相也。至元丙子、從天師張宗演入朝。世祖與語稱旨。遂留侍闕下。建崇眞觀於兩京。俾留孫居之。專掌祠事。十五年戊寅、授玄敎宗師。錫銀印。是時天下大定。世祖思與民休息。留孫待詔尙方。因論黃老治道。貴淸淨。聖人在宥天下之旨。深契主衷。及將

以謌勒哲（又名完澤）爲相。命留孫筮之得同人之豫。留孫曰、同人柔時位而進乎乾。君臣之合也。豫利建侯、命相事也。何吉如之。願陛下勿疑。及拜謌勒哲、天下果稱得賢相。大德中、加號玄教大宗師。同知集賢院道教事。且追封其三代。皆魏國公。官階品俱第一。武宗立。（至大元年戊申）召見賜坐。陞大眞人。知集賢院位大學士。尋又加特進。進講老子。推明謙讓之道。及仁宗卽位。猶恆誦其言。且諭近臣曰、累朝舊德。僅餘張上卿爾。至治元年辛酉、十二月卒、年七十四。天歷元年戊辰、追贈道祖神應眞君。（元史釋老附宗演傳圖書集成藝術典卜筮部紀事）

宋　玉泉長老、精相人術。頗著奇驗。詳見圖書集成藝術典、相術部紀事。

元　普穪、（穪・正字通・俗稱字・）撫州僧也。至元間人。初唐一行禪師、作星歷書十有三家。誓曰、國興則見。未興則隱。後靑城山僧號枯木、傳此書於史彌遠家。至普穪、又得其傳。其後四明慧月、號琴堂者。挾斯文至大都。明南昌僧號普庵、復獲此書於天界寺。授括蒼季宗舒。遂揚其波。至今稱琴堂五星云。（光緒江西通志方術）

明　僧目講（或作幕講、非）不知何許人。或云元進士。晦跡於僧。或云嘗爲陳友諒參謀。兵敗逃爲僧。明初、流寓於鄞。善堪輿術。爲人卜葬。無不奇驗。嘗曰、吾當以目講天下。故皆稱爲目講云。邑中大家先世墳墓、多出其手。故久而益神之。（道光寧波府志藝術　乾隆鄞縣志方外）

明　張三丰、洪武間以軍籍戍平越尉。（漢至晉、爲且蘭縣。南齊爲南牂牁治。隋初爲牂州地。唐以爲羈縻州。宋入於蠻。南宋始內附。元置平越長官司。明置平越衞。清初爲平越府。隸貴州省。又改平越衞爲縣。爲平越府治。後改縣爲興義。移屬興義府。改平越府爲州。直隸貴州省。民國改州爲縣。地當衞道。以産漆著名。）蓬頭草履。四時惟一破衞。行丐市上。人呼爲揧蹋仙。（揧、音辣。）自於高眞觀後隙地結茅亭。晝則閉戶靜坐。夜則禮斗。與指揮張信善。嘗與弈。後指城南月山寺右地曰、葬此必封侯。信從之。後果以戰功封隆平。嘗自敍云、幼年慕道。長歲求玄。識至人之奧旨。悟義理之深詮。所著大類參同契、內景、黃庭諸說。其人果道家者流乎。抑時之隱君子有所託以逃耶。如世所云浡邱、洪厓、安期生、王方平輩。固未可知矣。亭前一池似石盂。泉出地中。澄泓不涸。旁有桂一株。揧蹋手植。三百年故物。永樂間曾遣官徵聘。竟莫知所之。說者謂金川之役。蓋假訪三丰之名。以偵遜國之逸蹤也。卽孫文恭望仙臺詩亦云。望仙臺迴草花籠。掣蹋眞仙落故蹤。永樂當年書誥在。誰知不爲覓三丰。然傳信傳疑。皆不可考。最可異者。平越城西山曰倒馬坡。坡半見隔山石壁如屏。懸崖千仞。上有三丰遺影。首帶華陽冠。側身杖策西行。儼然畫圖。極可觀。旁刊神留宇宙四字。余過而慕之。（濟南田雯撰黔書○武進沈乾一叢書書目彙編云。張三丰著集。空青洞天藏板。考紀類。乾坎艮震巽離坤兌。呂祖年譜。海山奇遇仙蹟七卷。純陽詩集九卷。黃庭經附考紀徵驗。太上十三經注解。無根樹二注。）

明　三休。往來之破衲道人也。嘗居桃源縣靈巖僧室。攤書夜讀。不然燭。手持一珠照行間字。光達戶外。僧伺之時。或不見形。惟龍首崚嶒在几案間。雲露滿室。叩之。徐笑曰。草爲螢。鷹爲鳩。人獨不化耶。不斷酒。出懷中杯。三爵而罷。間有逸句。相人應舉及卜貴賤壽夭如響。（雍正湖廣通志方技）

明　司馬頭陀。不知何許人。或云姓劉。名潛。即形家著水法者。觀其語。似非一人。所在見佳山水。輒留祕記。遊公安最久。留記數十。亦異僧而隱於方術者也。（皋按。江西南昌縣司馬頭陀名曦。乃唐時人。與此迥異。○同治公安縣志仙釋）

明

姚廣孝、長洲人。本醫家子。年十四、度妙智庵爲僧。名道衍。字斯道。事道士席應眞。得其陰陽術數之學。嘗游嵩山寺。相者袁珙見之曰、是何異僧。目三角。形如病虎。性必嗜殺。劉秉忠流也。道衍大喜。洪武中召通儒書僧。試禮部。不受官。賜僧服還。經北固山。賦詩懷古。其儕宗泐曰、此豈釋子語耶。道衍笑不答。高皇后崩、太祖選高僧侍諸王。爲誦經薦福。宗泐時爲左善世。舉道衍。燕王與語甚合。請以從。至北平。住持慶壽寺。出入府中。跡甚祕。及太祖崩。惠帝立。以次削奪諸王。周湘代齊岷、相繼得罪。道衍遂勸成祖舉兵。建文元年己卯六月。成祖遂起兵。以誅齊泰、黃子澄爲名。號其衆曰。靖難之師。道衍輔世子居守。及成祖渡江。卽帝位。授道衍僧錄司左善世。帝在藩邸。所接皆武人。獨道衍定策起兵。及帝轉戰山東河北。在軍三年。或旋或否。戰守機事。皆決於道衍。道衍未嘗臨戰陣。然帝用兵有天下。道衍力爲多。論功第一。永樂二年四月。拜資善大夫、太子少師。復其姓。賜名廣孝。贈祖父如其官。帝與語呼少師而不名。命蓄髮不肯。賜第及兩宮人。皆不受。常居僧寺。

冠帶而朝。退仍緇衣出振蘇湖。至長洲。以所賜金帛。散宗族鄉人。重修太祖實錄、廣孝爲監修。又與解縉等纂修永樂大典。十六年三月入覲。年八十四矣。病甚。不能朝。仍居慶壽寺。車駕臨視者再。問所欲言。廣孝曰、僧溥洽繫久。願赦之。溥洽者。建文帝主錄僧也。初帝入南京、有言建文帝爲僧遁去。溥洽知狀。或言匿溥洽所。帝乃以他事禁溥洽。而命給事中胡濙等、（濙・音熒・小水貌・）徧物色建文帝久之、不可得。溥洽坐繫十餘年。至是帝以廣孝言。卽命出之。廣孝頓首謝。尋卒。以僧禮葬。追封榮國公。諡恭靖。賜葬房山縣東北。官其養子繼尙寶少卿。廣孝少好學。工詩。與王賓、高啓、楊孟載、友善。宋濂、蘇伯衡、亦推獎之。所著有逃虛子集。及道餘錄。頗毀先儒。識者鄙焉。其至長洲候同產姊。姊不納。訪其友王賓。賓亦不見。但遙語曰。和尙誤矣。往復見姊。姊詈之。（詈・音荔・罵也・）廣孝惘然。（明史列傳乾隆江南通志方外）

明、非幻和尙、寶陀庵住持僧、諳儒書。精地理。嘗應召相地天壽山。錫以金紫。永樂十八年庚子、遣使者祭其墓。贈五官靈臺郎、僧錄司右闡教。（圖書集成堪輿部名流列傳）

明　僧如蘭、富陽人。善相術。于肅愍公少時。博戲市中。如蘭見之。曰、少年何不自愛。異時救世才也。時有道人在傍曰、相如斯已乎。如蘭更熟視。曰、惜不令終。道人曰、和尚可教矣。問其姓名。不答而去。圖書集成藝術典相術部名流列傳

明　玉峯長老、不知何許人。精地理學。見有德之家。乃爲葬之。如風吹羅帶。架上金盆。眞武大座。金梘銀槽。梘、音見。栓也。天鵝一隻腿。金扁擔劈開蓮蓬。美女鋪氈等形。至今各姓子孫。俱徵繁盛。同治廣信府志方技

明　葉紹袁、字仲韶。號天寥道人。吳江人。天啓乙丑進士。官工部主事。不耐吏職。乞養歸。妻沈宛君。工詩。五子、三女。並有文藻。一門之中。更相倡和。乙酉之變。棄家爲僧。自號粟庵。其所撰年譜。論揲蓍頗詳。載有顧漢石。令錢塘。留余、侯有所獲而歸。余因揲蓍。當得幾數。遇風火雷卦爻。俱不動。余曰、鼎三足也。亦有五鼎九鼎。從多則九耳。果得九十金。除去居間及家人輩十金。共八十數。則離三巽五。爲八也。卦名卦位。無所不驗。亦奇矣哉。又著湖隱外史。甲行日注。天寥年譜別記

明　吳從善、鄱陽人。本道士。善相法。郡守甯某、與弟貌相肖。初令假衣冠。坐廨中。試之。從善揖而不拜。曰、此非四品骨。衆皆失笑。見稅課呂銘、曰、官當至二千石。後果擢刑部郎。出知西安府。見鄱主簿孫誕、曰、公本鸞鳳。豈終枳棘之棲。後官遷至山西按察僉事。言無不驗。人又呼爲聾道士。光緒江西通志方術

明　味玄子、黃冠也。賣卜於市。丹陽蔣曉從之游。圖書集成卜筮部名流列傳

明　鐵筆和尚、峨嵋名僧也。道行高潔。崇禎初、知獻賊將寇蜀。遂打包來利。於乾谿山之石峯寺。開乞放戒。陳守先率子世凱、往叩之。曰、余小子、弱齡嬉游。克家無令名。祈和尚示一偈。以約生平。和尚舉筆書曰、鶴立松梢月。魚行水底天。風光都占盡。不費半文錢。是預知世凱。後來必貴。和尚亦神矣。同治利川縣志方技

明　僧希梃、字廣玉。善卜筮。預言奇驗。詳見乾隆歷城縣志方技。

明　天如、不知何處僧。住鄂城修靜寺。言未來禍福不爽。常受一宰官舟資數兩。渡江即盡畀舟子。或曰、何多也。師云、某予我舟資也。故與之。又某施一袍。値十餘金。

遇寒乞。卽以衣之。張獻忠破省之前。指鄂東門、謂人曰。此竈竇也。又曰、城內皆圈猪。張屠李屠將至矣。每五更沿街呼云。諭檀越佈施。大難到。盍早爲計。癸未元旦。忽不見。六月闖省及於難。尾蔗叢談

明　僧道淸、善卜筮。詳見白下瑣言。玆不細贅。

明　僧雪空、精堪輿之學。詳見光緒浙江通志、仙釋。

明　僧普庵、明陰陽精星命。詳見同治南昌府志方技。

明　僧枯木、善推星命。詳見同治南昌府志方技。

明　僧慧月、號琴堂。精研星命之學。著有琴堂五星命書。同治南昌府志方技

明　僧通源、善相人。河南杞縣劉理順、字復禮。作秀才時。晉謁通源請相。通源曰、觀子之相。體單氣弱。形淸神寒。眼光無威。聲音不暢。讀盡詩書生得寒。文章傳世不爲官。恐無祿少壽。宜積德變相。理順曰、我教書寒士。惟附廓之地數畝。八口之家。甘於淡泊。勉强餬口。詎能有餘行善耶。通源云、行善不論有無。若是財主。或貪酷

崛起。或謀奪致富。錙銖較盡。一文不捨。愈有愈貪。惟利是嗜。斷難望其樂善好施。惟中等人家。常與窮親友往來。知其苦況。遇有急難。解衣分食以救之。費雖少。德頗大。若待富有行善。恐永無行善之期矣。子其勉力爲之。理順自此受教。時行方便。即遇石塊泥坑礙路。亦必俯拾塡平。其他一切。大都見義勇爲。當仁不讓。年五十三。至崇禎七年甲戌。始登進士。及廷對。帝親擢第一。帝還宮喜曰、朕今日得一耆碩矣。拜修撰。朝退、輒鍵戶讀書。非其人不與交。歷右諭德。入侍經筵。兼中宮講官。甲申之變。理順大書曰、成仁取義。孔孟所傳。文信踐之。吾何不然。書畢投繯。年六十三。羣盜多中州人。入唁曰、此吾鄉杞縣劉狀元也。吾鄉厚德。何遽死。羅拜號泣而去。後贈詹事。諡文正。（明史劉理順傳神相證驗）

清　李道士、正德時、住武當山。唯啗麥麩。人呼麩子。言吉凶多奇中。（民國夏口廳志方外）

清　萬壽祺、字年少。徐州人。明末貢士。（一云崇禎舉人）嘗衣僧服。行淮陰市上。有日者他出。壽祺即其寓爲卜筮。得錢二千文。留之而去。日者歸。茫然不知所以也。壽祺工詩文善畫。著有隰西草堂集。（初月樓續聞見錄○碑傳集汪處士元履傳云。獨萬壽祺尚在。已爲僧。以釣卜自給。）

清　僧如玉、字瑩澈。鄞縣人。幼穎悟。得母舅金文華之傳。精研堪輿。及長。削髮于小溪東山。募建指歸庵。靜修徹悟。頻以地理學酬世度人。所言禍福如響。著直指原眞一書。詳論水法。海內宗之。（康熙浙江通志雜記）

清　鄧和尚、（失名）精六壬。多奇中。李制軍衞、特重之。（光緒金山縣志藝術）

清　黃半仙、（佚其名。）來訪徐退。不遠千里。館其家。乘日出時。作導引術。鄉先輩匄退接見。（匄。音蓋。求也。）演康節象數。百不失一。瀕行時。與退約期遇。乃去。（民國興化縣續志道釋）

清　布袋和尚、嘉慶時。至吳江縣城賣卜。居城東關帝廟。口操楚音。年可七十餘。項懸黃布袋、不暫釋。因以名之。袋廣長尺餘。每日所用之物。若杯若壺、若冠履、若紙墨筆硯、咸取之於此。未嘗闕。和尚日賣卜。以十事爲限。談休咎輒中。既畢。則徧游村市。見字紙、必拾之投袋中。恆勸人惜字。自言每日所拾、暮則權之。必滿一斤之數。如是者三十餘年矣。廟中人有伺其睡熟、而探其袋者、止得龜殼一。長寸餘。於是皆疑爲仙。環而扣其術。和尙厭之。乃不恆至。一夕忽來。卽闔戶而寢。次日日中不起。呼之不應。破扉入、則圓寂矣。失其袋、大索不得、方共驚異。而西郭外之人麕至。（麕・音均・羣也・）咸曰、和尙成神矣。蓋其地故有土地廟。是夕父老皆夢土地來別。曰吾去矣。明日有懸布袋於項者、是代吾者也。及旦、父老至廟中察之、則見神項下懸一黃布袋。詫曰、此布袋和尙之物。胡爲而在此。入城而和尙果死。故知其眞成神也。衆卽葬之土地廟後。（淸稗類鈔方技）

淸

顚道士、不知何許人。道光季、行脚至興山西關帝廟。憩焉。（漢秭歸縣地・三國吳置興山縣・南朝宋省・唐復置・故城在今湖北興山縣・南宋末・徙今治・淸屬湖北宜昌府・）善風鑑。決人休咎無爽者。得錢輒分與貧餓。餘則沽酒飲酌。室中不設臥榻。日夕危坐。面垢不洗。衣垢不澣。人近之、亦不覺其穢也。一夕無疾而逝。端坐如生時。（同治興山縣志仙釋）

淸

老僧通慧、善相人。常住衡陽回雁峯。錢文敏公出差貴州時、特往訪之。僧云、觀公之相、必登台輔。兩子亦得簪纓。然眉宇間稍露殺氣。公能種德、則相可隨心改也。公其勉之。後文敏公、因奉旨查辦貴州威寧州劉標、虧空一案。原前任廉訪高積、曾辦公表姪蔣牧、絞。公挾此私恨。加意苛求。竟斬高以報復之。時中銑已得內閣中書。中鈺亦議敍中書科中書。兩公子俱年方弱冠。狀貌魁梧。聰明絕世。能詩。工六法。眞善承家學者。不數年後。俱無疾而死。中銑死舟中。中鈺死車中。云皆遇鬼祟活捉。其事甚確。而不知其何由致此。及公返衡陽。復見此僧。僧大驚曰、可惜。餘無一語。公亦默然。公有兩孫。余亦曾見之。一中副舉人。一有瘵疾。不言不語。家道亦淩替矣。池上草堂

清

僧月山、萬善寺住持也。精堪輿術。曾祖考勉齋公、昔曾卜吉壤。於東直門外、酒仙橋。時諸地師、咸謂穴在東南。獨月山上人、指穴在此。言開壙三尺。見砂及水。再下三尺見土。三十年後。砂礓全變黃土。明德之裔。必有達人。掘驗果然。遂用之。嘉慶庚午、曾祖妣戴佳太夫人、入祔時。砂果變土矣。道光癸未、癸巳。麟慶奉安先考曙墀公先妣惲夫人。合葬穆穴。今又十載。子孫莫不繩繩焉。長白麟慶見亭鴻雪因緣圖記仙橋數土

清　僧依山、不知何許人。恆挂褡羊城之薩阿寺。高談雄辨。清論時聞。精風鑒之術。於寒儒中識桂星垣。官可觀察。於偏裨內知張翰生。位可都督。價重一時。以故戶外屨恆滿也。（同治番禺縣志仙釋）

清　僧志愿、號逢春。漳州人。銳志苦修。居竹溪寺數十年。暮鼓晨鐘。諷誦自警。雖大風疾雨、不廢也。又精風鑑。所品評者。皆有後驗。士人重之。（嘉慶臺灣縣志）

清　陳眞如、道士也。精通六壬課。善畫梅花。（民國朔方道志技藝）

清　僧廣嚴、字福公。善卜筮。有奇驗。詳見初月樓聞見錄。

清　僧印梅、善風鑒。能相人。詳見清稗類鈔方技。

清　僧傳鉢、（傳疑傳字之誤）號文素。精堪輿。好救貧。詳見民國英山縣志。

附錄

東洋

高島嘉右衛門、呑象。神奈川縣士族也。幼受庭訓。輒讀四書五經。業務之暇。手不釋卷。積年之久、略諳誦之。窺聖賢之旨。探道德之原。及安政六年十二月。當橫濱開港之初。因過犯禁下獄。偶得周易一册。喜曰。此天賜也。晝讀夜思。爛熟貫通。七年而出獄。君如身生羽翼。奮曰。吾出萬死而得一生矣。自今吾唯當勇於行善而已。乃開廛於橫濱。勤於作事。能乘機會。性又忍耐。四年間、獲金巨萬。然其所入盡用諸義舉。不以絲毫自爲退守計。苟利於人。則進而當其勞苦。每見善事、則必著之先鞭。始造鐵路。自橫濱至神奈川。以納於官。嘗有洋商謀將設街燈於橫濱。君先機而造之。終不使嬴利歸於彼。常留心觀天下之變。預卜其將來。故當其處事。孔棘。他人惴惴束手無措。而君智謀橫發。游刃有餘。當事之難決。則筮之。其解說奇中。揆諸人事。大小皆驗。嘗著易斷易占二書。副島種臣、中村敬宇、栗本鋤雲三君。皆爲序贈之。明治三十四年。君又將舊著重訂。別爲六十四卷。名曰增補高島易斷。特請我國浙東王君治本、代爲補正。譯作漢文。俾可流傳海外。君早晚又以此書譯成英文。使之傳於歐米各邦。其願宏力毅。誠有非常人所可企及者。

高島易斷自序　敬宇

中村後跋

西洋

穆尼閣西士、法國人也。順治中、寄寓江寧。喜與人談算術。而不招人入會。在彼教中。號爲篤實君子。著有天步眞原數種。青州薛鳳祚、嘗從之游。爲敍刻之。其書人命部曰、曆數所以統天。而人之命與運。亦天也。故言天而不及人。則理不備。言人而不本於天。則術不眞。凡人不可不知此學者三。日月星曆遲速常變。皆非不可知者。惟人能賦天地之全能。不明其理。是負天地之生也。在世水旱饑疫。人苦不知。若能知之。則凡事可以預備。誠持世者之急務。昔聖賢先務。以前民用。如取水於月。可愈病苦。求火於鏡。可灼山林之類。物理可推。曆法皆能旁通。及之誠便民之大者。又云、命之時與星有不眞。則吉凶大異。故安星不泛用臺曆。取時不泛用刻漏。必晰入細微。方能有準。又云、推敲時辰。看其人吉凶事。或婚姻功名疾病。有幾件驗出眞時。又云、土星木星在東。主人性寬宏。能讓人。讀書達禮。惡邪淫。家豐。雖死不背爲非。土星、金星、在東。好戲。好色。有才能。喜潔淨。土星在東、爲人醜大。在西、粗俗狠惡。與黑人相似。土星火星在西、爲人不愛人有才能。土星、金星、水星、在西。爲人不善不惡。知書能文。能曉深奧之理。土星、木星、水星、在西。好邪教。不論男女。皆能生子。木星、金星、在東。有才能。有主意。能文喜潔。能生利。木星、在西。爲人樸實愛人。在東、不慳吝。好朋友。喜經商。木星、火星、水星、在東。人不老成。喜動。能經商。好作陰私惡事。火星、木星、在西。喜殺人救人。能擔勞苦。與友不欺。喜作善事。火星、金星、在西。大好色。喜作奇異惡事。無信。膽大。火星在西。爲人心狠好殺。在東、爲人膽大不怕死。喜作亂。暗謀害人。火星、金星、在東。爲盜賊行刼。但少有水星之氣、更不吉。金星在西。好歌舞歡樂。在東、好歌舞。好詩文。大概有婦人之性。水星在東。爲人聰明。喜書。喜天文。性浮。太陽不拘所在。爲大人。善人。愛人。喜天文。太陰在東。婦人大膽好爭。有才。在西、男子如婦人。懼內。善經商。又曰、人之福有三。福從祖功世德來。必其人四強宮。有一二等大經星。福從文章勳業來。必其人五星歸垣入廟。福從天生來生使富貴壽考。必其五星在正四宮。又同太陽照。又云、言運以太陽、太陰、官祿宮、命宮、福星、共五處爲照星。以木、金、水、火、土五星之本體及五星各項之絡照、共四十處爲許星。照星爲緯。許星爲經。照星每年各右行一度。是爲行運。其行值木金水之本體及絡照。爲吉隆之喜。其行値土火之本體及絡照。爲凶阨之患。木上吉。金次吉。水合土則益吉。水合火則不吉。中國人不忌土。夜生人不忌火。談命者但知此法。而已無餘蘊矣。

穆氏天步眞原阮元疇人傳西洋附三溫葆深春樹齋西法星命叢說

○丙子年新聞報載。美國星相家。種類不同。有看水晶球的。有用紙牌占課的。有看手相的。有看茶葉的。紐約公立學校女教員披濟達。今年三十五歲。長得黑而厚的頭髮。他厭倦粉條生活。學得算命祕訣。從此便以星命爲業。他擬定計劃。於上月廿七日。展覽會開幕之時。在紐哲西州特蘭吞地方。召集美國二十一箇種類不同之星相團體。組織全國星相家。擴大會議。他自己擔任主席。公開運動。在美國可謂最露頭角者。○美總統學的星相家。是一個女子。名叫亞丹姆。一八六八年。生於哲西地方。年輕時。極其聰明。從十九歲起。便高談相理。一八九九年。到紐約。第一位主顧。是紐約第五號街文得沙飯店老闆。他代得沙細推了一會。忽對得沙說。哎呀。不好。你有大禍臨頭。其凶無匹。得沙半信半疑。告別而去。約數小時後。飯店突然失火。焚燬一空。得沙驚爲神人。逢人便告。並向新聞記者游揚不已。不知不覺。而女相士變成全國知名之大人物。從此門庭若市。○巴特女士。是美國另一箇著名女相士。他是哥倫比亞法學院學生。歐戰時。在法國戰地醫院服務。當他回到祖國時。便做亞丹姆的信徒。亞丹姆代他推算命理。說他命運極佳。便把畢生本領。傳授給他。他現在年已四十四歲。身材短小。但好像有駐顏之術。一點不現蒼老。他在紐約所租的寫字間。從前是大廈高樓之一角。而現在已高坐於巍巍高樓華屋之中。有成羣結隊之專門助手。接談代價。最高達二百五十美元。代一家公司看風水。酬金由千元至萬元不等。有寫信去質疑的。其答案要預收手續費。而股票商決疑定策。

他要分取十分之二的紅利。他現在已經發行一種星相雜誌。銷數達七萬五千份。〇除此特字號女相士以外。差可與之比擬的。要算哥斯特諾女士。他是茶店的皇后。一個康薩斯州的女子。歐戰時。爲兵士募集鉅款。學會用茶葉占休咎的本領。歐戰後。他用自己的名字。開設一個茶店。以此問世。發財至百萬之多。到現在他在全國有二十一個茶店。最大的當然是在紐約。他網羅了許多女門徒。尋常主顧。照例是派助手應付。〇一九一九年。有一個波士頓之男相士。名叫約旦。他預言一九四二年。至一九四五年。美國當防內戰。居然有一天接得航空信。達三萬五千封之多。其主顧總計超過百萬以上。〇阜按。一九四二年。即民國三十年辛巳。一九四五年。即民國三十四年乙酉。此乃第二次歐戰之時。波士頓於一九一九年。能預言之。可謂神矣。〇丙戌年古三月十四日上海華美晚報載。美國著名命相家約翰麥克卜倫特宣稱。美國現有職業命相家八萬人。計其每年所獲。共達二萬萬美元。大部份皆懸心理分析專家之牌。或懸茶葉算命之牌。自參戰後。算命論相先生。忽大見增加。據禮拜六晚郵雜誌一九四五年三月號載稱。紐約和芝加哥的大百貨公司。均延聘女算命先生。以資號召。凡持有當日該公司之購貨發票者。均得至該公司算命室。免費算命一次。其算命方法。異常奇特。乃用茶葉占卜。故稱茶葉算命。街頭巷尾。到處均有占卜賽女郎。爲人算命。其中若干著名者。所占之卜。且有相當靈驗云。〇阜按。報載茶葉算命。殊爲簡略。以理測之。大概視其顏色濃淡。察其形勢向背。辨其數量多寡。然後判陰陽。分奇偶。參伍錯綜。消息盈虛。以定吉凶從違而已。〇風萍生曰。卜易星相之術。流傳甚久。東西所同也。綜而分之。可得二種。一則從演繹的法則。卜人生之運命。一則從歸納的法則。判人心之性質。易術及阿施託羅吉。希臘古代之占星學屬第一項。阿斯託羅吉。行於希臘古代。配人事以星辰。預言人生禍福。易術發源河圖洛書。演成八卦。以通造化玄祕。而卜知天命者也。第二項曰富雷諾吉骨相學。及東洋相術。富雷諾吉。殆與相術宗旨相同。蓋一則藉人類頭骨形狀。判斷其稟性。一則相人類面貌骨格。或手掌等。從其特徵。以判人生禍福者也。二種之外。若東洋之推算干支九星。西洋之占術派。均發源於河圖洛書。不遑枚舉。〇阜按。此篇謂西洋從演繹的法則。卜人生之運命。從歸納的法則。判人心之性質。以及東洋推算干支九星。西洋之占術派。莫不發源於河圖洛書。由是觀之。謂爲東西各國卜筮星相學。皆效法我國。實非附會揚己之言。蓋河洛八卦。乃我國伏羲創作。非東西各國發明。南海康氏日本書目志有云。日本方技皆吾所傳。此不過僅就日本書目志言。假使康氏著有西洋書目。吾不知對於西洋方技書籍。作何評語也。〇風萍生曰。近世科學昌明。手相一科。人或以迷信妄言排斥之。第在手相學者方面。則固有其一定之論據。一定之證明。一定之基礎。而非物質學者之所能攻破其樊籬者也。即如催眠一科。根據於心理生冊哲學諸科．在今日世界斯學應用範圍之廣大．超越於各學科之上．實爲近代文明之產物．在專門以外之人士．莫測其底蘊也．宜矣．設有外科博士．見人之論催眠術者．詫爲神奇．不可思議．遽以一已之智識．而下以判斷．甚且指爲妄誕．或以不可解謝焉．斯固當然之事．而論催眠術者．聽此評斷．去而之他．揚言曰．孰謂某博士能醫者．彼且並催眠術之初步不能理解．斯庸醫也．孰謂某博士能醫者．試思醫者之不解催眠術．未習之故也．因未習之故．而不解之．亦固其所．況手相術之神秘．同於催眠．以不可見之法則之理論．判論人生禍福．性質生活．其神秘靈驗．不可思議．實非理化學者所能知也．因不知之故．而斥爲無稽．此豈平允之論乎．在三十年前．理化學者．絕不信催眠術．且斥爲妄言．今則如何．世之具有智識者．有敢斥催眠術爲無稽者乎．手相學亦然．前此醫者均以嘲笑之態度迎之．今則反是．各種病源．每因手相學而發見之．若手爪形狀之研究．英法大醫．羣叩手相學者之門．而受其教益焉．○阜按．僅以手爪形狀．卽知各種病源．致令英法大醫．羣來受教．手相學之有價值．於此可見一斑．所不解者．我國之相人書．論頭面．論五官．論腹背．論四肢．論聲音．論氣色．論骨肉毛髮．論行止坐臥．絲絲入扣．頭頭是道．古人謂爲預知忠奸賢愚．貴賤壽夭．百不失一者．今人反視爲迷信．敝屣棄之．惑已甚矣．幸我國醫生．大半識相．蓋望而知之謂之神．爲醫家四診之首．此種學術．因是或不致完全消滅耳．○風萍生曰．手相學．發源於印度阿利安文明之初期．已成專門之學．以之研究手紋．判定人生禍福．而不背於科學原理．徵之史籍．阿利安文明．實爲歐西文化之源．衍而爲西臘文明．羅馬文明．故當時之古碑遺刻．斷簡殘編．存在人間者．好古之士．每珍之如拱璧焉．又曰．紀元前四百二十三年．大哲阿拿古薩哥喇斯氏．爲手相學教授以來．大哲西施巴拿斯氏．發見金字手相學書．於神使祭壇．進呈歷山大帝．蒙其褒嘉．世人於以珍重焉．此外亞里氏．多得氏．布利尼氏．卡爾大密斯氏．阿卡斯大施太帝．一時之碩學名流．帝王君相．均加以擁護宣傳．故能風行一世．研究愈精焉．近世各國學者．所著之手相書．如英文書某某．德文書某某．法文書某某．中日文書某某．詳載述卜筮星相學卷四．茲不贅列．○阜按．吾讀此篇．至一時碩學名流．帝王君相．均加以擁護宣傳．研究愈精數語．不禁感慨係之．夫英文德文法文等論相書．吾不識．吾不能讀．吾尤不敢言．若中日文之書．除上篇所載某某者外．論卜筮者．如五行易活斷．易道詳傳．八品神機幽玄術．論星命者．如四柱推命大奧秘傳．運命開拓秘傳．論相人者．如神相全篇正義．南北相法．人心觀破秘法．六十四卦人相秘傳．三世相大鑑．人相學精義．論相宅者．如家相寶鑑．家相新編．家相方鑑全書．皆曾寓目．按其內容．莫不本諸我國舊有之學說．特彼國人士．寶之重之耳．他不具論．茲就日本大敎正．炳澤照覺著．東京神誠館發行之大正十六年．御壽寶歷書．所載丁卯年年神方位·一白在中·二黑在乾·三碧在兌·四綠在艮·五黃在離·六白在坎·七赤在坤·八白在震·九紫在巽·太歲卯方·大將軍子方·太陰神丑方·歲刑神子方·歲破神酉方·黃幡神未方·豹尾神丑方·歲德合丁方·歲干合壬方·歲支德申方·種種名目·以及逐月節氣·逐日干支·吉凶宜忌·無一不效法我國歷書·所異者中文間以日文·陰歷改爲陽曆也·○風萍生云·骨相學發源西臘·原語曰·精神論之意也·不譯稱精神論·而曰骨相學·以骨相學之名稱·似較精神論之意義·尤爲醒豁·且係我國舊有之名稱也·骨相學傳衍千七百五十七年·日爾曼人·徐賽夫科爾博士·獨承絕學·加以新發明·後更經學者推演·遂成完璧·方氏之學生時代·有同學某氏·記憶獨優·而其前額則特爲隆起·及觀他友·均無此特徵·而記憶較劣·此偶然之事·乃觸起科爾博士研究之心·遂發明人類才智·均關係於腦·及後歷驗多人·其前額隆起者·記憶力均皆優勝·推而及於其他才智性情·亦必關係頭蓋各部·於是就鑒查所得·潛心凝思·匯爲統計·閱人既多·狀態各異·甲之隆起·乙之陷下·丙之大·丁之小·再察其性質才能·則甲乙丙丁四人·各有短長·性質各異·氏抱此確信·精心獨造·研究十二年·學乃大成·千七百九十六年·開講堂於維也納·以其所傳絕學·授徒不倦·居無何·博士又赴巴黎·授徒如初·以研究斯學終其身·著述浩瀚·一千八百二十八年逝世·門弟子繼其遺志·爲骨相學泰斗者·如與之斯貝哈姆博士·科布氏·與多來科布博士·均是也·而尤以斯貝哈姆博士·有出藍之譽·所著書均根據生理解剖·以爲證明·且應用於精神學·修身學·竟前人未了之功·開後世研究之緒·功莫大焉·科布氏去之英美·著骨相學數卷·公於當世·茲學賴以普及·昂多留科布博士·應用骨相於醫治精神病·及小兒教育·使學理應用·互爲考證·後來學者愈多·俞古羅孫氏·更闢蹊徑·創犯罪骨相學一科·裨益科學界·其功亦不小焉·日本十數年前·有佐籐正道氏·由歐州歸國·輸入此學·創設骨相學館於大阪·從學者得數百人·刊行骨相學講義全書傳世·惜說明過於簡短·讀者頗難窮其蘊奧·斯爲日本骨相學之始·近年高橋邦造氏·新自歐州返國·大開演說·爲學者所歡迎·第向之習得斯術者·或祕傳不肯示人·或傳焉而不詳·而斯學著述世鮮流傳·○阜按·骨相發源希臘·遍傳英美德法奧日等國·此固諸大博士·繼長增高·努力精研之效果·未始非易術及阿施託羅吉·希臘古代之占星學家·從事我國河圖洛書·演成八卦·有以致之·雖曰冰寒於水·青出於藍·要知冰由水結·靑自藍生·吾推重英美德法奧日諸大博士·吾尤推重希臘古代之占星學家·否則·我伏羲大聖之河洛八卦·及歷代先哲純正之學術·不將一掃而空乎·至於幼慧者視頭額·犯罪者察眉目·以及精神何如·操行臧否·我國相書·莫不具載·亦未嘗不可爲精神學·修身學·犯罪骨相學之一助·獨惜無佐籐正道氏·及高橋邦造氏其人·遠涉重洋·求學歐洲·一旦歸國·廣設學館·公開演說·爲世人

所歡迎耳。○海澄邱菽園曰。歲丙辰。有歐州人某。挾術來游新加坡。寓大旅館。牓門自詡。一時鬨動仕女好奇之心。懷贄而來。滿意而去。顧其術甚簡單。僅限於其人局部之掌紋。談往知來。至今前後以觀之。頗多驗者。○阜按。好奇之心。人皆有之。而我國仕女爲尤甚。觀於衣必洋裝。食必西餐。住必洋樓。病必西醫。從可知矣。歐洲人某。挾術來游新加坡。仕女懷贄就教。滿意歸來者。亦猶是耳。惜吾國人。不能盡通歐洲語言。以致歐美相士。裹足不前。否則西相西卜。日相日卜。將滿布於中國。與西醫日醫。後先輝映。豈止一新加坡已哉。○覽滄商餘雜誌云。有人嘗說外國人的腦袋中。沒有甚麼叫做迷信。因爲他們的國家。科學發達。教育普及。人人都可受新學識的機會。所有的事物。都用科學方法去解判。所謂迷信都被科學去打破。其實他們迷信觀念也深。有時候比我們還勝過幾倍。覽滄從西文雜誌中。看出西人也是相信命運。他們專以生日爲主。不像中國算命。以生時爲主。於此可以證明西人。信仰命運之一斑。茲走筆譯之。如一號生人。其人夭壽。但善於結交朋友。二號生人。其人性情殷勤。一生衣食不愁。俗所謂安樂命。三號至三十一號云云。詳見述卜筮星相學卷四。○阜按。我國論命。以日爲主。以時爲輔之理。略見於述卜筮星相學卷五。孰精孰粗。茲不具論。若再參看增訂命理探原。論日主法。論生時法。則更詳明矣。○泰西事物原起云。泰西人士。釀酒而祝善緣。擔幣而訊運命者多矣。如古羅模烏惠爾氏。嘗自定善緣之日。（卽吉日。）其中一日係氏之誕辰。曾於此日。獲大戰勝二次。鼐爾森。自定白日卽善緣之日。黑日卽惡緣之日。（此與我國選吉之學相同。）該撤。信已之有福命。嘗行船遇暴風雨。令按針手催船前進。毋得猶豫。曰。汝非載該撤與該撤之福命乎。拿破倫及英國碩學培根。皆以爲偶然之事。多本於運命。英國大將軍麥爾保羅。說運命不去口。此類頗多。不可勝述。

補遺

宋 高晞遠。字照庵。通州人。咸淳德祐間通判平江府。城潰。家亦散亡。浮游江湖。往來九峯三泖間。館於石浦衞參政涇家。以所學私淑諸人。晞遠資禀秀朗。學問賅博。尤精邵子之學。謂邵子觀物。以色氣味聲。色氣味有一萬七千二十四人之目鼻口、不能盡其觀嗅嘗惟一萬七千二十四聲。可以字別舉聲之一例。而色氣味可推。由是而精通音律嘗手裁竹爲管以定五音六律、進反之間。疏數之節。細微之辨。毫髮弗差。晚更嗜參同契曰、語言近古。大抵以納甲之說。寓其行持進退之度。至如陰陽術數太乙六壬。咸究其妙。又因動聞聲。可以驗吉凶。定禍福。其學後無傳者。(同治蘇州府志流寓)

明

葛天民、江陰人。元末避兵長洲。洪武二十四年。授大理府同知。辭歸。教授於鄉。天民通易學。嘗賣卜江湖以養親全其志。卒葬下雉瀆。(同治蘇州府志流寓)

清

徐大椿、名大業。字靈胎。晚號洄溪。吳江人。釚之孫。(釚·音求·弩牙也。)養浩子也。生有異稟。倜儻英偉。有異人之概。初學舉業。補邑諸生。弗屑去而窮經。探研易理。好讀黃老與陰符家言。既益泛濫。凡星經地志九宮音律刀劍技擊句卒贏越之法。靡不通究。而於醫理尤邃。其投藥造方。輒與人異。卒年七十有九。著有難經經釋。醫學源流論等八種。(同治蘇州府志藝術)

清　富開益、浙江海鹽人。諸生。天姿敏達。凡天文地理星卜壬遁諸畫。無不流覽。而尤精算學。以避仇故。至崑山託靑烏術以自贍。嘗謂此事當辨形勢情氣。毛詩定之方中篇云。升彼虛矣。以望楚矣。降觀於桑。卜云其吉。篤公劉篇云。陟則在巘。復降在原。相其陰陽。觀其流泉。爲形家言之祖。今人但用子午盤以定向背形勢。尙不能周知。遑論情氣乎。平時衣短褐。入夏手揮羽扇。脚不襪。人以其靑烏術奇中。呼爲赤脚仙人。同治十一年卒。年七十餘。（同治蘇州府志流寓）

明　鄒彬、字文質。臨洮人。樂吳之風土因寓焉。博物多識。凡天文地理。醫藥卜筮。皆旁通之。平生手鈔百氏書、殆千卷。紙欄烏絲。字畫不苟。矻矻筆硯間。至老益勤。性寡合。莊重可敬。嘗論張仲景傷寒書、撰運氣或問一卷。謂三奇、六壬、太乙之法。蓋河圖洛書之緒餘。第多傳會。撰疏略一卷。卒葬長洲武邱鄉。（同治蘇州府志流寓）

清　魏荔彤、字念庭。直隸柏鄉人。太傅裔介子。官江蘇常鎭道。著惠愛聲。兼攝崇明兵備道。給餉以時。兵弁感其德。忤大吏意。去官。賃屋濂溪坊。垂簾點勘四書七略。

上自六經諸史。旁及天文地志稗官野乘。浮屠老子。醫藥卜筮之書。丹鉛不去手。聞母訃。以貧累不得歸。擗踊號呼。喪逾常節。嬰委痺疾。雍正四年還其里。（同治蘇州府志流寓）

明　林希灝、字敬生。景暘孫。貢生。博學敦行。姚希孟典北闈。欲得希灝爲首。希灝遂不入闈。研心濂洛之學。旁通星緯樂律。著書五百餘篇。晚經世變。自守。嘗以術推擇日辰鑄鏡。有得其一者。至夜有光。碎之則皆水某寺懸一鏡。每日有聲。亦其所鑄也。（光緒金山縣志義行）

清　謝小萬、字雪齋。潭村人。遷呂巷。博通經史。及星歷醫卜之書。善鼓琴。尤喜養生家言。或叩之。曰、我無他術。世競其巧。予守其拙。人處其勞。我任其逸。不可以外傷內。不可以形役神。泊乎無欲。所以節性。沖乎常靜。所以壹志。相忘人我。終身如是。晚號餐霞山人。（光緒金山縣志隱逸）

清　顧觀光、字賓王。錢家圩人。貢生。而款悟。博極羣書。其於輿地、訓詁、六書、音韻、宋儒性理。以至二氏術數之學。靡不洞徹本源。而於算學尤精。嘗舉中西天文歷算之術。抉其所以然。而摘其不盡然。蹈瑕抵隙。蒐補未備。卒年六十四。平生著述甚夥。遭亂未盡付梓。已刊者惟九數外錄等數卷而已。光緒金山縣志文苑

明

張世寶、字星元。蘇州人。隨其父流寓苕上。生有夙慧。三歲以痘失明。獨潛心於易。上自京房。下至康節。皆購得其書。令人讀而臥聽之。盡得其髓。乃垂簾市中。求卜者鐵限爲穿。凡遇子占父、則引之孝。弟占兄、則引之悌。妻之妬者、教之娶妾。則免災。子弟之遊蕩者、勸之讀書。則無咎。其感動人類如此。湖俗尚鬼。卜者不問醫而問鬼。世寶不言鬼而言醫。萬曆中、當事者奇其術。賜額給官帶。同治蘇州府志藝術

壽康校

清

任鐵樵、浙人也。敦品力學。樂道安貧。當耄耋之年。精神矍鑠。猶垂簾賣卜。議論精湛。是以名動公卿。著滴天髓闡微四卷。學者莫不奉爲圭臬。滴天髓闡微序

歷代卜人傳卷三十八終

鎮江陳壽康校

欒城遺書。歐陽文忠公嘗語少時有僧相我耳白於面。名滿天下。唇不着齒無事得謗。其言頗驗。耳白於面則衆所共見。唇不着齒。予亦不敢問公、不知其何故也。

宋、邵康節公擊壤集、「題爲萬物吟」成敗須歸命。興衰各有時。小人縱多欲。眞宰豈容私。只此浪喜歡。便成空慘悽。請觀春去後。遊者更爲誰。「又題有時吟。」龍不冬躍。螢能夜飛。小人君子。均各有時。

淸曾文正公家書。「答意城書。爲父母葬地事。」先嚴先慈葬地。自須急求改卜。蓋古人所稱。利不什、不變法。害不什、不易制。先君葬地。人多謂其凶煞。果若所云。是在害什之科。而利什者、又不可以卒求。斯亦疚心之一端耳。又壬歲母喪、葬非佳壤。去年葬父。亦非吉域。今歲擬親履各處求稍可以安吾心者、而改卜焉。庶幾稍釋歉衷。

中國歷代卜人表 凡七百七十八人

袁德誠實功編次

○江蘇省

江寧縣

晉	余自通		卜筮	藝術典卜筮部紀事
東晉	陳晃	官參軍	相人	廣博物志方技
吳	尙廣		卜筮	太平御覽卜引吳志
齊	王洪軌		相人	御覽相中引齊書
梁	宣修容		相人	御覽相下引金樓子
梁	陳冕	官參軍	相人	太平御覽方術相中
梁	王儉	官東閣祭酒	相人	太平御覽方術相中
梁	虞履	太史令	卜筮	南史御覽均見方術
梁	杜景豪		卜筮	藝術典卜筮部紀事
南齊	曹武		相人	御覽方術相中
元	周相	官欽天監正	歷數占候	同治上江縣志方技
明	王生		聽聲	同上
明	孫怡		卜筮	同上
明	貝琳	字宗器天監正	天文占候	同治上江縣志方技
清	甘熙		卜筮	白下瑣言

上元縣

清	蕭人官	字唐卿諸生	卜筮	玉井山館文略
清	董進	諸生	卜筮	金陵先正言行錄

丹徒縣

明	孫怡 字文順	術數	光緒丹徒縣志方技
清	楊大銓 字秉衡	奇遁	丹徒縣志撫餘忠義
清	袁楨 號筆生花	論字	張展翼聞見偶存
清	錢邦韶	太乙	光緒丹徒縣志書目

句容縣

清	戴欽榮 字貞白諸生	堪輿	光緒句容縣志方技
清	戴溱	堪輿	句容縣志藝文書目
清	王延興	卜筮	藝術典卜筮部
清	楊讓天	天文堪輿	句容縣志書目

溧水縣

元	武弁 字功伯	堪輿	光緒江寧府志方技

六合縣

清	黃懷英	術數	光緒六合縣志方技

丹陽縣

明	盛如林	卜筮太乙	民國丹陽續志書目
清	張萊娛	相人	民國丹陽續志補遺方技
清	胡承高 字爾瞻	卜筮	丹陽續志補遺孝友

高淳縣

明	周庭嘉 例貢	星命	民國高淳縣志隱逸

金壇縣

唐	王裕福	術數	宋方勺泊宅編
宋	錢弼 字舜俞	卜筮	光緒金壇縣志方技
明	莊從龍 字德化	卜筮	乾隆金壇縣志方技

溧陽縣

宋	張登仕	號容山居士	卜筮	光緒溧陽縣志藝術
元	史春谷		星命	同上
清	湯道士		星命	同上

上海縣

明	劉兆元	字德資嘉靖舉人	卜筮風角	同治上海縣志人物
清	侯孔釋	字季如號四未	堪輿	同治上海續志藝術
清	張維綱	號郇雨庠生	堪輿	同治上海縣志人物
清	汪森增	字柏甫庠生	相人堪輿	同治上海續志藝術
清	曹鉅		術數	同上
清	陳行人		堪輿	同上
清	曹鍾爽		堪輿	同上
清	曹樹淦		堪輿	同上
清	陳祖欣	號憩堂	天文堪輿	同上
清	張學寬	號坡亭	堪輿	同上
清	施不矜	字履謙	堪輿	同上
清	吳磐		卜筮	同上
清	朱紫貴		卜筮	同上
清	朱安吉		卜筮	同上
清	俞朝宗	字惕淵	堪輿	同上
清	劉仁	字浩瞻	堪輿	同上
清	周白山	字雙庚餘姚諸生	卜筮	王韜瀛壖雜志
清	丁大椿	字小仙山東諸生	星命	同上
清	高樞	號愼齋濟南武生	卜筮	同治上海縣志流寓

清	俞宗海 徽州人	曆數	同上
清	王睿章 字曾農	堪輿	同治上海縣志藝術
清	姜易 字蔭臺諸生	堪輿	光緒松江府志藝術
清	鮑文炤 字鏡人諸生	堪輿	民國上海縣志藝術
清	應文烈 字銘勳	堪輿	同上
清	朱書 字擁予貢生附	堪輿	同上
清	應斗橋	堪輿	同上
清	喬迪濬 字秋亭	堪輿	民國法華鄉志
	華亭縣		
元	孫德昭	相人	東維子文集卷十一
元	楊懋昭	卜筮	同上
元	周仙客	星命	同上
明	徐守中	卜筮	三岡識略占驗
清	陳明遠	卜筮	嘉慶松江府志藝術
清	沈上章 字天成	卜筮	三岡識略占驗
清	龔修質	卜筮	三岡識略占驗
	婁縣		
明	沈景暘	卜筮	嘉慶松江府志藝術
	南匯縣		
清	朱清榮 字雪鴻諸生	堪輿	乾隆南匯縣志藝術
清	葉乘龍 字子淵	星卜	松江府志藝術
清	朱鳳笙 字蔭松廩貢訓導	堪輿	同上
	青浦縣		
清	方思名 號東林	堪輿	光緒松江府志藝術

清	方功載 字滄如	堪輿	同上
清	徐棠	奇遁 堪輿	光緒青浦縣志藝術
清	顧元辰 字蘭泉	堪輿	同上
清	陳希尹 原名常 附貢	堪輿	同上
清	宋紹景 諸生	六壬	嘉慶松江府志藝術
清	鄒簡廷	卜筮	清稗類鈔方技

寶山縣

清	邵曰洙 字濂溪	堪輿	寶山縣羅店鎮志藝術
清	嚴榮	堪輿	同上
清	葛師旦 字匡周	堪輿	書史彙傳

崇明縣

元	管玉衡 字孟璇	堪輿	民國崇明縣志藝術

吳縣

春秋	吳市吏	相人	藝術典引吳越春秋
三國	葛衡 字思真	天文	乾隆江南通志藝術
唐	周廣	相人	同上
唐	呂知隱	卜筮 堪輿	唐于逖聞見錄
明	王仁美 字安之	相人	藝術典術部列傳
明	裴慶	卜筮	明陸延枝說聽
明	陳讓	天文	民國吳縣志藝術
明	柳華岳 號山樵	卜筮	同治蘇州府志藝術
清	孫芾棠	堪輿	辨正續解溫序
清	張世寶 字星元	卜筮	同治蘇州府志藝術
清	陸雲高 號竹海	堪輿	同上

清	王少泉	堪輿	同上
清	陸子雲	堪輿	辨正續解溫序
清	朱某	論字	錢泳履園叢話

長洲縣

明	劉溥 字原博 太醫院吏目	天文術數	乾隆江南通志文苑
明	陳鑰 字以可 陰陽學正術	術數	文徵明撰墓志銘
清	曹炳 字曉亭	天文堪輿	初月樓聞見錄
清	柯遠峯 姜垚門人	堪輿	心眼指要卷一

常熟縣

明	繆元吉 廩生	星命	常熟縣志方技
明	李允熙 字文孺 廩生	堪輿	明龔立本煙艇永懷
明	王沐 字世沾 號春泉	太素相人	海虞文徵繆宣墓志
明	金松隱	星命	海虞文徵王行贈序
明	張敏政 字立誠	堪輿	光緒常昭合志藝術
清	顧言遠 字虛谷	星曆	同上
清	柳君行	星卜	康熙常熟縣志隱逸
清	陸守弘 字子怡	六壬	同上

昭文縣

明	吳邠 字岐山	堪輿	雍正昭文縣志術數
明	蕭鳳鳴	堪輿	光緒常昭合志術數

崑山縣

元	陸德潤 字仲德	星曆	同治蘇州府志藝術

吳江縣

明	沈啓 嘉靖進士湖廣按察	星曆	同治蘇州府志藝術

武進縣

宋劉	暨生		卜筮	光緒常州府志方技
明	張正道	號起閒諸生	堪輿	光緒武陽合志藝術
明	許其仁	字宅眞	奇遁	同上
明	況鶴岡		堪輿	唐荊川文集卷十一
明	毛昇	字伯時	聽聲	光緒武陽合志藝術
清	湯洽名	字誼卿	天文	同上
清	唐本銓	字仲襄諸生	天文占驗	同上
清	項森	字木林	擇吉太乙	同上
清	董以寧	字文友諸生	天文	清統志常州府人物

陽湖縣

清	謝震	字罍青	六壬	光緒武陽合志藝術
清	謝禮耕	字蓉汀	六壬	同上
清	盛久常	字仲恆	六壬	同上
清	魏企垂		六壬	同上
清	盛久肇	字孟谷	六壬	同上
清	吳禮后		卜筮	清稗類鈔方技

無錫縣

東漢	王闕	字選公官陳留太守	天文卜筮	乾隆江南通志宦績
明	王若水	字一清	堪輿	集成藝術典術數部
明	唐古風		相人	嘉慶錫金合志方技
明	李季富		相人	錫金識小錄方技
明	周柯峯		星命	同上
明	孫紹先	字振之	術數	光緒錫金合志藝術

清	王國禎 字礎臣	奇遁 堪輿	初月樓續聞見錄
清	丁山人	六壬	錫金識小錄
清	高述夫	堪輿	辨正續解溫序
清	張雲瞻	堪輿	同上
	金匱縣		
清	錢荆山 姜垚門人	堪輿	心眼指要卷一
	宜興縣		
清	呂欽文	六壬	光緒荆宜合志藝術
清	陶五	相人	齊學裘見聞隨筆
清	許肇篪 字燻友 諸生	術數	碑傳集逸民
	如皋縣		
清	沈家燮 文生	堪輿	同治如皋續志方技
	泰興縣		
清	季全仁 字由禮	堪輿	崇川咫聞錄方技
	清河縣		
清	許高峯	堪輿	史震林華陽散稿
清	嚴光裕	卜筮 相人	清河縣志人物
	山陽縣		
明	沃士彥 順治初授通山令	堪輿 卜筮	乾隆淮安府志文苑
清	王之藩 字振元	奇遁	光緒淮安府志人物
	阜寧縣		
明	胡靜吾 庠生	卜筮	光緒阜寧縣志方技
清	胡琦	相人	同上
清	趙氏	壬遁	同上

江都縣

唐	李該	廣陵人	堪輿	文苑英華
宋	衛朴	淮安人	天文	嘉慶揚州府志藝術
宋	石藏用	官羽林右大將軍	曆數	藝術典術數部列傳
明	秦曉山		術數	荆川稗編運論
清	史以甲	字子仁諸生	方技	雍正江都縣志隱逸
清	陳我白		相人	張山來虞初新志
清	閔孝磋		卜筮	碑傳集補文學

儀眞縣

明	時寧	字彥證五官保章	曆數	康熙儀眞縣志藝術

碭山縣

清	姬珩	諸生	星命堪輿	同治徐州府志文學

東海縣

晉	鮑靚	字太玄官南海太守	天文術數	晉書藝術通志藝術

○浙江省

仁和縣

明	張嵩	字景嵩	星卜	光緒浙江通志方技
明	姚巽之		卜筮	張瀚松窗夢話
清	張麗金	字貢牧諸生	星命	光緒杭州府志藝術
清	費觀	字濤仁諸生	堪輿	同上
清	龐啓鯨	字春海	堪輿	同上

錢塘縣

吳越	李咸		卜筮相人	光緒杭州府志藝術
宋	朱曉容		相人	宋方勺泊宅編

元	耿聽聲	聽聲	光緒杭州府志藝術
宋	戴厚甫	奇遁	同上
宋	張九萬	論字	藝術典拆字部紀事
宋	徐渭禮（官上饒郡）	卜筮	宋周密齊東野語
元	應本（字中甫）	術數	元黃溍應中甫墓志
明	程山人（自玉泉山來）	太乙六壬	藝術典名流列傳
明	虞世昌（字學仙）	六壬	民國海寧州志方技
清	王光正（字聖俞）	奇遁	光緒杭州府志藝術
清	祝懋正（字東洲）	堪輿	同上
	海寧縣		
清	葛繼常（字弈祺諸生）	堪輿	葉舟再續印人傳
	鹽官縣		
清	黃堦（字秋嵋）	堪輿	理氣三訣卷下
清	酆宮（字振宸）	堪輿	同上
清	楊宮建（字千門）	堪輿	平陽全書卷一
	餘杭縣		
宋	王壽昌	堪輿	藝術典堪輿部紀事
清	費國暄	卜筮	錫金識小錄
	臨安縣		
宋	白羊	卜筮	宣統臨安縣志方技
清	于鴻儀	堪輿	辨正直解卷五
	昌化縣		
清	周霽（字止願）	卜筮	畫史彙傳
	嘉興縣		

朝代	姓名	術	出處
明	董仲敬 欽天監挈壺正	天文	光緒浙江通志方技
明	高岳 字彥高	卜筮	光緒浙江通志寓賢
清	張菊人	卜筮 堪輿	清稗類鈔方技
清	吳沛霖 字慕巖	堪輿	光緒嘉興縣志藝術
清	沈良 字竹圃	壬遁	同上
清	朱福清	卜筮	鴛湖求舊錄
清	王宗垣 字思正 諸生	堪輿	畫史彙傳
	秀水縣		
清	馮蘊古	卜筮	光緒嘉興府志藝術
清	范安國 字冶全 庠生	相人 堪輿	畫史彙傳
清	蔡景枚 字二皐 貢生	卜筮	鴛湖求舊錄
	嘉善縣		
明	顧朝陞 字贊勿	揲蓍 堪輿	光緒嘉興府志藝術
清	沈又彭 字堯峯	卜筮	嘉善縣志藝術
	海鹽縣		
明	賀臺 字憲卿 諸生	卜筮	光緒海鹽縣志藝術
明	俞瑤 字朝美 諸生	龜卜	同上
明	胡懋叔 字文祉	卜筮 堪輿	同上
	石門縣		
明	丁先生	卜筮	光緒嘉興府志藝術
清	勞望齡 字西池	卜筮	光緒石門縣志方技
清	徐庚申	堪輿	同上
	平湖縣		
清	陳虛舟	堪輿	夢厂雜著

朝代	姓名	字號官爵	術	出處
清	夏鼎	字禹生諸生	壬遁	光緒嘉興府志藝術
清	于琳	字貞瑕	六壬堪輿	同上
清	宋景洛	字紹程	星命王遁	同上
清	屈天若		堪輿	直指原眞僧如玉序

烏程縣

朝代	姓名	字號官爵	術	出處
晉	姚信	仕太常卿	天文卜筮	光緒浙江通志方技
宋	牧羊子		相人	同上
宋	史博	字約之	卜筮	烏程縣南潯鎮志
明	董說	字若雨廪生	卜筮	咸豐南潯鎮志人物
明	沈淵鑑		卜筮	光緒浙江通志方技

歸安縣

朝代	姓名	字號官爵	術	出處
清	周思誠	初名超宗	卜筮堪輿	光緒烏程縣志方技

鄞縣

朝代	姓名	字號官爵	術	出處
宋	史彌遠	官太師丞相諡忠獻	相人	藝術典相術部紀事
元	胡珙	本姓費字伯玉	卜筮堪輿	元黃溍文集鄞胡君墓志
明	王坡		六壬	光緒烏程縣志方技
清	黃德元	字茂椒	堪輿	畫史彙傳
清	錢廉	字東廬號稚廉	壬遁	初月樓續聞見錄

奉化縣

朝代	姓名	字號官爵	術	出處
宋	晁以道	官明州船場	卜筮	宋陸游老學庵筆記
明	王賁	字天爵官鴻臚寺卿	星命	道光寧波府志藝術

象山縣

朝代	姓名	字號官爵	術	出處
明	蔣景鸞	字伯尚一本作景高	星歷	乾隆象山縣志列傳
清	朱道備		星卜	民國象山縣志藝術

朝代	姓名	附註	術類	出處
清	朱道揆	諸生	堪輿	同上
清	張凌雲	字廣居	堪輿	同上
清	張捷	諸生	堪輿	同上
	山陰縣			
漢	韓說	叔儒官江夏太守	圖緯	後漢書方術
宋	袁太韜		卜筮	清楊家麟史餘萃覽
劉宋	賀道養		卜筮	南史附賀瑒傳
明	韓先生		太乙壬遁	嘉慶山陰縣志藝術
清	胡焜	字偉雲副貢教官	星命	子平眞詮序
清	章君安		星命	同上
	會稽縣			
晉	嚴卿		卜筮	晉書藝術通志方技
	蕭山縣			
清	陳生		相人	王士禎池北偶談
	餘姚縣			
宋	錢祐		卜筮	太平御覽方術部卜
明	馬咸久	號季通諸生	堪輿	同上
明	駱用卿	正德進士兵部員外	堪輿	康熙紹興府志方技
	嵊縣			
明	邢元愷		卜筮	光緒浙江通志方技
	黃巖縣			
元	王毅	字伯宏官福州教授	天文	民國台州府志方技
明	林益道	號心月	星命	光緒浙江通志方技
	天台縣			

歷代卜人表 浙江

元	杜本	字伯原	天文堪輿	光緒浙江通志文苑
元	何心傳	玉平山人弟子	堪輿	東維子文集卷十一
明	周必達		卜筮	明楊儀壟起雜事
明	潘爵	字明秩	占氣	光緒浙江通志方技
	寧海縣			
清	胡之珏	號豈石福建閩縣人	天文	光緒寧海縣志流寓
清	胡辰	字共賢	卜筮	光緒寧海縣志方技
清	胡光龍	字雲川舉人官司鐸	堪輿	光緒浙江通志文苑
	太平縣			
宋	葉仕充	字直榮	卜筮	民國台州府志隱逸
明	黃思忠	字伯已	卜筮	嘉慶太平縣志隱逸
	西安縣			
明	徐珙	欽天監監正	堪輿	嘉慶太平縣志方技
	金華縣			
唐	陳昭		相人	光緒浙江通志方技
宋	張允		相人	宋北山文集
宋	鄭彥淵		堪輿	藝術典堪輿部名流列傳
	蘭谿縣			
宋	錢道人		相人	眞文忠公文集
清	周敏求	字殿士	堪輿	理氣三訣卷一
	東陽縣			
唐	馬生		揣骨	光緒浙江通志方技
清	徐泳	增生	星命堪輿	道光東陽縣志方技
	浦江縣			

元	戴士垚	字仲九	堪輿	光緒浦江縣志方技

建德縣

吳越	方生		龜卜	光緒浙江通志方技
宋	王昇	宋字君儀湖婺學官	卜筮	宋方勺泊宅編

遂安縣

明	余溫珠	字仲良	堪輿	乾隆遂安縣志方技
明	倪凱		堪輿	同上
明	倪以端	歷欽天監冬官正	天文占候	同上
明	倪忠	欽天監監正	天文堪輿	同上
明	倪元賓		堪輿	同上
明	倪以善		堪輿	同上

永嘉縣

唐	蔣直		卜筮	乾隆遂安縣志方技
宋	陳獨步		星命	周密癸辛雜志續集
宋	張五星		星命	同上
宋	張神鑑		星命	同上
元	周頤眞	字養元	卜筮王遁	光緒浙江通志仙釋
明	谷宗綱	字以張	天文堪輿	藝術典名流列傳

麗水縣

元	包容德	字子成翰林直學士	卜筮	麗水縣志文苑
清	張紹照	字叔藻諸生	堪輿	麗水縣志方技

括蒼縣

唐	葉法善		卜筮	新唐書方技

縉雲縣

朝代	姓名	附註	類別	出處
唐	方十七	師事范越鳳	堪輿	藝術典堪輿部列傳
唐	張五郎	范越鳳弟子	堪輿	同上
	平陽縣			
宋	何生		卜筮	民國平陽縣志方技
元	何紹祖		卜筮堪輿	蘇平仲集魯山墓志
元	楊琬	字子瑜	術數	蘇平仲集子瑜墓志
明	陳子盛	官五官司辰	術數	乾隆平陽縣志方技
	○安徽省			
	懷寧縣			
清	劉仕可	字經正	堪輿	民國懷寧縣志道藝
	桐城縣			
清	方于濟	字民懷	天文	光緒安徽通志文苑
清	陳栁愚		術數	同上
清	張斌	字越萬諸生	天文卜筮	同上
清	方其義	字直之	卜筮	同上
	宿松縣			
清	王藎臣	孝廉	卜筮	民國宿松縣志方技
清	宋琴堂	庠生	卜筮	同上
	太湖縣			
明	蔣呈圖	庠生	天文卜筮	光緒安徽通志文苑
清	劉鋐	廩生	天文卜筮	同上
	潛山縣			
清	王世薦	字見思庠生	天文	光緒安徽通志文苑
	合肥縣			

清	任風子	相人	嘉慶合肥縣志方技
	廬江縣		
明	谷濱 官太常少卿	天文占驗	光緒安徽通志方技
	舒城縣		
清	鍾承鼐 庠生	壬遁	光緒舒城縣志藝術
清	王榮懷	堪輿	同上
清	王克源 字庚白	堪輿	同上
清	劉代成	堪輿	同上
清	徐墉	星相	光緒廬州府志藝術
	巢縣		
明	許國泰	堪輿	道光巢縣志方技
明	孫侃	堪輿	同上
	繁昌縣		
清	江舟 字虛舟	天文	光緒安徽通志方技
	當塗縣		
梁	龍瀆老人	相人	御覽相中引梁書
清	曹臺珪 字特臣	堪輿	同上
	廣德州		
宋	洪德風	擇吉占驗	光緒廣德州志方技
	歙縣		
宋	張擴 字子允	太素脈法	民國歙縣志方技
明	汪恩	堪輿	同上
明	李德貞	堪輿	同上
明	洪善祖	堪輿	同上

朝代	姓名	字號	類別	出處
清	吳彥國	字長文	堪輿	耆獻類徵續編
清	王煒	字不庵	天文	光緒安徽通志文苑
清	程嗣立	字風衣	奇遁	同上
清	詹汝震	字公遠	卜筮	光緒安徽通志方技
清	江雲泰		擇日	民國歙縣志方技
清	汪喆臣	字龍貞	卜筮	同上
	新安縣			
清	羅捧日	字爾升 徽州諸生	術數	光緒安徽通志流寓
	休寧縣			
明	汪龍	字潛夫	卜筮	光緒安徽通志方技
清	張騰光	字雲青	堪輿	嘉慶休寧縣志方技
	祁門縣			
明	陳伯齊		堪輿	同治祁門縣志方技
明	居文堂		堪輿	同上
	宣城縣			
宋	周覺	字紫芝	相人	同治寧國府志文苑
清	倪正	字方公	天文	光緒安徽通志隱逸
	涇縣			
明	翟視	字仲明 官石門縣	術數	嘉慶寧國府志方技
	旌德縣			
宋	呂安世	官宣德郎	星曆	同上
	太平縣			
明	奚月川		堪輿	光緒安徽通志方技
清	周登瀛	字漢升 恩貢	天文 卜筮	乾隆太平縣志文苑

貴池縣			
明	吳仲寬	堪輿	藝術典名流列傳
清	吳邦彥 例貢	堪輿	光緒貴池縣志方技
清	姜尙周	奇遁堪輿	同上
建德縣			
宋	王昇	術數	光緒貴池縣志方技
明	江杏 字君培歲貢	天文	光緒安徽通志隱逸
鳳陽縣			
明	郭山甫	相人	清毛奇齡彤史拾遺
定遠縣			
清	方葦川	星命	庶餘偶筆
清	劉菘秀 字南溪	卜筮	同上
鳳臺縣			
清	吳滌江	堪輿	光緒鳳臺縣志方技
清	孔慶南 字文化	堪輿	同上
壽縣			
清	王藹軒 增生	星卜	光緒壽州志方技
宿縣			
金	武亢 司天長行	卜筮	四庫提要術數存目
太和縣			
清	岳明堂 庠生	堪輿	民國太和縣志藝術
渦陽縣			
清	周懋元 字儉齋考取欽天監	天文占驗	民國渦陽縣志人物
盱眙縣			

明	周行	天文卜筮	光緒盱眙縣志人物

滁州

明	湯銘 欽天監五官靈臺正	術數天文	光緒安徽通志方技
明	孫一獻 字元夫諸生	堪輿	同上
明	湯序 字叔彝侍郎欽天監	天文	光緒滁州志方技
清	何素 字周古	堪輿	同上

全椒縣

明	彭敬昌	奇遁	民國全椒縣志藝術
明	盛應明 字誠復庠生	堪輿	同上

〇江西省

南昌縣

漢	周騰 字叔達	天文	同治南昌府志方技
晉	雷煥 官豐城令	天文	同上
明	劉伯龍	堪輿	明葉紹袁年譜續纂
明	季宗舒 括蒼人	星命	同上
清	徐壽山 庠生	堪輿	地理人地眼序
清	萬長春	星命	淡墨錄
清	萬樹華	堪輿	地理人地眼序
清	康范生	星命	三岡識略
清	梁翁	六壬	夜雨秋燈錄
清	萬承紀 字廉山副榜官同知	卜筮堪輿	書史彙傳

新建縣

宋	王孝友 字順伯	星命	光緒江西通志列傳
明	曹家甲	堪輿	文廷式純常子枝語

進賢縣

明 毛際可 天文 同治南昌府志方技

南城縣

宋 鄧茂生 字秀實 術數 光緒江西通志列傳

南豐縣

唐 曾道立 師事孫世南 堪輿 藝術典堪輿部列傳

宋 邱公亮 師胡矮仙 堪輿 同上

臨川縣

宋 李大川 星命 同上

明 吳英 字士傑官欽天監正 天文星卜 光緒江西通志列傳

明 吳昊 官太常少卿 天文 同上

金谿縣

明 楊院使者 堪輿 藝術典名流列傳

上饒縣

宋 葉宗山 星命 眞文忠公撰文贈之

清 鄭銘 號心齋 堪輿 同治上饒縣志方技

弋陽縣

明 馮時近 堪輿 同治弋陽縣志方技

廣豐縣

清 俞棣輝 字咸泰 堪輿 光緒廣豐縣志方技

清 潘廷庶 號七峯 堪輿 同上

清 周熙 字懷發增生 堪輿 同上

廬陵縣

宋 馮椿 星相 魏了翁全集贈文

宜春縣			
唐	彭雲構	術數	光緒江西通志列傳
吉安縣			
宋	廖信甫 師劉種桃	堪輿	藝術典堪輿部列傳
吉水縣			
宋	涂內明	星命	文山全集贈詩
宋	曾蘭谷	相人	文山全集贈詩
宋	劉矮跛	相人	同上
宋	梅谷	相人	同上
宋	鏡湖	相人	同上
宋	江神目	相人	同上
宋	閻邱	相人	同上
宋	舒片雲	星命	同上
宋	余月心	星命	同上
宋	王金斗	星命	同上
永豐縣			
清	胡藝 字早春	六壬堪輿	同治永豐縣志方技
安福縣			
明	劉信 正統間欽天監夏官	天文	同治安福縣志方技
萬安縣			
清	歐陽宗衡 字膺闐	星卜	同治萬安縣志方技
清	曾應國	術數	同上
清	曾尚矯	術數	同上
蓮花廳			

清	王灝 字上一考授欽天監	文天卜筮	道光蓮花廳志方技
清	賀廷勛 字復勳陰陽學典術	卜筮	道光蓮花廳志方技
	分宜縣		
明	謝作霖	堪輿	同治袁州府志方技
	新昌縣		
清	劉守昭 字隱齋	風角	同治瑞州府志方技
	贛縣		
唐	劉淼 字子先楊公高弟	堪輿	藝術典名流列傳
唐	葉七 楊公帶行人	堪輿	同上
唐	邵庭監 楊公高弟	堪輿	同上
宋	劉子猷	堪輿	同上
	雩都縣		
唐	曾十七 曾文辿弟子	堪輿	同上
宋	劉元正	堪輿	同上
宋	蕭才清 師劉謙	堪輿	同上
宋	李蓬洲 師謝和卿	堪輿	同上
宋	劉見道 名淵則字叔雲	堪輿	同上
宋	劉二郎 師王祿道	堪輿	同上
宋	劉種桃	堪輿	同上
宋	劉子仙 師王祿道	堪輿	同上
	興國縣		
唐	李五牙 廖禹負笈人	堪輿	同上
唐	王應元 師事廖禹	堪輿	同上
唐	謝玠 師事王應元	堪輿	同上

宋	劉景清	堪輿	同上
宋	劉景明	堪輿	同上
宋	劉應寶	堪輿	同上
明	劉玉淵 欽天監漏刻博士	天文、堪輿	同治興國縣志方技
明	廖文政 欽天監博士	堪輿	同上
明	曾邦旻 字寅甫欽天監博士	堪輿	同上
明	曾鶴廣 欽天監博士	堪輿	同上
明	廖勝槩	堪輿	同上
明	曾日茂	堪輿	同上
明	曾繼烈	堪輿	同上
明	廖紹祿	堪輿	同上
清	廖尚鐈 字鼎如	堪輿	同上
清	曾永章 欽天監刻漏博士	堪輿	同上
清	曾國瑞	堪輿	同上
清	廖應國	堪輿	同上

會昌縣

宋	宋花師	堪輿	同上
宋	劉勾力	堪輿	同上
宋	劉七碗 號江東	堪輿	同上
宋	王祿道 劉七碗弟子	堪輿	同上
宋	第子驤 師劉七碗	堪輿	同上

南康縣

明	劉潛	堪輿	同上

寧都縣

唐	厲伯紹	師楊筠松	堪輿	同上
唐	劉　雍	師事賴文俊	堪輿	同上
唐	孫世南		堪輿	藝術典堪輿列傳
唐	賴白鬚	廖禹之壻	堪輿	同治興國縣志方技
唐	李鴉鵲		堪輿	同上
唐	鍾可朝		堪輿	同上
唐	李普照	師事劉雍	堪輿	同治興國縣志方技
宋	胡矮仙		堪輿	同上
宋	丁應之	師事胡矮仙	堪輿	同上
明	孫伯綱	字毅臣院判	堪輿	同上
	瑞金縣			
清	邱佐周		星卜	同治瑞金縣志方技
	建昌縣			
宋	游大有		星命	白鶴全集贈文
宋	黃　生		堪輿	藝術典堪輿部紀事
	安義縣			
清	熊占鰲	薦任相度萬年基地	堪輿	同治南康府志人物
清	喻野樵		堪輿	臨桂倪鴻桐陰清話
	鄱陽縣			
元	李時茂	字誠仙	卜筮	同治饒州府志方技
明	毛　童		相人	同上
明	蔡福緣	郡學生	卜筮	同上
明	吳　豹	諸生	卜筮	同上
	浮梁縣			

元	操貴持　字子敬	卜筮	光緒江西通志方技
明	查克元　一本克中	卜筮	光緒江西通志方技

婺源縣

明	汪梧	太素脈法	光緒安徽通志方技
明	江仕從　應詔卜天壽山陵	堪輿	同上
明	程金	堪輿	光緒婺源縣志方技
明	李邦祥	堪輿	同上
明	查大賓　字省愚徐之鏌門人	堪輿	羅經頂門針卷上
明	江立本　字道生	堪輿	光緒婺源縣志方技
明	江鳳　字羽皇	堪輿	同上
明	齊普淵　號鬘溪	堪輿	同上
明	潘欒　字碧井	堪輿	道光徽州府志方技

清	戴國恩　字永霑乾隆鄉薦	術數	光緒安徽通志文苑
清	詹天寵　字君錫	術數	光緒安徽通志方技
清	李麟章　字日功嘉慶舉人	術數	光緒安徽通志文苑
清	葉樵　字雲客	堪輿	山洋全書卷首

德興縣

元	郎慶和	堪輿	同治德興縣志方技
清	傅鴻紳　字起鳴庠生	堪輿	同上

義寧州

元	程以臨　字至可	天文堪輿	光緒江西通志列傳
明	鄭廷謙　官陰陽學	天文卜筮	同治南昌府志方技

修水縣

明	俞文源　字逢之徐之鏌門人	堪輿	羅經頂門針卷上

湖北省

江夏縣

朝代	姓名	類別	出處
北周	蔣昇（字鳳起）	天文	藝術典名流列傳
明	卜夢熊	堪輿	堪輿部名流列傳

崇陽縣

朝代	姓名	類別	出處
清	陳嘉潤（字霽軒）	星命	同治崇陽縣志藝術

沔陽州

朝代	姓名	類別	出處
清	魏麟	卜筮	光緒沔陽州志方技
清	胡秋根	堪輿	同上

黃岡縣

朝代	姓名	類別	出處
清	姚希伯	堪輿	光緒黃岡縣志方技
清	姚本沔	堪輿	同上

廣濟縣

朝代	姓名	類別	出處
清	閔德裕（字崐岡）	堪輿	清稗類鈔方技

安陸縣

朝代	姓名	類別	出處
唐	馬處謙（累官郎中）	卜筮	光緒德安府志僑寓
後唐	胡恬	星卜	同上

雲夢縣

朝代	姓名	類別	出處
明	安大卷（字曲湖）	天文	雍正湖廣通志方技

襄陽縣

朝代	姓名	類別	出處
隋	龐晃如	相人	御覽相中引三國典略
清	張芝玉（字蘭生官典史）	星命	碑傳集

京山縣

朝代	姓名	類別	出處
明	張笠庵	堪輿	光緒京山縣志方技

東湖縣

宋	呂齊物	堪輿	光緒宜昌府志士女
清	田嵩南	堪輿	同上

宜都縣

清	汪瑚	壬遁	民國湖北通志方技

江陵縣

劉宋	蔡鐵（鐵音尖楚人）	卜筮	民國湖北通志方技魏公譚訓
唐	向隱	射覆	民國湖北通志方技
唐	盧山人	術數	藝術典術數部紀事
宋	薛亞（官少尹）	相人	太平廣記相術
宋	金樓子	卜筮	太平御覽方術部筮
宋	桃文烈	卜筮	同上

石首縣

明	嚴正笏	堪輿	荊州府書目地理全書
清	鄒美中（字聖贊庠生）	天文	荊州府志文苑
清	汪鵬（諸生）	堪輿	同治石首縣志方技

監利縣

清	陳輔公	天文	荊州府志文苑
明	鄧權	風角卜筮	光緒監利縣志藝術

○湖南省

長沙縣

宋	彭師右	星命	宋眞文忠公集贈序
清	周紫京	奇遁	黃鈞宰天河金壺浪墨

湘陰縣

清	李星科	字泳蓀 官司馬	星命	子平眞詮跋
	茶陵州			
清	尹一第		星相 堪輿	湖南通志人物
	新寧縣			
清	羅起鳳		術數	同上
	武陵縣			
明	冷謙	字改敬	卜筮	嘉慶常德府志方技
清	吳正蓉	號長齋老人	卜筮 相人	同上
	澧州			
明	游登瀛		卜筮	同治澧州志流寓
	東安縣			
清	席上錦	字承裳	堪輿	湖南通志人物

	道州			
明	何天衢	字道亨 官工部侍郎	皇極 太乙	明朱國禎湧幢小品
	永興縣			
清	謝盛中	庠生	卜筮 堪輿	光緒永興縣志方技
	汝城縣			
清	劉燦然		奇遁	民國汝城縣志方技
	溆浦縣			
清	劉之典		堪輿	同治溆浦縣志方技
清	王先標		六壬	同上
	綏寧縣			
清	李春顯		堪輿	同治綏寧縣志方技
清	黃定略	一作定石 增生	堪輿	同上

清	楊大興	陰陽學典術	堪輿	同上

永綏縣

清	劉月亭		星命	同治永綏廳志方技

○四川省

成都縣

東漢	段翳	字元章	風角卜筮	後漢書方術
北周	衞元嵩		術數	周書藝術褚該傳
前蜀	胡秀林	官司天監	星曆	嘉慶四川通志藝術
後蜀	胡蘊	官司天少監	天文	同上
宋	王朴		太素脈法	嘉慶四川通志藝術
宋	魏漢津	賜號沖顯封嘉晟侯	術數	宋史方技
宋	青城老人		軌革卦影	同治成都縣志藝術

宋	周從龍		星命	宋楊文節公誠齋集贈序

峽川縣

清	倪廷策	字京兆諸生	堪輿	嘉慶峽川續志耆舊

郫縣

清	羅亻	字半山	卜筮	廖石文鈔羅亻傳

緜陽縣

清	車洪德		卜筮	民國緜陽縣志方技

綿竹縣

明	賀朝用	官服川滇	相人	明朱國禎湧幢小品

永川縣

清	謝大槵	字東琴庠生	堪輿	光緒永川縣志技藝

合川縣

清	蕭珏 字蘊山	天文堪輿	民國合川縣志方術
清	劉萬超 字正德	星卜堪輿	同上
	奉節縣		
梁	蔣光濟	卜筮	梁書附鄧元起傳
	樂山縣		
清	楊展	奇遁	民國樂山縣志技術
	榮縣		
清	劉純杰 字鵬九庠生	卜筮	光緒榮縣志人物
	臨邛縣		
宋	郭灝	相人	宋魏了翁贈序
宋	龔恢乙	星命	同上
宋	雍堯俞	卜筮	同上
宋	孫守中	星命	同上
	資州		
清	王澡	卜筮	嘉慶資州志方技
	井研州		
清	熊嵩	六壬	光緒井研州志方技
清	劉八卦	龜卜王遁	同上
	南充縣		
元	羅如意	堪輿	民國南充縣志方技
清	侯朋元	望氣相人	民國南充縣志方技
清	王茂英	相人	同上
	營山縣		
清	薛德望 字據於	堪輿	嘉慶營山縣志方技

廣安州

清	楊順恩	卜筮	嘉慶廣安縣志方技
清	楊建午	卜筮	同上

○河北省

涿州

北魏	劉弁	卜筮	同治涿州續志方技

青州

清	劉桂林 字枝芳	星歷堪輿	民國青州志藝術

滄縣

清	司元博 字紹周	堪輿	同上
清	朱繡 字雲書	星命堪輿	民國滄縣志方技
清	朱崑齡 字鶴樓	卜筮	同上
清	獅道人 張氏	卜筮	同上

慶雲縣

清	王蘧亭 字景瑗庠生	堪輿	民國慶雲縣志堪輿

寧津縣

北齊	鄭道謙	卜筮	藝術典卜筮部紀事

盧龍縣

北齊	段長 官南中郎將	相人	御覽相中引北齊書

東光縣

晉	孟觀 字叔明官積弩將軍	天文	一統志河間府人物

昌黎縣

民國	董晉良 字秉直附生	堪輿	民國昌黎縣志方技

樂亭縣

朝代	姓名	附註	類別	出處
清	倪上述	字又彭	天文	光緒欒亭縣志文學

元氏縣

朝代	姓名	附註	類別	出處
明	毛伯時	號蘭竹	卜筮	光緒元氏縣志方技

易州

朝代	姓名	附註	類別	出處
宋	李嶠		相人	藝術典相術部紀事

大名縣

朝代	姓名	附註	類別	出處
宋	李含章		相人	太平廣記相類

濮陽縣

朝代	姓名	附註	類別	出處
春秋	孔成子		卜筮	左傳衛襄公御覽筮

廣宗縣

朝代	姓名	附註	類別	出處
北齊	宋景業	天保初封長城縣子	卜筮	北史藝術
北齊	荆次德		術數	北史藝術附宋景業

邯鄲縣

朝代	姓名	附註	類別	出處
魏	張冏母	司徒氏	相人	藝術典相術部紀事
清	馮致中	字和厚	卜筮	乾隆邯鄲縣志藝術
清	武濟川	字盧舟庠生	術數	同上
清	盧廷臣		堪輿	同上

趙州

朝代	姓名	附註	類別	出處
北齊	李公緒		天文	光緒趙州志方技

○山東省

章邱縣

朝代	姓名	附註	類別	出處
元	張明遠		卜筮	明朱國禎湧幢小品
元	李素	師事張明遠	卜筮	同上
清	焦汝朗	郡增生	星卜	道光章邱縣志方技

長清縣

晉	淳于智　字叔平	卜筮	晉書藝術
明	王曰謹　庠生	卜筮	道光濟南府志方技

泰安縣

晉	高堂隆　字升平	術數	藝術典術數部紀事

肥城縣

清	朱丙書　字獻之	堪輿	光緒肥城縣志藝術

陽信縣

清	楊廷範　字洪九	星卜	咸豐武定府志藝術
清	馬素威　字邇行庠生	星歷奇遁	乾隆陽信縣志方技

商河縣

清	趙繼芳　字子蓮	術數	道光商河縣志方技

沂水縣

明	王仲懿　字秉彝徐之鎮門人	堪輿	頂門針卷上

濟寧州

清	楚　裳　號百泉纖嶺人	占候	宣統山東通志流寓
清	楊映楷　字蘭谷	卜筮	咸豐濟寧州志隱逸

滕縣

明	渠仲寧　官欽天監本科訓術	堪輿	道光滕縣志方術

曹縣

南燕	宗正謙	相人卜筮	藝術典相術部紀事
宋	趙　棠	卜筮	宋史方技本傳

茌平縣

清	焦錫麟　歲貢	堪輿	康熙茌平縣志方技

甘陵縣

漢 吳伉　風角　嘉慶東昌府志方技

高唐州

清 張寶紳 字省三　相人、堪輿　光緒高唐州志方技

恩縣

清 劉春臺 字見青附貢　術數　宣統恩縣志方技

平原縣

魏 劉邠 字令元　卜筮　藝術典射覆部紀事

魏 諸葛原 字景春　卜筮　同上

清 劉良田 字藝圃　卜筮　民國平原縣志人物

清 趙暘 字響生庠生　術數　同上

臨濮縣

宋 王老志　卜筮　宋史方技通志藝術

益都縣

清 趙神仙　卜筮　光緒益都縣志方技

昌樂縣

清 楊瑞麟 字輯五　堪輿　嘉慶昌樂縣志方技

清 高思禹　卜筮　同上

清 劉暾 字旭邨　堪輿　同上

清 高培廉 字小圃庠生　卜筮、堪輿　同上

清 高連魁 字遜齋庠生　堪輿　同上

清 孫爾周　堪輿　同上

○山西省

太原縣

周	董因	卜筮	左傳山西通志藝術
周	司空季子	卜筮	國語晉語四
北魏	王延業 官青州司馬	天文卜筮	北史附崔逞傳
北齊	龐倉鷹	相人	御覽相中引北齊書
唐	唐彬茂	卜筮	乾隆太原縣志藝術
	介休縣		
金	馬天來 字雲章進士官編修	卜筮	介休縣志文苑
	壺關縣		
元	魏文昌	奇遁	乾隆壺安府志方技
清	趙興仁	堪輿	光緒山西通志藝術
	鳳臺縣		
清	衞永耀 字徵干	卜筮	同上

	高平縣		
明	陳魯	卜筮	乾隆高平縣志藝術
	遼州		
清	陳毅 庠生	卜筮	雍正遼州志方技
	沁州		
明	陳善言	卜筮	乾隆沁州志方技
	大同縣		
明	劉橋東	卜筮	光緒山西通志藝術
	臨汾縣		
清	崔景芬 字邵先諸生	堪輿	同上
清	張永年 諸生	堪輿	同上
清	李古魁 諸生	堪輿	光緒山西通志藝術

冀城縣

清	段神仙	卜筮	光緒翼城縣志寓賢

永濟縣

清	姬南唐	卜筮	清稗類鈔

臨晉縣

清	陳仲謙字受卿	卜筮	乾隆臨晉縣志方技

滎河縣

清	趙運興諸生	天文奇遁	民國滎河縣志方技
清	楊岐正	堪輿	同上
清	李東平	奇遁	同上
清	李定國庠生	奇遁	同上
清	李友之庠生	奇遁	同上

安邑縣

明	仝寅	卜筮	明史方技雍正山西通志藝術

○河南省

開封縣

唐	房安禹開元進士官南陽令	相人	唐鍾輅前定錄
唐	馮七	相人	太平廣記相術
唐	龍復本	聽聲揣骨	藝術典名流列傳
宋	蔡微遠	卜筮	太平廣記筮上
宋	鐵龜山人	術數	藝術典術數部紀事
宋	庾道敏	相笏	太平廣記相術
宋	周琮司天中官正	太乙	術數部總論
宋	劉悟	卜筮	宋史附楚昭輔傳

宋	苗昌裔	堪輿	藝術典堪輿部紀事
宋	婁道者	術數	夷堅續志
宋	陳預知	術數	術數部紀事
宋	劉神	相人	古今類事卜兆門
宋	孟診	卜筮	汴京知異記
明	李夔 字一足	星歷卜筮	清新安張潮虞初新志

儀封縣

明	戴紹 號潛齋	術數	乾隆儀封縣志方技
明	戴經 成化元年登賢書	術數	乾隆儀封縣志方技

禹州

明	李闓	卜筮	道光禹州志方技

商邱縣

唐	梁知人	相人	唐呂道生定命錄

考城縣

南齊	江謐 字令和 官鎮北長史	棋卜	南史附秉之傳

淮寧縣

清	智思臻 字希天	卜筮	道光淮寧縣志方技

淮陽縣

宋	何蓑衣 賜號通神先生	術數	夷堅續志
宋	王青 官倉門監	相人	宋孫升談圃
清	田履齋 字恭儉 庠生	堪輿	民國淮陽縣志方技
清	蔣士英 庠生	卜筮	民國淮陽縣志方技

西華縣

東魏	賈子儒 官御史	相人	太平御覽相術中

朝代	姓名	類別	出處
明	王多寧	堪輿	乾隆西華縣志方技
	許州		
後晉	庾嘉德	卜筮	道光許州志方技
唐	杜生	卜筮	新唐書雍正河南通志方技
	襄城縣		
晉	常法和	靈棋術數	藝術典術數部紀事
明	何大川	術數	同上
	滎陽縣		
北魏	麴紹	卜筮	北史藝術雍正河南通志方技
	武陟縣		
清	申會午	星命壬遁	道光武陟縣志方技
	湯陰縣		
明	黃愷	星曆	湯陰縣志方技
明	黃禮	星曆	同上
	臨漳縣		
北齊	趙瓊	相人	北齊書皇甫玉傳
北齊	陳昭	相人	御覽方術部相中
北齊	吳士	聽聲	北齊書皇甫玉傳
	朝歌縣		
周	史朝 春秋衛史官	堪輿	左傳衛襄公
	輝縣		
清	郭宗林 字子中庠生	堪輿	道光輝縣志方技
	河內縣		
唐	王琚 官戶部尚書	天文象緯	唐書本傳

清	王文灝		堪輿	道光河內縣志藝術
陽武				
明	盧橘	庠生	卜筮	乾隆陽武縣志方技
洛陽縣				
漢	曹元理		術數	藝術典術數部名流列傳
漢	元菟		術數擇日	同上
後漢	蘇文		相人	後漢書和熹鄧后傳
後漢	田戎	督師洛陽	卜筮	謝承後漢書
後漢	王長文	官蜀郡太守	卜筮	華陽國志
晉	柳休祖		卜筮	廣博物志方技
晉	弘景則	官寧遠參軍	卜筮	同上
魏	劉良		相人	魏志文帝甄皇后傳
梁	仇殷		術數	舊五代史本傳
北魏	元澄	拓跋氏字道眞	卜筮	魏書本傳
唐	李仙藥		卜筮	唐張鷟朝野僉載
唐	勾龍生		相人	藝術典相術部紀事
唐	鄒生		卜筮	唐范攄雲溪友議
宜陽縣				
漢	竇廣國	字少君封章武侯	卜筮	漢書竇皇后傳
魯山縣				
北魏	趙胡		卜相	魏書宣武靈后胡氏傳
閿鄉縣				
清	王志熙	恩貢生	堪輿	光緒閿鄉縣志人物
清	祝啓豐	佾生	堪輿	同上

西平縣

晉	郭馨 仕郡主簿	天文卜筮	晉書藝術 御覽律歷

光州

清	王宸 字拱北	卜筮	光緒光州志方技

○陝西省

長安縣

漢	青牛先生 字正方	風角星曆	陝西通志流寓
漢	王況	卜筮	前漢書附王莽傳
三國	扈累 青牛先生弟子	風角	雍正陝西通志隱逸
晉	鳩摩羅什 天竺人	星算	清一統志陝西省西安府仙釋
北魏	李順興	術數	藝術典術數部名流列傳
北周	史元華	相人	周書孝閔帝本紀
隋	趙照 照一本作昭	相人	太平御覽方術部相
隋	張賓 官華州刺史	相人	隋書藝術附來和傳
隋	焦子順 官開府	相人	同上
隋	董子華	相人	同上
唐	崔巽	堪輿	古今類事墓兆門
唐	張約 號稱白雲先生	堪輿	同上
唐	高士廉	卜筮	舊唐書文德皇后長孫氏傳
唐	李參軍	相笏	太平廣記相類
唐	李彌乾	星命	宋王伯厚困學紀聞九
唐	史良	相人	藝術典相術部紀事
唐	魏琮	相人	同上
唐	范希朝 官鎮武節度使	相人	同上

朝代	姓名	字號官職	術類	出處
唐	垣下生		卜筮	藝術典卜筮部紀事
唐	胡蘆生		卜筮	藝術典卜筮部紀事
	霸城縣			
晉	王墮	字安生官司馬	天文圖緯	清一統志西安府人物
	三原縣			
明	杜棠	字善政官雲南知府	星遁風角	光緒三原縣志賢能
	韓城縣			
晉	童彥興		卜筮	太平御覽方術筮下
金	李懋		術數	雍正陝西通志方技
	華陰縣			
隋	郭弘道	字大寶官尚食奉御	相人	藝術典相術部紀事
	岐州			
五代	張濛		卜筮	雍正陝西通志方技
	寶鷄縣			
清	譚宗節		術數	民國寶鷄縣志方技
	扶風縣			
北魏	魯祈		術數	魏書釋老雍正陝西通志隱逸
	○甘肅省			
	皋蘭縣			
清	韓應春	歲貢生官環縣訓導	星歷堪輿	光緒皋蘭縣志方技
清	趙守貞	字幹卿庠生	堪輿	同上
清	盧政	咸豐舉人涼州教授	天文堪輿	同上
清	王允中	號南谷	卜筮	道光皋蘭縣志雜錄
清	劉尚傑	陰陽學訓術	術數	同上

清	劉士延 陰陽學訓術	術數	同上
清	趙道士 名貴	卜筮	道光皐蘭縣志雜錄
隴西縣			
明	李挺秀 字君實庠生	堪輿	羅經頂門針參校
天水縣			
清	李珅 字果成秦人	卜筮	清稗類鈔方技
靈臺縣			
明	劉志壽 字伯齡官欽天監	卜筮	清彭文燦畫史彙傳
固原縣			
漢	公孫昆邪	卜筮	光緒固原州方技
清	劉道士	壬遁	同上
西固縣			

晉	張秀 字文伯	相人	御覽相中引十六國春秋
○福建省			
閩侯縣			
宋	黃徹	相人	民國閩縣志術數
明	郭景夏	星命	藝術典星命部名流列傳
古田縣			
清	林喬材 字世臣諸生	卜筮	宣統福建通志文苑
長樂縣			
明	謝廷柱	堪輿	同治長樂縣志循績
清	董捧日 諸生	卜筮	同治長樂縣志隱逸
莆田縣			
宋	林璧卿 號樵谷	卜筮	乾隆莆田縣志隱逸

明	周文靖 宣德間任陰陽訓術	術數	清彭文燦畫史彙傳
清	王鳳九 字而軒舉人知涉縣	天文術數	莆田縣志文苑
	晉江縣		
宋	邱崇 字執禮	天文術數	宣統福建通志文苑
宋	蔣明紀 字綱南	揲筮	同上
	安溪縣		
清	林乾 德化人	堪輿	乾隆安溪縣志流寓
	同安縣		
明	蔡德徵	堪輿	民國同安縣志方技
明	陳世胄 諸生	六壬	藝術典卜筮部名流列傳
	德化縣		
明	連惟深	堪輿	乾隆德化縣志方技
	龍巖州		
清	謝廷寶 字安卿乾隆舉人	堪輿	道光龍巖縣志方技
	長汀縣		
清	李啓南 字嚮明	堪輿	光緒長汀縣志方技
清	李忠徵	堪輿	同上
	南靖縣		
明	詹永達	星命	明萬曆漳州志方技
	建陽縣		
明	王祐 字彥眞	堪輿	民國建陽縣志方技
	建寧縣		
清	林貴遠	天文	同治建寧縣志藝術

○廣東省

南海縣

明 廖翼 字飛卿 堪輿 同治廣東通志方技

清 勞栱 字需大 卜筮 同治南海縣志方技

新豐縣

清 劉前度 堪輿 直指玄眞僧如玉序

順德縣

清 梁錦里 卜筮 光緒廣州府志方技

東莞縣

明 李在公 字冰玉諸生 天文 嘉慶東莞縣志方技

開平縣

清 李海鵬 字連三附貢生 卜筮 民國開平縣志人物

羅定縣

清 陳士彬 號金山 卜筮 民國羅定縣志方技

連州

南漢 陳代仁 卜筮 道光廣東通志列傳

儋縣

清 王博士 庠生 堪輿 民國儋縣志方技

昌化縣

清 陳志燦 貢生 堪輿 光緒昌化縣志方技

清 陳晃彪 堪輿 同上

○廣西省

賓州

劉宋 賓公 堪輿 康熙賓州志

○雲南省

安寧州

清　楊詿可　堪輿　光緒雲南通志方技

通海縣

清　王日新 字誠明　堪輿　同上

石屏州

清　楊象震 諸生　卜筮　乾隆石屏州志方技

清　高徽　堪輿　同上

永昌縣

清　李成英 庠生　堪輿　永昌縣志隱逸

劍川州

清　王兆興 字東周諸生　卜筮　光緒雲南通志方技

○貴州省

天柱縣

明　羅公白頭　卜筮　康熙天柱縣志隱逸

○遼寧省

遼陽縣

漢　殷馗　天文　乾隆盛京通志方技

蓋平縣

清　王錫臣　星命　蓋平縣志方技

清　姜雲祥　堪輿　同上

清　丁半仙　卜筮　同上

清　劉鳳岐　堪輿　同上

北鎮縣

清　佟一峯　堪輿　民國北鎮縣志方技

清 劉繼荃 字綬齋	堪輿	同上
清 杜宗甫	卜筮 堪輿	同上
復縣		
清 曲克文 字煥符 庠生	相人	民國復縣志藝術
莊河縣		
清 王書文 字聘閣	相人	民國莊河縣志方技

○吉林省

吉林縣		
金 兀欽仄	堪輿	藝術典青烏葬經注

○察哈爾省

蔚縣		
金 楊谷 字洞微 道士	卜筮	金元好問續夷堅志

宋、眞文忠公德秀文集。「送張宗昌序」。大道隱、而百家之學興。人各以其所長爭騖於世。太史談、劉歆、所敍至於儒者並列。夫儒道之大猶天地也。百家衆技之流則穹壤間一物耳。可儕而論之耶。談、歆所敍蓋失之矣。而後之學者遂謂吾所知者道。它非所屑也。不知陰陽卜筮皆易之支流餘裔。微而百工之事亦聖人實爲之。一能一藝莫非世用所急。而一切薄陋之可乎。

本書、著手於戊辰秋、至丙戌春、始寫成。無力付梓。塵封案頭久矣。適雲程馬先生來晤。偶見存藁盈尺。取而閱之。躍然謂余曰。羲農軒轅。乃我國文化發明之始祖。載在歷朝祀典。固爲人所崇拜。堯舜禹湯。十六字心傳。及禱雨自責六事。乃治國齊家之要素。放之則彌六合。卷之則退藏於密。其味無窮。不獨平民所當曉。至孝友、廉吏、儒林、文苑、高士、逸民等。尤足爲志士艮好之模範。豈獨申明卜筮之哲學淵源有自已哉。吾雖學殖荒落。爰邀同好集資爲君刊布。昔張文襄公、有勸刻書說。謂爲乃利濟之先務。積善之雅談。吾不敢云利濟積善。惟期此書行世。俾有目者共賞之耳。今幸百宋印刷局諸君子竭誠贊助。詳校竣工。謹述其緣起如此。以誌不忘。戊子孟冬袁阜識。

中華民國三十七年十月初版

中國歷代卜人傳 精裝一冊 平裝六冊

實價

外埠酌加郵費

編次者 袁樹珊

發行者 潤德書局 上海南京西路二七〇衖十二號

印刷者 百宋鑄字印刷局

經售處 上海百新書店 上海千頃堂書局

心一堂術數古籍珍本叢刊　第一輯書目

堪輿類

命理類

命理大四字金前定數（全彩色）
韋氏命學講義
命理斷語義理源深
千里命稿
文武星案上下卷
精選命理約言
斗數宣微
斗數觀測錄
地星會源斗數綱要合刊（全彩色）
皇極數（1－4）
星命風水秘傳百日通
鐵板神數（清刻足本）——附秘鈔密碼表
邵夫子先天神數（1－2）
斗數演例（全彩色）
滴天髓闡微——附李雨田命理初學捷徑
算命一讀通——鴻福齊天
命學探驪集
命理用神精華（原本）
澹園命談
命理尋源
新命理探原
滴天髓微義
蠢子數纏度
先天蠢子神數
《斗數秘鈔》《紫微斗數之捷徑》合刊
命譜
徐樂吾滴天髓微義
徐樂吾命理尋原

占筮類

擲地金聲搜精秘訣
卜易拆字秘傳百日通
易占陽宅六十四卦秘斷

相法類

相法易知
相法秘傳百日通
新相人學講義

手相學淺說
神相全編正義
相門精義
大清相法

三式類

壬課總訣（全彩色）
六壬教科六壬鑰
壬學述古
奇門揭要（全彩色）
奇門大宗直旨（全彩色）
奇門三奇干支神應（全彩色）
奇門廬中闡秘（全彩色）
六壬秘笈——韋千里占卜講義
奇門行軍要略
大六壬類闡（全彩色）
大六壬尋源二種
秘鈔大六壬神課金口訣
秘傳六壬課法附金口訣
大六壬指南
甲遁真授秘集
大六壬尋源二種（上）（下）
奇門心法秘纂（全彩色）
奇門仙機（全彩色）
大六壬探源
太乙鑰
太乙統宗捷要
太乙會要

其他類

述卜筮星相學
中國歷代卜人傳